산골짜기에서 온 편지 5

신앙계

| 머릿글 |

이번에 〈산골짜기에서 온 편지〉 5권이 출판되어 기쁘면서도 한편으로는 송구스러운 마음 금할 길이 없습니다. 생각해 보건대 이 편지들이 특이하고도 특별한 내용을 담고 있다고 보지는 않습니다. 나는 그저 보통사람들이 궁금해 하는 질문에 대해 상식선상에서 알기 쉽게 답변하려고 노력했을 뿐입니다. 물론 내가 '상식(commonsense)'이라고 생각하는 것이 다른 사람에게는 상식이 아닐는지도 모릅니다.

예수님께서 지난날 상식선상에서 자연스럽게 가르치셨던 것이 하나님의 뜻대로 행하기를 원치 않는 사람들에게는 낯설고도 두려운 것이었습니다. 바리새인들과 서기관들은 오랫동안 구약에 나타난 하나님의 계시를 왜곡시켜 왔을 뿐만 아니라 일반사람들은 이해할 수도 지킬 수도 없는 것으로 만들어 버렸습니다. 이러한 경향은 전 교회사를 돌아볼 때도 늘 위험으로 존재해 왔습니다.

내가 여러분에게 계속 이야기해 오고 있는 한 가지, 요한복음 7장 17절에서 예수님께서는 "사람이 하나님의 뜻을 행하려 하면 이 교훈이 하나님께로서 왔는지 내가 스스로 말함인지 알리라."라고 말씀하셨습니다. 이것이 의미하는 것은 바로 진정으로 하나님의 뜻대로 행하려고 하는 사람들에게는 상식이 있다는 것입니다. 그리고 이런 사람들은 하나님을 이용하려는 사람들이 아니고 하나님에 의해 선용(사용)되기를 원하는 사람들입니다.

우리 주위에는 하나님을 이용하려고 하는 '매우 종교적인' 사람들이 많이 있습니다. 이들은 산신령을 통해 '복' 받기를 구했던 우리 조상들과 다르지 않습니다. 이들은 아주 이기적인 사람들입니다. 바울 사도는 이러한 개인적이고 이기적인 태도에 대해 '육체의 일'이라고 말하고 있습니다. 이렇듯 육의 일을 도모하는 사람이 하나님의 사람으로 변화되기 위해서는 마음 가운데 성령님을 모셔 들여야 합니다. 하나님께서는 구하는 모든 자들에게 성령을 보내 주시기를 간절히 원하십니다. 그러나 놀랍게도 수많은 크리스천들은 그들 스스로의 삶에 만족하며 그들 삶의 변화를 위해 하나님께 기도하지 않습니다. 이러한 사람들은 하나님의 상식, 즉 성경에서 말하는 '지혜'에 대해 알 수 없습니다.

하나님의 법대로 살기를 진정으로 원하고 하나님의 뜻대로 행하려는 사람들은 가난한 자들과 착취당하는 사람들에 대한 하나님의 뜻을 따르고 우리가 당면하고 있는 사회적 경제적 문제들에 대한 해결책을 찾아야 합니다. 이 책의 중심적인 두 가지 테마는 하나님의 뜻을 알고 행하기 위해서는 성령을 받아야 하며, 우리 땅의 법칙이 바뀌고, 우리 경제 문제들을 해결하는 단 한 가지 방법은 하나님의 방법으로 우리 경제 문제를 해결해야 한다는 것입니다.

제가 주의 음성을 올바로 듣고 그것을 타협 없이 전할 수 있도록 저를 위해 기도해 주시기 바랍니다.

예수원에서 대천덕

목 차 _contents

■ 왜 대형 사고가 잇달아 터지는가

11 의료보험과 낙태에 대한 올바른 자세

19 크리스마스와 성령의 열매 맺기

29 왜 대형 사고가 잇달아 터지는가

37 기독교 절기 행사 어떻게 볼 것인가

45 '인재(人災)'에 대하여

55 방송인들이 기독교 인재 제거하려 한다

65 우리가 회개해야 할 것들

■ 신앙 공동체 어떻게 이끌어야 하나

77 신앙 공동체 어떻게 이끌어야 하나

85 토착민 선교 어떻게 해야 하나

93 세계 선교 향한 한국 교회의 역할

101 오늘날 1천2백 명 성경 번역 선교사 필요

109 '문맹 퇴치 선교'에 대하여

119 기독교 공동체와 경제

129 제국주의에 대하여

■ 학문과 신앙, 어떻게 조화시켜야 하나

141 성령의 역사와 샤머니즘의 차이

149 학문과 신앙, 어떻게 조화시켜야 하나

157 음양 이론은 성서적인가

165 당면한 농촌의 제 문제, 어떻게 대처해야 하나

171 '노동과 신앙', 어떻게 조화시켜야 하나

■ 늘 깨어 경계해야 할 이유

181 주식 투자 어떻게 봐야 합니까?

191 성경이 말하는 희년과 '토지가치기준세제'

199 늘 깨어 경계해야 할 이유

209 성경의 '토지세'가 번영 가져와

■ 영적 성장 위한 필요 요소

221 영적 성장 위한 필요 요소

229 자존심 회복 방법은 무엇인가

237 분노를 자제할 수 있는 방법

245 목회자의 자격 조건

253 '복음'의 성서적 의미는 무엇인가

261 "위엣 것을 생각하고 땅엣 것을 생각지 말라"는 무슨 의미인가

271 알코올 음료에 대하여

왜 대형 사고가 잇달아 터지는가

산골짜기에서 온 편지

의료보험과 낙태에 대한 올바른 자세

존경하는 대천덕 신부님께.

지난번 '누가의 집'에서 있었던 신부님과의 만남은 저에게는 유익한 것이었습니다. 그런데 신부님의 건강이 최근 들어 안 좋으시다 하니 무척 걱정이 됩니다. 하나님의 치료의 손길로 하루속히 쾌차하셔서 복음 전선에 아무 이상이 없기를 기원합니다. 저는 신부님께서 '누가의 집'에 오셨을 때 미처 토론하지 못했던 두 가지 문제에 대해서 질문을 드리고자 합니다. 첫 번째는 '전 국민을 위한 의료보험'에 대해 말씀드리고자 합니다. 제 개인적인 생각으로는 이 제도를 통해서(병원보다는 가정 치료와 예방을 통해) 좋은 결과를 얻을 수 있을 것이라고 생각합니다만 신부님께서는 이 제도가 실시되면 국민들이 정부의 통제를 받게 되며 의료보험 자체도 더 복잡해지고 의료비도 오를 것이라고 말씀하셨습니다. 이에 대해 좀더 자세하게 설명해 주시기 바랍니다.

두 번째 질문은 낙태에 관한 것입니다. 태아가 불구인 경우는 어떻게 합니까? 그런 경우에는 낙태가 허용될 수 있습니까? 그리고 강간으로 임신한 경우에는 어떻게 해야 합니까? 이상 두 가지 질문에 대해 신부님의 고견을 듣고자 합니다.

— 주 안에서 이순환 올림

사랑하는 이 형제에게.

형제님의 편지와 제 건강에 대한 염려의 말씀 정말 감사를 드립니다. 제가 건강이 안 좋다는 소식이 전해지자 많은 크리스천 의사와 간호사 분들이 조언과 염려를 해 주셨습니다. 주위에 기도하는 형제, 자매가 있다는 사실이 얼마나 감사한 일인지 모릅니다.

형제가 지적한 대로 클린턴 대통령은 '전 국민을 위한 의료보험' 실시를 제의한 바 있습니다. 이는 필경 돈이 없어서 의료보험 혜택을 받을 수 없는 가난한 사람들을 위한 조처인 것 같습니다. 그러나 클린턴 대통령의 이 제안은 소수의 가난한 사람들만을 위한 조처일 뿐이고 오히려 의료보험의 가격만 부추겨 현재의 보험 혜택보다도 더 적은 혜택을 누리게 되는 결과를 초래할 것 같습니다. 또한 정부가 이러한 제도를 전적으로 통제하고 관리하게 됨에 따라 사람들은 더 이상 자신들이 원하는 의사를 선택할 수 없게 되었습니다. 물론 크리스천 의사가 하나님을 모르는 환자들을 더 많이 진료할 수 있는 기회를 얻게 된다는 긍정적인 측면도 있습니다. 하지만 이미 언급했듯이 이 제도가 실시될 경우 너무 과정이 복잡하고 가격도 비쌀 것이라는 부정적인 측면도 있습니다.

제도가 복잡해지면 관리 비용이 비싸지는 법입니다. 제 생각으로는 한국의 의료보험 제도는 잘 운영되고 있어서 납세자나 진료 기관 어디에나 큰 부담을 주지 않고 있는 것으로 알고 있습니다. 그리고 제도상 어쩔 수 없이 생겨나는 소외 계층들의 필요는 크리스천들에 의해서 메꿔져야 합니다. 병든 사람을 돌보는 일은 믿는 자의 정상적이고도 기본적인 의무입니다. 크리스천의 희생적인 사랑으로 그리스도의 사랑은 빛나는 법입니다.

치유는 정부만의 책임이 아니라 크리스천의 책임

제가 지난번 토론에서 지적했듯이 크리스천 의사들은 어떤 일을 하기에 앞서 반드시 기도를 해야 합니다.

응급 사태가 발생했을 때에도 진료하기에 앞서서 기도를 해야 합니다. 그는 하나님께서 기적을 통해 환자를 속히 고치시도록 간구해야 합니다. 그렇게 하면 시간과 돈과 에너지가 절약되며 결국 하나님께 영광을 돌리게 되는 것입니다. 그리고 하나님께서 즉각적으로 반응을 나타내지 않는다면 의료종사자들은 하나님께서 자신들을 사용하사 자신들을 통해 치유하시도록 지혜를 달라고 간구해야 합니다. 만약 의료종사자들이 돈벌이나 명예를 위해 진료를 한다면 하나님께서는 그들에게 지혜를 주시지 않을 것입니다. 현재 의료 업계에는 하나님의 뜻을 알고 그 뜻대로 행하고자 하는 일꾼들이 많이 있습니다.

의사가 자신의 환자에게 의료비를 많이 청구해야 할 처지에 놓여 있는 것을 알았을 때에는 은밀히 그 환자의 처지를 알아보고 환자 가족의 경제 사정이 치료비를 부담할 수 없는 형편이라면 교회에 이 사실을 알려 해결 방법을 모색해 봐야 합니다. 교회에는 도와 줄 수 있는 방법이 많이 있습니다. 따라서 그 환자는 진료를 받을 수 있을 뿐만 아니라 교회의 관심과 정성을 통해 그리스도를 만날 수 있는 기회를 얻게 될 것입니다.

이러한 도움은 은밀히 진행되어야 합니다. 그래야 환자가 당황하지 않습니다. 순전히 의학적인 관점에서 봤을 때, 이러한 과정에서는 돈이 낭비되지 않습니다. 그러나 의사가 교회 대신 정부를 통해 해결해야 한다면 관련 절차가 복잡할 것입니다. 비용도 납세자로부터 거두어야 할 것이고 그 과정에서도 많은 돈이 들어갈 것입니다. 그것은 돈의 낭비입니다.

세금이라는 형식을 통해 돈을 거둬들이는 방법에는 많은 돈이 들어갑니다. 세금의 일부는 관리 비용으로 사용될 것이며 나머지 일부만이 환자들을 위해 쓰여질 것입니다. 세금을 거둬들이고 관리하는 데 부정이 전혀 없다고 해도 세금이라는 형식을 통해 돈을 징수하는 방법은 가장 값비싼 방법입니다. 보험 회사는 자체 홍보나 관리 비용이 들어가기는 해도 정부보다는 적은 비용이 소요됩니다. 반면 교회를 통해서 일을 처리할 경우에는 가장 비용이 적게 들어갈 것입니다.

형제가 지적한 대로 '전 국민을 위한 의료보험'이 좀 복잡하기는 해도 가정에서의 치료와 예방에 도움이 된다는 지적은 옳은 것입니다. 우리는 예방뿐만 아니라 가정에서의 치료에도 큰 관심을 가져야 합니다. 저는 이러한 일을 장려하고 있는 정부를 반대하는 것은 아닙니다. 그러나 자원자들을 이용해 이러한 일을 처리할 수도 있습니다. 크리스천은 이웃의 필요를 알아야 하고 정부만이 할 수 있다는 고정 관념을 바꿔야 합니다. 제가 염려하는 부분은 크리스천으로서 우리가 사람들의 문제에 무관심하다면 사람들은 정부만이 자신들을 도와 줄 수 있다고 생각할 것이라는 점입니다. 정부의 시설은 쉽게 과부하(過負荷)가 되어 몇몇 관련된 사람만이 일을 처리하게 되기 때문에 하나님의 기적적인 치유의 은사를 나눌 수 없을 뿐만 아니라 그리스도의 사랑도 나눌 수 없게 됩니다.

우리는 예수님께서 육체적 치료를 수없이 해 오셨다는 사실과 제자들에게 그러한 능력을 주셨다는 것을 잊어서는 안 됩니다. 우리 주님의 마지막 명령은 자신이 가르친 모든 것을 세상에 알리라는 것이었습니다. 그러나 오늘날의 교회는 예수님의 가르침에 대해 어느 부분은 취하고 어느 부분은 버리는 오류를 범하고 말았습니다. 어떤 사람들은 치유의 능력을 교회의 임무로 보고 하나님의 놀라운 치유은사를 강조하면서 의학적인 수단은 반대하고 있습니다. 또 어떤 사람들은 의학은 이 시대에 하나님께서 우리에게 주신 능력이라며 치유의 기적을 믿지 않습니다.

그러나 이런 양자택일 방식은 옳지 않습니다. 주님의 가르침 중에서 어떤 것은 버리고 어떤 것은 취하는 태도는 성경적인 태도가 아닙니다. 모두 받아들여야 합니다. 모든 크리스천들은 병든 자를 위해 기도하며 치유의 능력을 기대해야 합니다.

치유는 교회의 임무이며 모든 크리스천들은 자신들이 할 수 있는 범위 내에서 여기에 동참해야 합니다. 그래서 하나님의 치유의 능력이 나타난다면(목회자를 통해서건 평신도를 통해서건 또는 의사를 통해서건) 이는 믿는 자들에게 있어서는 큰 기쁨이 됩니다. 성령으로 말미암아 우리의 가슴속에 새겨진 하나님의 사랑이 우리의 삶에서 끊임없이 기적을 창조하고 있다는 사실을 잊어서는 안 될 것입니다. 우리들은 사랑을 나누기 위해 부름을 받았습니다. 이것은 형제가 질문한 두 번째 질문과도 관계가 있습니다.

하나님께서는 기형아도 사랑하신다

형제의 두 번째 질문은 낙태에 관한 것입니다. 먼저 태 안에 있는 아기가 태어났을 때 기형아이거나 불구인 것이 확실한 경우입니다. 이 경우 태아가 태어나 겪게 될 비참한 생활을 생각해서 낙태를 시키자는 주장입니다. 그러나 우리는 성령님께서 우리에게 주신 사랑으로 그러한 아이들에게 아름다운 사랑을 줄 수 있으며 타인(정상적인 사람)에게 기쁨이 되는 인간으로 키울 수 있습니다. 하나님께서 이 세상에 주신 위대한 복 중의 일부가 이러한 지체 부자유자들을 통해 나타나곤 해서 정상적인 사람들에게 커다란 기쁨과 위로를 주기도 합니다. 이런 사람 중에 대표적인 사람이 바로 조니 에릭슨이라는 미국 여인입니다. 그녀는 팔과 다리를 쓸 수 없었습니다. 그러나 그녀는 입으로 붓을 물고 아름다운 그림을 그렸습니다. 그녀는 현재 화가보다는 훌륭한 강사로 널리 알려져 있으며 가는 곳마다 하나님의 사랑과 승리를 전하고 있습니다.

제가 알고 있는 김성칠이라는 분은 몇 해 전에 교통사고를 당해 마비가 되었습니다. 그녀의 남편은 아내가 사고를 당하자 하고 있던 수출입 사업을 중단하고 신학을 공부하여 목사가 되어 현재 미국에서 장애자들을 도우며 사역을 하고 있습니다. 이들 부부는 자동차 사고로 아내가 마비되고 두 자녀를 잃어 버리는 아픔을 당했지만 하나님의 사랑을 발견하고 하나님의 놀라운 능력을 전하고 있습니다.

만일 크리스천 부부가 자신들의 태어날 아이가 불구라는 것을 알았다면 하나님께서 어느 누구에게도 맡기지 못한 특별한 임무를 이들 부부에게 맡기셨다는 사실을 깨달아야 합니다. 그들은 겸손한 기쁨(humble joy)으로 받아들이고 불구로 태어날 아이를 하나님의 뜻대로 가르칠 준비를 해야 합니다. 그들은 하나님께서 그들과 그들의 아이에게 놀라운 계획을 갖고 계신다는 사실을 발견하게 될 것입니다(물론 하나님은 정상적인 아이에게도 놀라운 계획을 갖고 계십니다).

하나님께서는 성령의 역사로 말미암아 이들의 가정을 지구상의 작은 낙원으로 만들 것입니다. 성령께서는 치유의 능력을 행하신다는 사실을 기억하십시오(간혹 태 안에 있을 때에는 불구였던 아이가 태어났을 때 정상적인 아이로 나오는 경우도 있습니다). 성령은 우리에게 기쁨을 줄 뿐만 아니라 지혜를 주셔서 하나님의 계획을 실현할 수 있도록 인도해 주십니다.

우리 크리스천들은 하나님과의 동역자입니다. 하나님께서는 놀라운 보물들을 갖고 계십니다. 에베소서 3장 20절 말씀을 기억하십시오. "우리 가운데 역사하시는 능력대로 우리의 온갖 구하는 것이나 생각하는 것에 더 넘치도록 능히 하실 이에게."

"내가 보냈다. 그러나 너희들이 낙태시키지 않았느냐!"

이제 강간으로 인한 임신 문제를 논의할 차례입니다. 강간으로 태어난 아이도 하나님께서 만드셨습니다. 하나님께서는 그 아이의 삶에 있어서도 어떤 계획을 갖고 있습니다. 하나님께서는 그 아이의 어머니에게 상대방을 용서할 수 있는 은혜를 주실 것입니다. 우리는 용서란 크리스천의 모든 삶에 있어서 가장 기본이 되는 요소이며, 우리가 타인을 용서해야 우리 또한 용서를 받을 수 있다는 사실을 잊고 살고 있습니다. 주기도문을 읽으면서 그 뜻을 음미해 보십시오. 하나님께서는 그 어머니에게 당신의 뜻을 실천할 수 있는 마음을 주실 것입니다. 또한 그 아이를 직접 키울 것인지 아니면 입양을 시킬 것인지 선택할 수 있는 지혜를 주실 것입니다. 아이에게 자신이 태어난 상황을 알릴 필요는 없습니다. 그러나 혹시 있을지도 모르는 심리적인 고통을 받지 않도록 아이를 위해서 기도를 해야 할 것입니다.

아이의 어머니가 부양 능력이 없어서 어떤 크리스천 가정으로 입양이 될 경우에는 먼 훗날 아이에 대한 하나님의 뜻이 무엇인지를 깨닫게 될 것입니다. 아이를 친부모가 기르게 되든 아니면 입양이 되든 아이가 태어나기 전에 성령의 사랑과 지혜로 아이의 양육을 위한 계획이 신중히 논의되어야만 합니다. 어떤 사람이 하나님께 "왜 우리에게 위대한 선지자나 훌륭한 지도자를 주시지 않느냐?"라고 질문을 했다고 합니다. 하나님은 "내가 보냈다. 그러나 너희들이 낙태시키지 않았느냐!"라고 말씀하셨다고 합니다.

우리의 태 안에 있는 아이가 하나님께서 우리 시대에 보낸 바울이나 세례 요한이 될는지 아무도 모릅니다. 우리는 단지 태어나는 모든 아이를 성령님께서 주시는 사랑과 지혜로 양육해야 합니다. 그러면 하나님께서 이 세상에 놀라운 복을 내리실 것입니다.

크리스마스와 성령의 열매 맺기

존경하는 대천덕 신부님께.

　이제 얼마 있지 않으면 즐거운 크리스마스 시즌입니다. 많은 사람들이 이 시즌에 캐럴과 선물 교환을 기대하고 있습니다. 저도 마찬가지입니다. 그런데 이번에 다가오는 크리스마스는 좀 이상합니다. 무감각하다고 할까요? 예전과는 다른 분위기입니다. 기쁨과 환희가 없습니다. 그것을 불러일으킬 만한 여력도 남아 있지 않습니다. 저는 하나님에 대한 저의 사랑이 식어진 것은 아닌가 염려가 됩니다. 제가 혹시 마태복음 24장 12절에 언급된 그러한 사람 중의 하나가 된 것이 아닌가 걱정이 됩니다. "불법이 성하므로 많은 사람의 사랑이 식어지리라." 신부님, 저는 어떻게 하면 좋습니까?

- 주 안에서 남태영 올림

사랑하는 남 형제에게.

형제의 편지 감사하게 받았으며 이러한 문제를 나눌 수 있게 되어 기쁩니다. 우리 주변에는 형제와 비슷한 문제를 갖고 있는 사람이 많이 있습니다. 그러나 대부분은 그러한 문제를 고백하기 두려워합니다. 그리스도의 말씀처럼 사람들의 사랑이 식어지고 첫사랑을 잃어 버릴 것이라는 이야기는 두려운 말이 아닐 수 없습니다. 그러나 이것은 논의되고 다뤄져야 할 실제적인 문제입니다.

먼저 형제가 지적한 마태복음 24장 12절의 말씀을 음미하도록 합시다. 이 구절은 불법과 연관이 있는 말씀입니다. 이 말씀은 육체적인 재앙과 박해와 불법으로 많은 크리스천들을 미혹하고 있는 거짓 선지자들에 대해 언급하고 있습니다. 예수님께서는 우리들에게 거짓 선지자들에게 속을 필요가 없다고 말씀하시고 있습니다. 또한 우리가 하나님의 뜻을 행하려고 한다면 어떤 교훈이 하나님으로부터 왔는지 그렇지 않은지를 알 수 있다고 말씀하십니다. 그렇다면 누가 속임을 당합니까? 하나님의 뜻을 행하려고 하지 않는 사람들입니다.

남 형제, 저는 형제의 편지에서 형제가 하나님의 뜻을 행하려고 하지만 어떻게 행하여야 할지를 몰라 당황해 하고 있다는 사실을 알았습니다. 이것은 형제가 거짓 선지자들에게 속지 않을 것을 의미합니다.

그 다음의 문제는 고난과 불법입니다. 크리스천은 이 세상이 하나님의 뜻을 행하기를 원하지 않기 때문에 박해를 당합니다. 하나님의 뜻에 전적으로 헌신하지 않는 사람들은 사랑이 점점 식어질 것입니다. 왜냐하면 그들의 사랑이란 좋은 조건 속에서 자라난, 그런 종류의 사랑이기 때문입니다. 그러한 사랑은 다분히 감정적이며 충동적인 노래(찬양) 프로그램, 설교, 종교 의식에 의해 만들어진 것입니다. 그런 사랑은 고린도전서 13장 4절에 나와 있는 오래 참는 사랑과는 거리가 멉니다. 현재, 크리스마스 시즌에 유행되고 있는 프로그램은 천박한 축제나 경배의식입니다. 성경은 인내와 관용과 오래 참음 같은 덕목에 대해 적어도 1백 번 이상 언급하고 있습니다. 이러한 덕목들은 끊임없는 자극을 요구하는 천박한 열정이 아닌 진정한 사랑의 표출입니다. 그럼에도 불구하고 하나님께서는 이러한 덕목(인내) 이상의 것을 요구하고 계십니다.

주의 뜻을 적극적으로 행해야

자, 그러면 요한계시록에 나와 있는 에베소 교회에 보낸 편지 내용을 살펴봅시다. "또 네가 참고 내 이름을 위하여 견디고 게으르지 아니한 것을 아노라 그러나 너를 책망할 것이 있나니 너의 처음 사랑을 버렸느니라 그러므로 어디서 떨어진 것을 생각하고 회개하여 처음 행위를 가지라"(계 2:3~5). 예수님께서 에베소 교회에 말씀하신 것은 감정이 아니라 일과 연관되어 있는 사항입니다. 하나님께서 관심을 갖고 계신 사랑은 좋은 열매를 맺는 사랑을 의미합니다. 하나님께서는 식어진 것에 대해 말씀하고 계신 것이 아닙니다. 그분은 그들이 첫사랑을 버렸다고, 원래의 위치에서 떨어졌다고 말씀하고 계시는데 원래의 위치란 원래 했던 일과 연관이 있다고 이야기하고 있습니다. 확실히 그들은 적극적으로 하나님의 일을 하는 것이 아니라 수동적으로 박해나 고난을 참아온 것입니다.

그러면 진정한 사랑을 나타낼 수 있는 일이란 어떤 것일까요? 이와 관련된 두 가지 성경 구절을 찾아보도록 하겠습니다. "너희는 먼저 그의 나라와 그의 의를 구하라 그리하면 이 모든 것을 너희에게 더하시리라"(마 6:33). "내가 진실로 너희에게 이르노니 너희가 여기 내 형제 중에 지극히 작은 자 하나에게 한 것이 곧 내게 한 것이니라"(마

25:40). 이 성경 구절들은 정의를 행하고 자비를 사랑하고 겸손히 하나님과 동행하는 것이 하나님의 뜻이라는 말씀(미 6:8)과 연관이 있습니다. 정의를 위한 투쟁은 예수님께서 다시 오시기 전에는 끝나지 않을 것입니다. 그러나 크리스천들은 포기해서는 안 됩니다. 때때로 하나님의 뜻대로 토지법을 고쳐 보려는 시도가 이루어지기도 합니다.

우리가 성경 전체를 통해 알 수 있는 진리 하나는 하나님의 첫 번째 관심은 가난한 자, 압박당하는 자, 불구자, 도움을 필요로 하는 자에게 있다는 사실입니다. 우리는 이러한 것을 행하기 위한 정치적인 힘을 갖고 있지는 않습니다. 그러나 적어도 하나님의 정의에 대해서는 계속적으로 외쳐야 합니다. 하나님의 통치가 국가가 아니라 할지라도 교회에는 임하도록 기도해야 합니다.

다음은 예수님께서 마태복음 25장에서 말씀하신, 배고픈 사람을 먹이고 목마른 사람에게 물을 주고 헐벗은 사람을 입히며 병든 자를 돌보며 갇힌 자(특별히 정치적인 이유에서 갇힌 자)를 찾아가는 등의 '자비'에 관한 내용입니다. 이 두 가지 행위, 즉 정의를 행하며 자비를 베푸는 것이 바로 하나님께서 말씀하신 '선한 행위'입니다. 이것이 하나님의 뜻을 적극적으로 행하는 행위입니다. 이때 고난은 당연히 따르게 됩니다. 그러나 아마도 에베소 교인들은 이러한 행위를 하지 않은 것 같습니다. 그들은 단지 크리스천에게 당연히 다가오는 고난을 참고 견디는 것에 만족한 것 같습니다. 그들은 방어적인 입장이었습니다. 남형제, 형제는 이제 자신이 수동적인 입장을 취할 것인가 아니면 적극적으로 하나님의 일에 동참할 것인가에 대해 결단을 내려야 합니다. 만약 형제가 수동적인 입장을 보인다면 하나님께서는 형제로 하여금 적극성을 띠도록 독려할 것입니다. 하나님께 무엇을 할 것인지에 대해 물으십시오. 그런 후 그 일을 하십시오.

항상 기분이 좋고 들떠 있을 수도 없어

크리스마스 시즌에 대해 저는 저희 성공회의 관습 하나를 소개하고 싶습니다. 크리스마스 이전의 4주 동안 저희는 '대림절'(대강절)을 지키고 있는데 이 행사는 예수님께서 다시 오셔서 심판하신다는 뜻을 지니고 있습니다. 이때 불려지는 모든 찬송은 예수의 재림과 연관이 있는 노래들입니다. 우리는 마치 크리스마스가 존재하지 않았던 것처럼 예수의 탄생 찬송을 부릅니다. 그러면 모든 것이 놀랍도록 새롭습니다. 오래 된 찬송이라고 신선하지 않은 것이 아닙니다. 우리는 얼마든지 즐겁게 찬양할 수 있는 것입니다.

찬송에 관해서 저는 형제에게 이런 제안을 하고 싶습니다. 하나님의 뜻을 행함과 하나님의 왕국의 도래, 사회적인 책임, 선교, 그리스도 안에서의 성장에 관한 찬송을 찾으십시오. 설사 그러한 찬송이 교회에서 불려지지 않는다 해도 집 안에서라도 부르십시오. 그러한 찬송에는 영양분이 있으며 형제의 영적 상태를 높여 줄 것입니다.

실세로 성숙한 신앙과 성숙한 사랑은 매우 닮았습니다. 형제는 아마도 우주 생성의 기원으로 인식되고 있는 '빅뱅 이론'을 들은 적이 있을 것입니다. 과학적인 분석에서 이 이론은 어리석은 것이지만 많은 사람을 사로잡고 있습니다. 아마도 우리들은 우리들의 신앙이 어떤 감정적인 격정으로 시작되어야만 하는 '빅뱅 기독교관'을 갖고 있는 것 같습니다. 그러나 그러한 격정적인 신앙은 계속 유지되지 않을 뿐만 아니라 금방 소진되어 식어집니다. 성경에서 이야기하고 있는 신앙이란 그런 것이 아니라 나무처럼 자라 많은 과실을 맺은 신앙을 가리킵니다.

갈라디아서 5장에는 성령의 열매에 대해 나옵니다. 또한 이 구절에는 '걸어라(walk)'라는 단어가 나옵니다. 이 구절은 미가서에 나오는 "겸손히 너희 하나님과 함께 걸어라."라는 말씀과 연결됩니다. '열매

맺다'는 단어와 함께 '걷다'라는 단어를 살펴봅시다. "오직 여호와를 앙망하는 자는 새 힘을 얻으리니 독수리의 날개 치며 올라감 같을 것이요 달음박질 하여도 곤비치 아니하겠고 걸어가도 피곤치 아니하리로다"(사 40:31). 이사야 선지자는 걷는 것이 가장 힘든 부분이라고 말하고 있습니다. 때때로 독수리의 비상처럼 날아가는 듯한 일이 발생하기도 합니다. 그러나 다시 땅으로 내려와야 합니다. 우리의 신앙생활에 있어서 하나님과 함께 걷는 일이 가장 힘든 부분일 것입니다. 항상 기분이 좋고 들떠 있을 수는 없습니다. 때로는 무덤덤할 수도 있습니다. 그러나 갈라디아서 5장에 의하면 행할 수 있는 힘을 주시는 분은 성령님이십니다. 이사야 40장은 '기다림(앙망)'이 우리들의 힘의 근원임을 지적하고 있습니다. '기다림(앙망)'의 히브리어는 'givah'로 '함께 묶는다'라는 뜻을 갖고 있습니다(이 경우에는 우리가 하나님과 연대해 있다는 의미로서 기대한다는 뜻을 내포하고 있습니다). 또한 이 단어는 '바라본다'란 뜻도 있습니다. 우리는 하나님과 함께 마치 밧줄로 묶여 있듯이 연관되어 있기 때문에 우리의 시야를 하나님께 향하고 그분으로부터 어떤 것을 기대해야 합니다. 크리스천은 항상 '내 시야가 하나님으로부터 멀어지지는 않았나' 점검해 보아야 합니다. 나는 아침마다 하나님으로부터 멀어지지는 않았나 점검해 봅니다. 그리고 아침마다 하나님께 그분의 뜻대로 풍성한 것으로 채워 주시기를 기도합니다. 또 에베소서 3장 20절 말씀을 상기합니다. "우리 가운데서 역사하시는 능력대로 우리의 온갖 구하는 것이나 생각하는 것에 더 넘치도록 능히 하실 이에게." 이러한 기도와 묵상은 하나님과 동행할 수 있는 힘을 주시고 내 주변의 일을 새롭게 해 줍니다.

마태복음 6장 33절은 '찾아라'를 강조합니다. 우리는 하나님의 뜻을 이루고 그분의 정의가 실천될 수 있는 효과적인 방법을 찾아야 합니다. 우리는 우리 자신의 일이 성공하기를 기대해서는 안 됩니다. 하나님께서 우리에게 성공을 주시기를 구해야 합니다.

성령의 열매에는 고난이 따라

그러면 이제 성장의 주제에 대해 다시 언급해 보도록 합시다. 성령의 은사는 물론 성령의 놀라운 역사입니다. 그것을 통해 하나님의 사역을 놀랍도록 효과적으로 할 수 있습니다. 그러나 하나님께서는 성령의 열매에 대해서도 동일한 관심을 갖고 계십니다. 열매 맺는 크리스천이 되기 위해서 우리는 성장해야 하는 것입니다. 예를 들어 우리의 사랑이 식어지고 있다면 성령의 열매를 맺는 법칙에 대해서 조사를 해봐야 합니다. 사랑은 성령의 열매이기 때문입니다.

하나님은 농부이시며 우리는 나무(또는 포도 가지)입니다. 나무가 잘 자라기 위해서는 좋은 토양과 공기와 병충으로부터의 보호와 가지치기가 필요합니다. 그러나 하나님께서는 우리 크리스천들에게 행동의 자유와 의지를 주셨습니다. 우리는 우리의 뿌리를 성경의 토양에다 심을 것인지, 성령의 강물에 몸을 담을 것인지, 기도의 신선한 호흡을 취할 것인지 또는 그렇지 아니할 것인지를 결정해야 합니다. 하나님께서는 우리가 간절히 기도한다면 병충을 분간하고 또 제거할 수 있는 능력을 허락하실 것입니다. 그러나 가지치기에 대해서는 우리 자신이 가지를 칠 수 없습니다. 하나님께서 쳐 주셔야 합니다. 만약 나무가 가지를 치지 않는다면 나무는 좋은 열매를 맺지 못할 것입니다.

요한복음 15장에서 예수님께서는 자신이 포도나무이며 우리는 가지이고 하나님 아버지는 농부라고 말씀하고 계십니다. 따라서 하나님께서는 열매를 맺지 못하는 가지마다 제해 버리고 열매를 맺는 가지는 '가지치기'를 해서 더 많은 열매를 맺도록 하십니다. '가지치기'에는 많은 형태가 있습니다. 그러나 결코 즐거운 일은 아닙니다. 하나님께서는 고난, 심지어 박해를 통해 가지치기를 하십니다. 성경은 이를 가리켜 '성결시킨다'라고 말하고 있습니다. 책임 있는 부모가 자녀를 훈련시키듯이 우리의 아버지인 하나님께서도 역시 우리들의 영적 성장을 위해서 훈련을 시키는 것입니다.

성도간의 교제는 친교 차원 넘어 책임지는 수준이어야

우리의 사랑이 회복되고 성숙하게 되기 위한 매우 중요한 사항이 하나 더 있습니다. '코이노니아(교제)'가 바로 그것입니다. 하나님께서는 자신뿐만 아니라 다른 크리스천과도 교제하기를 원하고 계십니다. 교제라는 말에는 상대방에 대해 책임을 진다는 뜻도 내포하고 있습니다. 이 뜻을 하나님께 적용한다면 우리는 하나님의 일과 명성에 대해 책임감을 가져야 하며 우리 또한 하나님께서 우리의 행복에 대해 책임을 져 주실 것을 기대해야 합니다. 대부분 교회에서 벌어지고 있는 교제는 다분히 습관적인 경우가 많습니다. 우리는 서로 상대방에 대해 친합니다. 그러나 서로에 대해 책임은 지지 않습니다.

저는 형제가 알고 있는 신실한 크리스천 두세 명과 함께 서로를 위해 정기적으로 기도해 주고 성경을 공부하고 조언해 주고 성령님께서 삶을 인도해 주시도록 하는 교제 관계를 맺을 것을 권하고 싶습니다. 그렇게 하면 성령님께서 그분들 사이에 코이노니아를 만들어 주실 것이며, 형제는 서로에 대해 진정한 아가페의 사랑을 느끼기 시작할 것입니다. 형제가 모든 일에서 하나님과 동행하고 성령의 인도하심을 받으며(성령님으로부터의 직접적인 인도와 성경 말씀을 통한 간접적인 인도를 포함) 살아갈 때 성령의 열매(특별히 아가페 사랑)를 많이 맺게 될 것입니다.

형제의 문제를 '빅뱅 이론'(즉흥적이고 돌발적인 해결책 같은)으로 해결하려고 하지 마십시오. 매일매일 문제의 근본적인 것을 풀려고 노력하십시오. 하나님께서 더 큰 사랑과 진리로 인도해 주실 것입니다. 이것은 어느 정도는 고된 일입니다. 그러나 끈기 있게 계속하면 할수록 더 큰 기쁨이 주어질 것입니다. 안녕히 계십시오.

산골짜기에서 온 편지

왜 대형 사고가 잇달아 터지는가

존경하는 대천덕 신부님께.

요즘 모든 사람의 입에 오르내리는 말이 하나 있습니다. "도대체 우리나라(한국)에 무슨 일이 벌어졌느냐? 무슨 문제가 있느냐?"는 질문입니다. 이 문제에 대해 많은 사람들이 연일 질문을 하고 이에 대한 대답을 했습니다. 일반적인 대답은 이러합니다. "자, 한국 힘내자. 우리 일만 열심히 하자. 계속 발전해 나가며 책임질 것이 있으면 책임을 지자." 그러나 저로서는 잘 이해가 가지 않습니다. 과연 우리가 어떻게 발전할지 잘 모를 뿐더러 책임을 지는 한도도 불분명합니다. 과연 우리가 우리에게 닥친 여러 문제들을 어떻게 풀어가야 합니까? 우리가 알지 못하는 어떤 문제가 있는 것입니까? 신부님도 이에 대해 많은 생각을 하셨을 것이라고 알고 있습니다. 신부님의 의견을 듣고 싶습니다.

― 주 안에서 백호진 올림

사랑하는 백 형제에게.

형제께서 주신 편지 잘 받았습니다. 저의 심정은 현재 너무 열정적이고 너무 빨리 달려가서 제 풀에 쓰러지고 마는 어린아이를 바라보고 있는 것 같습니다. 그는 다시 일어나서 다시 뛰지만 곧 다시 쓰러집니다. 그가 만약 천천히 걷기로 결심한다면 그는 계속 쓰러지지 않을 것입니다. 그러나 그는 너무 급합니다.

어린아이는 몇 번 넘어지고 찰과상을 입어야 비로소 천천히 뛰고 조심해집니다. 문제는 천천히 하고 조심하는 데에 흥미를 느끼지 못하고 있다는 점입니다. 한국은 이처럼 어린아이와 같이 너무 조급합니다.

너무 어리다는 사실 외에 다른 문제가 또 있습니다. 너무 노쇠해 있다는 사실입니다. 노인들이 달리기 경주를 한다면 그는 쉽게 지치고 넘어질 것입니다. 한강 다리를 면밀하게 조사하지 못하고 안전 대책을 세우지 못했다는 점이 바로 노쇠했다는 증거입니다. 한국은 또한 오랜 세월 동안 관료주의에 찌들어 있었습니다. 관료주의에는 불필요한 절차와 뇌물이 따르게 마련입니다. 요즘 한창 문제가 되고 있는 뇌물이나 세도 사건들도 관료주의가 낳은 병폐라고 볼 수 있습니다.

한국은 관료주의 병폐로 인해 현대화에 미숙할 뿐만 아니라 전문성도 결핍되어 있는 상태입니다. 한국의 기술자들은 세계적인 경쟁력에서 수준이 벌어질 것이라는 사실에 대해서는 인식도 부족합니다. 이론상으로 분석했을 때 다리가 부서질 가능성이 있음에도 불구하고 "염려하지 마. 다리는 무너지지 않아. 그것은 괜히 남들이 하는 소리야."라고 말합니다.

그러나 참으로 책임 있는 기술자는 점검과 보수공사가 이루어지지 않으면 무슨 일이 벌어질 것이라는 사실을 알고 있습니다. 그는 공사 전후를 꼼꼼히 챙기는 사람입니다.

기독교, 깊은 이해 안 된 상태에서 도입돼

그러면 기술적인 문제는 미움(적대)의 문제나 자존심의 결핍과 어떤 연관이 있는 것일까요? 그리고 최근 사회적 물의를 빚고 있는 세금 횡령, 도덕적 타락과 부동산 사기는 어떤 것입니까? 기술적인, 정치적인, 사회적인, 도덕적인 재난들은 서로 어떤 연관성이 있는 것입니까? 이것들은 또한 너무 관료적이고 한편으로는 달음박질하기에 너무 어린 나라에서 흔히 발견되는 일입니까?

저는 이러한 일들이 서로 연관성이 있다고 생각합니다. 이러한 문제들의 배경에는 삶에 대한 우리들의 태도가 깔려 있습니다. 한 개인의 행동을 결정하는 일은 그 개인의 종교입니다. 개인에게 있어 종교란 것은 어떤 일에 헌신하는 것을 뜻합니다. 철저히 준비하고 점검하며 고도의 전문성을 추구하는 엔지니어에 있어서 한 치의 오차도 허락하지 않는 일. 그 자세는 그에게 있어서 '종교'라 할 수 있습니다. 그것 외에 다른 것은 그에게 의미가 없습니다. '기술(engineering)'이 종교입니다. 그 엔지니어의 부모는 아마도 종교심이 깊어 어려서부터 그에게 책임감을 고취시켰을 것입니다. 그는 어쩌면 과학자로서 하나님을 믿지 않을지도 모릅니다. 그러나 일에 대한 철저한 책임 의식은 그의 부모로부터 받은 산물이며 그러한 의식이 하나님 대신 그의 종교가 된 것인지도 모르겠습니다. 그는 하나님을 거부하기 때문에 자신의 완벽함을 드러내기 위해 더욱 열심히 일합니다.

그러면 그러한 자질과 의식이 없는 사람들은 어떻게 합니까? 어디서 그들은 그러한 의식을 배워올 수 있습니까? 한국에는 과거 세 가지의 종교가 있었으나 지금은 다섯 가지의 종교가 있다는 사실을, 그리고 대다수의 사람들이 네 개의 종교를 버리고 가장 최근에 들어온 다섯 번째 종교를 취했다는 사실을 이해할 필요가 있습니다.

유교는 윤리와 공중도덕을 가르칩니다. 개인과 사회와 정치 생활에 있어서 높은 윤리의식을 가르치는 종교가 유교입니다. 불교는 자신을 포기하는 정신을 강조합니다. 샤머니즘은 보이지 않는 영적인 세계에 대해 언급합니다. 한국은 이 세 가지 종교의 지도하에 다소 심각한 불의와 가난과 약간의 재난들을 헤쳐 왔습니다. 이 세 가지 종교는 하나의 종교로 작용해 한국인들의 개인적, 사회적, 영적인 생활에 큰 영향을 끼쳤던 것입니다. 그런데 더 많은 사람에게 더 많은 자유를, 더 많은 사람에게 더 많은 부를 가져다 주는 소위 현대화의 물결이 들어오자 이 세 가지 종교를 버리자는 풍조가 생겼습니다.

그러나 인간은 종교가 없으면 살 수 없듯이 이 세 종교를 대신해 기독교가 자리를 잡았으나 기독교에 대한 깊은 이해가 부족한 상태에서 도입되었습니다. 기독교는 고난과 재건으로 대표되던 1950년~1980년 사이에 큰 힘을 발휘했습니다. 개신교가 들어온 곳인 미국이 매우 부유하고 강대국이었기 때문에 기독교는 번영과 발전으로 가는 직코스로 인식되어 쉽게 한국 사람들의 마음속으로 파고들었습니다. 그러나 불교와 유교, 샤머니즘으로 길들여진 한국인의 마음에 기독교는 영적인 바탕이 안 된 윤리로, 사회적 책임의식이 결핍된 자아 포기로, 더 큰 영적인 힘(성부, 성자, 성령)을 통한 자아 성취의 수단으로 비쳐졌습니다. 기독교가 개인의 뜻을 이루는 종교가 아니라 성령의 뜻을 이루는 종교라는 사실을, 또한 믿는 자에게는 전적인 헌신을 통해 그들의 삶이 변화됨으로 사회가 변화되는 사회적 윤리라는 사실을 이해하는 사람은 많지 않습니다. 사람들은 '다시 태어남'(중생)에 대해 이야기하고 있으나 근본적인 변화가 없는 형식적인 말에 불과할 뿐이었습니다. 형식적이고 기피적이며 기회주의적인 풍조만 남아 있게 되었습니다.

따라서 기독교가 한국에 들어온 지가 1백 년이 넘었지만 많은 한국 사람들을 변화시켜 새로운 삶을 살도록 하는 데는 부족했습니다. 선교사들이 제공한 교육은 자아 성취가 강한 기독교인과 자유 사고가 들을 양성하기 위해 도입되었습니다. 교육이라는 것이 서양에서 흘러 들어온 만큼 이러한 사상은 자연 한국 학생들의 정신을 쉽게 지배했습니다.

이렇게 힘을 잃은 기독교는 이의 추종자들을 빈곤하게 만들었으며 기독교에 흥미를 잃은 사람들을 무엇보다도 공허하게 만들었습니다. 그러므로 새로운 종교가 필요하게 되었습니다. 이 새로운 종교는 이미 국내에 유입되어 부적절한 불교와 샤머니즘과 잘못 이해된 기독교로 인해 비어 있는 마음을 채우기 시작했습니다. 이 새로운 종교란 다름 아닌 '배금주의'입니다. 간단하게 말한다면 이 종교는 돈에 대한 탐욕을 가리킵니다. 권력과 명예에 대한 탐욕은 돈에 대한 탐욕과 연관되어 있습니다. 당신이 돈이 많이 있다면 그래서 당신이 필요하다면 권력과 명예도 가질 수 있습니다. 또한 당신이 비록 처음에는 돈을 많이 갖고 있지 않았다 하더라도 당신이 유명해진다면 당신은 곧 권력과 돈을 쥘 수 있습니다. 성경은 이러한 탐욕을 우상이라고 말합니다. 이것은 물건, 특히 돈을 사람의 삶의 중심에 놓고 이에 따라 살도록 합니다. 이것은 이상한 종교입니다. 왜냐하면 이는 종교처럼 집착하게 하기 때문입니다.

우리는 마약 중독자가 종교를 가졌다고 생각하지 않습니다. 그러나 돈과 권력과 명예에 대한 집착은 마약이 사람에게 미치는 영향과 같이 사람에게 악영향을 끼칩니다. 판단력을 흐리게 해 결국 나쁜 판단을 하도록 합니다. 명예에 대한 탐욕은 종종 섹스에 대한 탐욕으로 발전합니다. 우리는 섹스에 미쳐 끊임없이 파트너를 찾아다니는 사람을 볼 수 있습니다. 그들은 만족을 느끼지 못하고 항상 자신의 상태에 대해 불평을 합니다.

이러한 문제가 적을수록 사회는 계속해서 건강하게 유지될 수 있으나 이 같은 잘못된 종교가 사회 핵심 구성원을 공격하기 시작한다면 개인의 삶과 사회에는 크고 작은 재난이 이어질 것입니다. 동시에 이와 같은 삶(명예롭고 권력 있는)을 살아가고자 하나 힘이 없는 사람도 많이 있습니다. 이들은 다른 사람들에 의해 착취당함으로 더욱더 가난해질 것이고, 자신이 겪고 있는 가난과 타인으로부터 당하는 멸시감과 텔레비전이나 신문에서 나오는 이 사회의 화려한 이면에서 느끼는 상대적 소외감으로 인해 화가 날 것입니다. 그들의 화가 분노로 변할 때 그들은 복수를 결심하기 시작할 것입니다.

그러면 이러한 경향을 부추기는 어떤 요인이 있는 것입니까? 있습니다. 그것은 언론이라는 세계입니다. 원래 언론의 기능은 뉴스를 전하고 유익한 프로를 제공하는 것입니다. 그러나 운영 비용이 비싸기 때문에 광고를 유치합니다. 광고주들을 끌어 들이기 위해서는 시청률 경쟁에 나서야 하고 그러기 위해서는 탐욕스럽고 저질스런 프로를 만들어야 합니다. 이것은 악순환의 연속입니다. 탐욕은 그칠 줄 모르며 광고도 그칠 줄 모르고 더러운 것도 그칠 줄 모릅니다. 그렇게 되면 결국 사회 전체는 '적자생존'에 빠지게 되고 맙니다. 이는 가장 무자비하고 원칙 없는 사람들의 생존을 의미합니다.

결국 사회는 겉보기에는 발전되고 있는 것 같으나 더욱더 타락되고 마는 것입니다. 조직적이고 무자비한 깡패들이 경악스러운 일을 저지름으로 인해 우리 사회의 실체는 드러납니다. 마치 우리가 외면해 왔던, 우리가 회개하기 싫어했던 우리 속의 일그러진 모습들이 그러한 사건을 계기로 해서 백일하에 드러나는 것입니다.

우리는 '제도'라는 것을 발전시켜 왔으나 그것은 부유하고 권력 있고 학식이 많은 사람들을 위한 제도였지 가난하고 힘 없는 사람들을 위한 제도는 아니었습니다. 가난한 자들과 소외된 자들에게 있어서 그것은 폭력이었습니다.

사회 변화 위해 창조주의 힘 필요

이렇게 내리막길에 있는 사회를 정상적인 궤도로 올려 놓고 더욱 발전시키기 위해서는 창조주의 힘이 필요합니다. 오직 성령의 힘을 통해야만이 교회는 소생할 수 있고 사회는 다시 살아날 수 있으며 진정한 발전이 이루어질 수 있는 것입니다. 그러나 그렇게 되기 위해서는 변화된 심정이 필요합니다. 우리는 하나님을 이용할 수 없습니다. 우리는 자신을 하나님께 드려 하나님이 우리를 사용하시고 변화시키시도록 해야 합니다. 그렇게 할 때 하나님께서는 우리가 무엇을 어떻게 해야 할지 가르쳐 주시고 힘을 주십니다.

형제가 한국 사회를 위해 무엇을 하기 원한다면 하나님께서 당신의 삶을 온전히 지배하게 해 달라고 기도하십시오. 하나님께서는 한국 사람을 지으셨고 사랑하십니다. 하나님께서는 우리가 전적으로 그의 뜻에 따르기를 원합니다. 우리가 그분의 뜻을 따를 때 그분은 우리와 함께 일하실 것이며 우리들을 통해 우리가 꿈꾸지 못했던 놀라운 일을 행하실 것입니다.

우리가 우리 자신을 진실로 하나님께 드린다면 우리는 그와 동행할 수 있게 됩니다. 하나님과 동행하게 되면 자빠지거나 넘어지지 않습니다. 그분은 이전에도 계셨던 분이시기에 방법을 아십니다. 하나님께서는 우리를 그분의 동역자로 삼아 그분이 사랑하는 이 나라에 신선한 힘을 공급하실 것입니다.

산골짜기에서 온 편지

기독교 정기 행사 어떻게 볼 것인가

존경하는 대천덕 신부님께.

이제 머지않아 부활절이 다가오는데 지난 크리스마스나 새해 맞이 등을 돌이켜 보면 저는 이러한 축제에 신물이 난 상태입니다. 크리스천으로서 교회 축제에 대해 비판하는 것이 바람직하지 않다는 것을 알면서도 축제가 과연 영적으로 어떤 유익이 있는지 저는 잘 모르겠습니다.

모두가 그리스도의 죽음과 부활 등에 관해 이야기하고 노래를 부르며 보내지만 그런 것이 우리들의 영적 성장과 어떤 연관성이 있는지 저는 이해가 안 됩니다. 그저 우리 자신들만이 즐기는 우리들의 축제가 아닌가 생각합니다. 크리스마스 찬송 가운데는 그리스도의 왕권과 신성과 고통을 노래하는 찬송이 많이 있습니다. 그런데 그런 찬송을 부르는 사람들 중에 그리스도를 자신의 왕으로 모시고, 어떠한 상황하에서도 그분께 순종하겠다고 결심하는 사람이 몇 명이나 되는지 궁금합니다.

저는 교회의 축제와 영적 성장 간에는 깊은 연관성이 있다고 생각하는데 그것이 어떤 것인지는 전혀 모르겠습니다. 이에 대한 신부님의 고견을 듣고 싶습니다.

― 주 안에서 제성철 올림

사랑하는 성철 형제에게.

주신 편지 감사합니다. 형제와 마찬가지로 저도 계절적인 축제에 피곤을 느끼고 있습니다. 예수님과 사귀기를 거부하면서 그분께 영광을 돌린다는 것은 어불성설입니다. 예수님은 더 이상 어린 아기가 아니며 십자가에서 매달려 있는 슬픈 사람도 아닙니다. 그는 하나님의 아들로서 아버지의 우편에 앉아 계십니다. 그러나 우리는 예수님께서 그 자리에 앉으시기까지 말할 수 없는 고통을 통과하셨다는 사실을 알아야 합니다.

그것은 세상이 그만큼 악하다는 사실을 나타내며 우리에게 도전이 되는 것입니다. 예수님께서는 "날마다 십자가를 지지 않는 자는 내 제자가 아니다."라고 말씀하셨습니다. 그분은 세상과 진실을 가리는 것들에 맞섬으로써 우리가 당하는 고통과 고난을 직시하시기를 원하십니다.

기독교 축제의 본질은 '자신을 비우신' 예수의 탄생

세상은 날로 그 사악성이 심해지고 있으며 대부분의 크리스천들은 그리스도의 말씀대로 살지 않고 도리어 정반대의 삶을 살고 있다는 사실을 기억해야 합니다.

"그러므로 염려하여 이르기를 무엇을 먹을까 무엇을 마실까 무엇을 입을까 하지 말라 이는 다 이방인들이 구하는 것이라 너희 천부께서 이 모든 것이 너희에게 있어야 할 줄을 아시느니라 너희는 먼저 그의 나라와 그의 의를 구하라 그리하면 이 모든 것을 너희에게 더하시리라."라는 그 유명한 마태복음 6장 31절 이하의 말씀대로 살지 못하고 있습니다.

대부분의 크리스천들은 세상 사람과 똑같이 먹고 입고 살 것에 관심이 있습니다. 그들의 가치관은 세상의 그것과 다를 바가 없습니다. 그들은 하나님을 도외시하고 하나님의 일을 방해함으로써 오히려 세상이 불순종으로 가는 데 도움을 주고 있습니다. 그러한 세상은 아무리 공공의 유익과 선한 일로 위장되어 있다 하더라도 결국은 더욱더 악화되어 갑니다. 위장 뒤에는 이기심이 숨어 있습니다. 이기심은 하나님의 것이 아닙니다. 사탄의 것입니다.

 자기 유익을 구하기보다 하나님의 의를 먼저 구하라는 예수님의 가르침을 싫어하는 사람들은 '아기 예수', '신년' 같은 여러 가지 계절적인 축제 뒤에 숨어 있습니다. 그들은 성장한 예수님의 죽음과 십자가에 못 박힌 예수님, 그리고 우리에게 순종할 것을 요구하는 예수님을 두려워합니다. 그들은 예수께서 우리의 죄를 위해 단번에 죽으셨다는 사실을 항상 얘기를 하면서도 십자가에 못 박히신 예수님과 동행하기를 꺼려하며 모든 것을 과거사로 돌려 버립니다. 예수님의 제자들이 십자가에 순교당할 각오를 하고 전한 가르침을 그들은 가볍게 거부합니다.

 예수님의 탄생 자체가 우리에게 도전을 주고 있습니다. 주지하다시피 예수님의 탄생에는 영적이 교훈이 담겨 있습니다. 핵심 구절이 빌립보서에 담겨 있습니다. 바울은 예수님의 탄생을 서술하는 대목에서 그(예수)가 자신을 비웠다고 말하고 있습니다. 그래서 우리 예수원에서의 크리스마스 심벌은 비움이란 뜻을 지닌 한자어 '공'(空)입니다. 우리는 그 글자를 조그맣게 만들어 크리스마스 장식에 걸어 놓습니다. 베들레헴의 말구유 그림은 예수님께서 자신을 비웠다는 사실을 암시해 주고 있는 것입니다.

 그(예수)는 하나님의 형상을 갖고 있었습니다. 그러나 그는 하나님과 동등됨을 포기하고 자신을 비워야만 했습니다. 그는 태초부터 존재했습니다. 그는 천지창조에 참여했으며 선지자들을 통해 말씀해 오셨습니다. 그는 항상 하나님과 함께 계셨던 분입니다. 그러나 그는 우리들을 구원하기 위해서 하늘에서 내려와 모태 안에서 하나의 세포로 출발하셨습니다. 그런 과정을 통해 그는 아기로 태어나 어른으로 성장했던 것입니다.

사도 바울은 "그는 종의 형상을 지녔다."라고 말하고 있습니다. 예수님은 궁궐이나 중산층에서 태어나지 않았을 뿐 아니라 그렇게 성장하지도 않았습니다. 노동자로서 자신의 생계와 대가족(요셉이 죽은 후 그의 어머니 마리아와 네 명의 형제자매)을 부양하여야 했습니다. 야고보(그의 동생)가 성장해 가족 생계를 책임질 수 있게 되자 비로소 예수님께서는 자신의 일을 시작했던 것입니다. 무슨 일입니까? 종이 되는 것입니다.

첫째로 그는 그의 가족에게 종이었습니다. 그런 후 전 민족의 종이 되었습니다. 그의 공생애는 비록 3년간에 불과했지만 자신을 위해서는 시간을 할애하지 않았습니다. 그는 항상 치료자로서, 선생으로서 남을 위해 봉사했습니다. 마지막으로 그는 십자가에서 죽기까지 복종했습니다. 이것이 바로 '비움'의 바른 뜻입니다.

그러면 이것이 우리에게 어떤 연관이 있는 것일까요? 교회는 그 동안 예수님께서 자신을 비움으로써 우리를 구원하셨다는 사실과, 십자가를 통해 우리 죄가 사함을 받았다는 사실을 습관적으로 이야기해 왔습니다. 그러나 사도 바울은 자족하고 있는 그리스도인에게 나쁜 소식을 전하고 있습니다. 그는 "너희 중에 이 마음을 품으라. 곧 그리스도 예수의 마음이니."라고 말함으로써 자신을 비울 것을 강조하고 있습니다.

이것은 나쁜 소식입니다. 누가 자신을 비우기를 좋아하겠습니까? 누가 종이 되기를 원하겠습니까? 누가 자신의 삶을 희생하며 남을 위해 살아가기를 원하겠습니까? 누가 자신의 행복을 포기하고 가난 속에서 살아가기를 원하겠습니까? 이것이 축복입니까? 크리스천들은 축복받기로 되어 있는 사람입니까? 바울은 예수는 영광과 보상을 받았다고 말하고 있습니다. 우리 역시 축복을 기대하고 있습니다. 그러나 그것은 우리 자신의 삶을 비우고 종의 삶을 살아갈 때 가능한 일입니다.

어떻게 자신을 비울 것인가?

자, 그러면 형제는 이 문제가 성령과 어떤 연관성이 있는지 쉽게 이해하실 수 있을 것입니다. 성령님을 떠나서는 어떤 누구도 자신을 비울 수가 없습니다. 성령님과 동행함으로 말미암아 성령의 열매를 맺을 수 있습니다. 우리는 우리 가운데에 하나님의 초자연적인 사랑을 갖고 있기 때문에 우리 자신을 비울 수 있으며 하나님 아버지와 그 아들 예수 그리스도에게 복종할 수 있는 것입니다. 그렇게 하면 우리는 성령님께서 수시는 기쁨을 발견할 수 있으며 하나님의 평화가 임하는 것을 느낄 수 있습니다.

우리 자신을 비우는 데에 있어서 가장 힘든 사항 중의 하나가 그것을 반복해서 해야 한다는 사실입니다. 대부분의 사람들은 자신을 한 번 또는 두 번은 비울 수 있습니다. 그러나 예수님처럼 자신을 끊임없이 비우기 위해서 어떻게 해야 할까요? 인내입니다. 그것 역시 성령의 열매입니다. 더 나아가서 자신을 비운 사람은 주위 사람들에게 온유하며 사랑스럽게 대할 수 있을 것입니다.

'온유'에는 두 가지 측면이 있다는 점을 잊지 마십시오. 온유의 한 측면은 자신의 이익과 권리를 위해 싸우지 않는다는 것입니다. 성경은 모세를 가리켜 이 땅에서 가장 온유한 자라고 말하고 있습니다. 그는 바로와 애굽의 권력에 맞서 이스라엘 백성을 구출해 냈습니다. 그는 또한 곁길로 가는 이스라엘 백성을 강하게 책망하기도 했습니다. 그는 하나님의 영광에 지대한 관심을 기울였습니다.

그러나 그가 개인적으로 공격을 당했을 때 그는 얼굴을 땅에 대고 하나님께 부르짖었습니다. 그는 결코 자신을 변호하거나 옹호하지 않았습니다. 모세는 놀랍게도 이러한 자세를 약 120년간 유지했습니다. 형제도 알고 있듯이 그는 딱 한 번 실족했습니다. 그의 말년에 이스라엘 백성들이 물을 달라며 그에게 덤벼들었을 때 하나님께서는 모세에게 바위를 향해 소리쳐 물을 내라고 말씀하셨습니다. 그러나 모세는 지팡이로 바위를 내리쳤던 것입니다.

이스라엘 백성들이 물을 마시러 달려갔을 때 하나님 외에는 어느 누구도 모세에게 신경을 쓰지 않았습니다. 하나님께서는 모세에게 '약속의 땅'에 들어가지 못할 것이라고 말씀하셨습니다. 모세의 모든 활동은 약속의 땅에 들어가는 것에 초점이 맞춰져 있었습니다. 그러나 그는 결국에는 이 같은 특권을 다른 사람에게 넘겨 주고 자신은 먼 곳에서 바라봐야만 했습니다. 하나님께서는 모세로 하여금 산꼭대기에 올라가 가나안을 바라볼 수 있게는 하셨으나 백성들을 이끌고 들어가지는 못하게 하셨습니다. 우리는 이를 통해 하나님께서 온유에 대해 얼마나 엄격하신지를 알 수 있습니다.

자기 비움 - 거듭남 - 성장

모세도 실패했는데 우리가 어떻게 성공할 수 있겠느냐고 반문할지 모르겠습니다. 내가 어떻게 모세만큼 온유할 수 있느냐고요. 해답은 성령님과 동행함으로 성령의 열매를 맺는 것입니다.

모세 시대에는 성령님이 모세 위에 거하셨으나 그 안에 거하지는 못했습니다. 그는 기적과 예언하는 등 성령의 은사를 갖고 있었으나 성령의 열매를 맺는 데 필요한 성령 충만을 받지는 못했습니다. 그는 그의 힘이 닿는 범위 안에서는 강했습니다. 좋은 환경을 갖고 있는 많은 사람들이 그들의 힘이 닿는 범위 내에서는 강하지만 이것이 바로 한계입니다. 하나님께서 원하시는 것은 어떤 초자연적인 선이 아닙니다. 예수님께서 사탄을 격퇴시키고 성령님을 보내 주시어 성령의 역사로 새로운 피조물로 만들어 주셨기 때문에 우리는 그렇게 할 수가 있습니다.

거듭난다는 의미는 또한 예수님의 탄생과 연관이 있습니다. 예수님은 하나님이셨는데 다시 사람으로 태어나 사람과 같이 성장했습니다. 우리는 하나님이 아니라 죄인 된 인간으로서 그러나 성령의 능력으로 우리 자신을 비움으로써 예수님과 같이 새롭게 시작해 성장에 이를 수가 있는 것입니다.

예수님의 탄생이나 부활을 축복하는 축제가 너무 요란스럽고 세상적으로 치우쳤다고 해서 실망하지 맙시다. 그러나 반내로 하나님께서 우리에게 은혜를 베푸셔서 우리도 그리스도처럼 우리 자신을 비워 종의 형상을 가질 수 있도록 기도합시다. 또한 하나님의 은혜로 말미암아 우리가 새로운 생명력을 우리의 삶과 교회에 불어 넣을 수가 있다는 것을 기억합시다.

산골짜기에서 온 편지

'인재(人災)'에 대하여

대천덕 신부님께.

제가 보기에는 다른 나라들보다 한국에 인재(人災)가 더 많은 것 같습니다. 때로 다른 나라에서 일어난 비슷한 재난에 대한 신문 기사를 읽기도 합니다만 우리나라는 실로 재난덩어리인 것처럼 보입니다. 제가 올바르게 관찰한 것일까요? 그렇다면 그에 대한 분명한 이유를, 찾아볼 수 있는지요. 또한 우리나라가 선진국이 아닌 개발도상국이라는 사실과 어떤 연관이 있는지 신부님의 의견을 듣고 싶습니다.

— 주 안에서 형제 된 구주헌 올림

주헌 형제에게.

생각건대 형제가 물어 오신 '인재'에 대한 질문은 한국의 모든 사람들이 공통적으로 깊이 생각하고 있는 문제라고 할 수 있겠습니다. 성수대교가 붕괴되었을 때 누군가가 "이 나라를 흔들어 바로 잡으려면 이것보다 더 큰일이 일어나야 한다."라고 말했던 것을 기억합니다. 이 말처럼 우리는 그 이후 더 많은 재난들을 겪었습니다. 그러나 그로 인해 모든 필요한 조치를 취할 만큼 나라가 충분히 흔들려 바로 잡아졌는지 궁금합니다.

한국에 인재 많은 것은 경험자 부족이 원인

한국이 매우 빠른 속도로 개발되었기 때문에 다른 나라보다 인재가 더 많이 발생하는 것 또한 사실일 수 있습니다. 사실 한국은 개발도상국 중의 한 나라에 불과합니다. 다른 어떤 나라들보다 빨리 성장한 나라가 되었습니다.

최근 신문 기사는 해방 후 50년 동안 우리나라 자동차의 수가 1,251배로 증가하였고, 수출은 4,306배로, 그리고 전자산업 생산은 9,148배로 증가하였다는 수치를 제공했습니다.

그러나 이 발전의 거의 대부분은 해방 후라기보다는 6.25사변이 끝난 몇 년 후부터 지금까지 이루어진 것입니다. 따라서 한국의 개발수치는 35년 전인 1960년대부터 측정해야 합니다. 제가 1957년에 한국에 왔을 때 한국은 전쟁의 뒤처리를 하고 있는 데 불과했으며 거의 모든 발전은 최근 35년 동안에 이루어졌습니다. 대만은 이 같은 발전이 우리보다 15년 일찍 시작되었습니다. 싱가포르는 우리와 거의 같은 때에 급성장하기 시작했습니다만 영국의 통치를 받는 동안 발전하기 시작했으므로, 우리나라의 성장만큼 빠르거나 광범위하게 발전했다고는 생각하지 않습니다.

  이것이 인재와 어떤 관계가 있습니까? 이는 이 모든 것을 잘 감당할 경험자가 부족함을 의미합니다. 차를 대량 생산하는 것이 숙련된 운전자를 대량 생산하는 것보다 쉽습니다. 고속도로에는 숙련된 운전자보다 차들이 훨씬 많습니다. 때문에 사고가 일어날 수밖에 없습니다. 대양 선박의 분야에도 우리가 구축한 거대한 함대를 이끌어 갈 숙련된 함장들이 부족합니다. 그 결과, 어떤 미숙한 선장 한 사람이 판단 실수를 하면 우리는 기름 재난을 겪게 되는 것입니다.

  건축 산업은 가장 빨리 발전하는 분야의 하나이고, 여기서도 동일한 문제가 발생합니다. 숙련된 엔지니어는 부족하고 잘못된 계산은 너무나 많습니다. 게다가 미숙으로 인한 계산 착오를 범하지 않는다고 해도, 미래에 대한 예상을 제대로 못하고 또한 교량이 감당할 수 있는 만큼의 교통량이 얼마나 되는지 전혀 모르기 때문에 계산이 틀려지기도 하는 것입니다. 만약 교통량이 그들이 예견했던 수준으로 머물러 있었더라면, 그 다리는 완전히 적합한 다리였을 수도 있습니다. 그러나 예상을 훨씬 초월하여 도로 위의 차량의 숫자와, 대중교통을 사용하기보다는 자동차를 운전해서 출근하는 사람의 수가 천문학적으로 증가하였고, 이것이 곧 교량에 무리한 영향을 주었던 것입니다.

  동일한 문제가 지하철에서도 일어납니다. 사용량이 너무나도 빠르게 증가했기 때문에 새 장비를 충분히 건설하거나, 현 장비를 수요에 맞도록 현대식으로 고치기가 불가능했습니다. 무엇인가는 무너져 버릴 수밖에 없는 상황에 다다르게 된 것입니다.

  다른 상황에 있어서도 마찬가지로 중요하겠지만, 특별히 건설에 관해서는 또 다른 요인이 있습니다. 그것은 바로 건설 면허와 감리 자격의 문제입니다. 정부 허가를 받는 일에 있어서는 다른 어떤 곳에서보다 전문가들이 많은 것을 발견하게 되는데, 그것은 바로 정부입니다. 일제시대 행정부에 근무하던 한국 관리들이 있었고, 그들은 자신의 후계자들의 분위기를 정해 놓았습니다. 정부는 팽창했으나 관료주의에 있어 봉사 훈련은 학술적 훈련이 아니었습니다. 모든 일이 옛 관습을 행하는 나이 들고 경험 많은 정부 직원들하에서 이루어지고 있는 현실입니다.

 그 옛 관습이란 어떤 것들입니까? 그 관습 중 가장 심각한 것은 책임지기를 싫어하여, 가능하면 다른 사람에게 일을 떼어 맡기려는 것입니다. 또한 만약 뭔가가 잘못되면 모든 행정부 사람들은 서로 단합하여 서로를 보호해 줍니다. 이 게임의 전문가들이 매우 많습니다. 이 때문에 모든 것이 지연이 되고 건설 계약자들은 조급해져서 필요한 허가를 받기도 전에 일을 시작합니다. 우리 예수원 사람들은 이런 일을 경험해 보았기에 잘 압니다. 새 보일러를 놓기 위해 우리 건물들 중 하나를 개조할 때 2층을 신축하려고 했습니다. 그러고 나서 지붕 아래 공간을 이용하기 위해서 측면의 벽을 약간 높이기로 했습니다. 그때 우리는 새 허가를 얻어야 함을 알게 되었습니다. 정부의 서류 절차를 기다리느라 건물 하나를 개조하기 위해 2년이라는 세월이 걸렸습니다. 또 다른 건물에는 아주 작은 개조만을 했을 뿐이었는데, 그 개조에 대한 허가를 받기 전까지는 그 건물을 사용하지 말라고 하였습니다. 허가를 받기까지 장장 수개월이나 걸렸습니다. 우리 같은 사람은 기다릴 수 있습니다만 많은 직원에게 급여를 지급해야 하는 건설업자는 오래 기다릴 수 없으므로 지름길을 찾아가게 됩니다. 언젠가 신문에서 어떤 건설업자의 불평을 본 적이 있습니다. 보통 일반적인 8층짜리 아파트를 짓기 위해 무려 400개 이상의 정부 문서를 거쳐야 한다는 것이었습니다. 물론 우리는 소방 안전, 기초 공사, 벽 등을 해야 합니다. 그러나 그 과정들은 어떻게든 단순해져야 합니다. 우리의 전기 산업과 자동차 제조업이 세계 시장에서 경쟁하고 있는데, 그 이유는 많은 기술과정들을 단순화했기 때문입니다. 그러나 국내 건설 산업은 검사와 허가에 있어 과정이 단순화되어 있지 않기 때문에 계속 어려움을 겪고 있습니다. 해외에서 활동하는 건설회사는 그런 문제를 갖고 있지는 않은 것 같습니다.

뇌물이 근본적인 문제

안전에 심각한 영향을 미칠 수 있는 우리 사회의 깊은 또 하나의 관습은 친구들에게 호의를 베푸는 것입니다. 뇌물에 대한 이야기를 듣기도 합니다만 뇌물은 보다 광범위한 문제의 한 부분에 불과합니다. 정부 기관에 친구가 없다면, 얼마간의 선물이 낯선 사람을 친구로 만들어 줄 수 있습니다. 이 같은 우정의 문제가 우리 사회 전체에 스며들어 있는 근본적인 문제입니다.

정부, 사업, 정치 또는 교회 모든 곳에서 유사한 형태를 발견하게 되는데 결정의 기초가 되는 것은 원칙이 아니라 우정이라는 것입니다. 선거가 있으면 그것은 인기 대회에 불과합니다. 아무도 원칙을 내세우지 않습니다. 아무도 이 나라를 어떻게 이끌어서 문제를 해결하겠다는 공약을 하지 않습니다. 단지 "저는 여러분의 친구이고 동향인이므로, 저를 뽑아 주십시오."라고 이야기할 뿐입니다.

우리나라에서 책임감은 강하지만 잘못 놓여져 있습니다. 우리는 우리 친구들을 즐겁게 해 주어야 할 책임을 느낍니다. 그러나 원칙을 따라야 할 책임은 느끼지 않습니다. 실제로 우리 사회를 보면 바로 단 하나의 원칙이 있을 뿐입니다. 가장 빨리 부유해지는 것이 정상적인 것으로 간주되고 있습니다. 권력을 추구하는 것도 당연시되며, 가능한

한 많은 인기를 얻고 지위와 영향력을 쟁취하는 것이 너무나도 당연시 되고 있습니다. 친구를 배반하지만 않는다면 말입니다.

이것을 신학적으로 '하나님보다 친구를 섬기는 우상 숭배'의 형태라고 서술할 수 있습니다. 만약 우리가 하나님을 섬긴다고 주장한다면 하나님께서 어떤 원칙을 가르치시는지, 그의 법도가 무엇인지를 알게 될 것이며 그 법도를 따라 살기 위해 노력하게 될 것입니다. 하나님의 뜻대로 행하는 것이 가장 친한 친구의 뜻과 위배된다면 그 친구를 하나님보다 우선할 수 없습니다. 따라서 친구를 사랑하고 즐겁게 해 주기를 원하지만 우리의 최선의 책임, 곧 하나님을 기쁘시게 하는 일을 친구에게 말해야 합니다. 크리스천의 가장 친한 친구는 예수님이 되어야 합니다. 만일 그것이 아니라면 그는 크리스천이라는 이름을 가질 수 없습니다. 예수님께서 그의 가장 친한 친구가 되면, 그는 예수님께서 보내신 그리고 예수님의 뜻을 잘 알고 있는 성령님의 인도를 추구하게 될 것입니다. 예수님께서는 우리가 우리 자신을 사랑하는 만큼 우리 이웃을 사랑하기 원하고 계십니다(우리 마음에 성령이 없으면 이는 불가능합니다). 그러나 예수님께서는 그들을 하나님보다 사랑하라고는 결코 말씀하시지 않으십니다.

교회는 하나님께서 우리에게 복을 주시며, 우리가 죽은 후 천국에서 우리를 영접해 주실 분임을 강조해 왔습니다. 그러나 한편 교회는 사업이든지 정치이든지 간에 모든 우리 일상생활에서 하나님께서 매우 강력한 것을 요구하신다는 사실을 지적하지 않으면서, 이 같은 문제들을 잘 회피해 왔습니다. 교회에서는 하나님의 법도가 사회나 인간관계에 적용되어야 함을 가르치지 않았습니다. 단지 개개인이 하나님과 좋은 관계를 가져야 함을 강조할 뿐, 이웃을 자신처럼 사랑해야 함에 대해서는 가볍게 넘어가고 사회 윤리나 경제법 등에 대하여는 전혀 침묵했습니다.

 바로 이것이 모든 인재 중 가장 처참한 인재를 가져오는 것이며, 아직 일어나지는 않았지만 일어나려고 준비하는 중입니다.

 우리 경제 제도는 여호와의 제도가 아닌 바알의 제도에 기초를 두고 있습니다. 토지에 관한 기본적 인권이 인정되지 않습니다. 6.25가 일어나기 불과 두 달 전인 1950년 5월 이승만 대통령이 토지 개혁을 선포했을 때 우리의 환상적인 발전이 시작되었습니다. 그 토지 개혁은 건전한 경제를 위한 기초 작업을 해놓았습니다. 그러나 불행히도 '토지란 하나님께 속한 것이고, 사람이 만든 상품과는 다르게 취급되어야 하며, 불로소득의 부를 얻기 위한 투기의 수단이 아닌 매매되어서는 안 되는 것'으로 인정하도록 만들어진 법이란 없었습니다. 사람들은 그들의 기업인 땅을 팔아서 자녀들을 학교에 보냈고, 투기꾼들은 토지를 몽땅 사서 토지 가격을 점점 올려 놓았습니다. 우리나라의 땅 값은 미국의 땅 전체 가격과 같습니다.

 이는 사업가가 사업을 시작할 장소를 찾기 위해 과도한 임대료를 지불해야 함을 의미합니다. 수출업은 그들 제품에 임금뿐만 아니라 토지 임대료를 가산해야 합니다. 따라서 토지 값이 오르면 제품의 가격이 오르게 되고, 결국 한국 산업은 다른 나라 제품과의 경쟁에서 불리한 입장에 서게 되는 것입니다. 이 추세가 뒤바뀌지 않는다면 우리 제품은 세계 시장에서 밀려날 것이고, 실업률은 증가될 것입니다. 실질 임금과 봉급은 더욱 낮아질 것이고, 그렇게 되면 분노는 더욱 증대되어서 몇 년마다 정부를 갈아치우는 많은 나라들이나, 아니면 장기 집권 독재에서 신음하는 나라들과 같은 운명에 처하게 될지도 모릅니다. 이 모든 경우, 일반인들이 더욱 고난을 겪게 될 것이며, 직장과 집이 없는 사람들의 수는 꾸준히 증가하게 될 것입니다.

이것과 비교하면 모든 다른 재난들은 아이들의 소꿉장난에 불과하게 됩니다. 이 재난도 사람이 만드는 재난입니다. 만약 정부가 성경의 경제 재도를 채택하고 대만과 홍콩, 싱가포르처럼 토지에 높은 세를 부과하며, 건물이나 소득에 대해서는 대부분의 세금을 면제한다면 이 재난은 마을 수 있습니다. 그렇게 히지 않으면 우리나라는 인도네시아나 파키스탄처럼 되어서 빈부의 격차는 더욱 커지게 될 것입니다.

크리스천들, 윤리와 정의 지키기 투쟁

우리 선교사들은 너무나 개인주의적인 복음을 한국에 들여온 것에 대한 비난을 받아들여야 합니다. 개인주의적 복음은 한국 사회에 도전을 주거나, 강하게 대처하지 못했습니다. 뇌물을 받고 돈을 돌리고, 친구가 잘못을 하고 있을 경우에도 친구에게 특혜를 주는 사람들, 책임감을 갖지 못하는 사람들, 높은 토지임대료를 부과함으로써 소기업인들을 벽으로 몰아붙이는 사람들, 이 모든 일에 있어 크리스천이나 비크리스천이나 매한가지였습니다.

일부 크리스천들은 윤리와 정의를 지키기 위해 투쟁합니다. 그러나 충분치 않은 숫자입니다. 이제 우리는 비크리스천처럼 생각하고 행동하는 크리스천을 한 사람이라도 줄여야 합니다. 크리스천의 상징처럼 된 술, 담배를 안 하고 정규적으로 교회에 출석하는 것에만 그쳐서는 안 됩니다. 크리스천은 원칙을 지키며, 그 행동의 결과가 단지 친구들뿐만 아니라 모든 사람에게 어떤 영향을 미칠지를 생각하는 사람이어야 합니다. 크리스천은 나라에 대해 관심을 갖고, 성경을 읽어 하나님의 법을 배우며, 사업 세계나 정치 세계의 실제 삶에 그 법칙을 적용하는 사람들입니다.

미숙만으로 인해 일어나는 재난은 숙련 운전자, 항해 선장, 기술자

등이 점점 많아지면 차차 줄어들 것입니다. 그러나 종종 우정을 원칙보다 앞세우는 '부패'로 인해 일어나는 재난은 한국이 해결할 수 없습니다. 이런 재난들은 잘못된 기본 태도로부터 발생하는 것입니다. 오직 우리 크리스천들만이 이 문제를 해결할 수 있습니다. 만약 우리가 성령님께 "무엇보다도 먼저 하나님의 뜻만을 행하려는 결심을 주십사." 하고 요청한다면 지혜의 약속을 받게 될 것입니다. 또한 이 문제들을 해결하기 위해 다른 사람들도 우리와 함께 일하도록 설득시키는 방법도 알게 될 것입니다.

우리는 할 수 있습니다. 이를 위해 먼저 우리 자신이 하나님의 뜻을 행하고 하나님의 인도함을 받는 데 헌신할 수 있도록 기도해야 합니다. 그러면 이러한 일을 하려는 운동이 전 교회에 확산되어서 전 교회가 하나님께서 원하시는 대로 하늘나라의 누룩이 되어 우리 사회 전체의 삶에 큰 영향을 미치게 될 것입니다.

이러한 운동을 시작할 때 기드온의 군대 못지않게 하나님께서는 우리를 더더욱 높이 드서서 정의와 진리를 위한 전쟁에 참여하게 하실 것입니다.

산꼴짜기에서 온 편지

방송인들이 기독교 인재 제거하려 한다

대천덕 신부님께.

저는 여러 해 동안 라디오와 TV방송 일에 종사해 왔습니다. 저의 친구들 대부분도 같은 일에 종사하고 있습니다. 이 사역에 종사하면서 우리는 그 동안 하나님의 일을 하고 있다고 생각해 왔습니다. 그리고 직접, 또는 간접적으로 하나님의 말씀을 일반 청중과 나눌 수 있는 기회를 주신 것에 대해 감사했습니다. 그러나 최근에 방송가에서 크리스천 인재를 제거하려는 경향이 보여지고 있습니다. 그들이 보다 재미있는 프로그램을 원하기 때문이라는 것입니다. 이 같은 방송인들의 생각에 어느 정도까지 협력해야 하는 것일까요. 또한 크리스천으로서의 우리 신념에 어느 정도까지 진실해야 하는 것일까요. 이 문제에 대한 해답이 있는지 궁금합니다.

물론 방송 분야가 신부님의 영역이 아닌 줄은 압니다만, 이 문제에 대해 기도해 주실 수 있으리라 믿습니다. 그리고 이 문제에 대해 주님께서 신부님께 보여 주시는 것을 저희와 함께 나누어 주실 것을 희망합니다.

— 그리스도 안에서 신재식 올림

신 형제에게.

방송 세계에서의 문제에 대한 형제의 편지를 읽고 많이 생각해 보았으며, 또한 형제의 부탁대로 이를 위해 기도했습니다. 물론 제가 모든 대답을 알고 있는 것은 아니지만, 제가 기도하는 동안 제 마음에 떠올랐던 생각들을 형제와 나눌 수 있어서 기쁩니다.

먼저 상업 방송과 기독교 방송 사이에 대해 신중하게 생각해 보아야 합니다. 상업 방송은 돈을 벌기 위해 존재하며, 광고주들이 프로그램의 제작비용을 대기 때문에 광고주들을 기쁘게 하기 위해 최선을 다합니다.

돈과 인기 치중하는 상업 방송

그들의 두 번째 관심은 일반 대중들이 그 방송을 시청하지 않으면 아무도 광고주들의 상품을 사려고 하지 않을 것이므로, 그들의 대중을 기쁘게 하는 것입니다. 따라서 제1의 동기는 물질이고, 제2의 동기는 인기입니다. 이는 모두 하나님의 관심에 직접적으로 반대되는 것입니다. 예수님께서는 인기를 추구하는 것과, 욕심에 대해 경고하셨습니다. 성경은 돈을 사랑하는 것은 우상숭배라고 말합니다. 하나님을 따르는 대신 군중을 따르는 것도 우상숭배의 일종입니다. 예수님께서는 험한 길을 택하고, 좁은 문으로 들어가라고 말씀하셨습니다. 만약 우리가 그리스도를 따르고 하나님께 영광을 돌리는 일에 초지일관 노력한다면, 우리는 당연히 이 세상의 적이 되고 돈과 성공을 하나님으로 섬기는 사람들에게 위협이 될 것입니다. 만약 상업 방송이 크리스천 인재를 사용한다면, 그것은 기적과도 같은 일입니다. 만약 형제나 형제의 친구들이 상업 방송에 종사해 왔다면, 그것을 하나님께서 주신 기회로 알고 모든 프로그램을 하나님의 관점에서 평가하시기 바랍니다. 그리고 하나님의 관점이 방송 운영자의 기본 원칙을 위협한다면 해고될 준비를 해 두십시오. 만약 하나님께서 형제가 그 방송국에 있기를 원하신다면, 하나님께서는 형제를 그곳에 있도록 기적을 행하실 것입니다. 그러나 같은 일을 말하는 여러 가지 방법이 있는 경우에라도, 하나님께서는 타협을 원치 않으십니다. 성령님께서 처음에는 그다지 위험스럽게 보이지 않는 방법으로 말씀하시고 노래할 지혜를 주셔서 마땅히 해야 할 말을 하게 해 주실 것입니다. 이는 진리로 하여금 사람들에게 살며시 다가가게 하는 것입니다. 처음에는 비교적 무해하게 들리는 노래가 사악한 방법으로 듣는 사람들의 사고에 영향을 끼치는 것처럼, 세상의 관점에서 '무해하게' 들리는 노래가 점점 사람들을 하나님께 목마르도록 만드는 영향을 끼칠 수도 있습니다. 이러한 프로그램을 제작할 수 있는 지혜를 구하십시오.

 기독교 방송은 이와 다르며, 또한 달라야 합니다. 그들의 최고의 동기는 하나님께 영광을 돌리는 것이어야 합니다. 이 세상에는 하나님에 대한 갈급함을 갖고 있는 많은 영혼들이 있습니다. 그리고 하나님께서 관심을 갖고 계시는 정의, 진리, 아름다움, 사랑, 창조적 진보, 과학, 역사, 고고학, 생태학, 민속 음악, 고전 음악, 드라마 등에 갈급한 사람들도 많이 있습니다. 그런데 심지어는 이런 주제에도 인본주의적인 잘못된 관점을 갖고 있어서 문화를 오도하고 궁극적으로 부패시킵니다. 반면에 각 분야에 있어서 인간적 접근보다도 훨씬 흥미진진한 기독교적 그리고 성서적 접근을 시도할 수 있습니다. 이러한 접근은 많은 사람들로 하여금 그 프로그램을 시청 또는 청취하게 할 것입니다.

 모든 기독교 인재는 스스로를 조사해 보고, 하나님께 자기가 받은 재능이 무엇인지 또 그 재능을 어떻게 사용해야 할지를 보다 분명히 보여 주실 것을 기도해야 합니다. 당신의 재능을 사용하기 위해 세상의 가치를 수용할 필요는 없습니다. 기독교 방송 체제는 '당신이 해야 할 일'을 하도록 충분한 기회를 제공해야 합니다. 당신이 할 일이란 바로 하나님의 일이라는 것을 명심하십시오! 만약 당신의 일과 하나님의 일 사이에 충돌이 있다면 당신은 하나님께서 당신을 창조한 이유를 오해하고 있는 것입니다. 하나님께서 왜 당신을 만드셨는지 스스로에게 물어보고, 당신의 삶 속에 하나님의 목적을 이루기 위해 무엇을 해야 할지 보여 달라고 하나님께 구하십시오. 결국 당신은 매우 인기를 얻거나 핍박을 받는 것 중 어느 한쪽에 다다르게 될 것입니다.

잠시 동안 예수님을 연예인으로 생각해 봅시다. 예수님께서 연예인이 되려고 하셨던 것은 아니었지만, 진리에 갈급해 하는 사람들이 너무 많았기에 그들은 예수님의 가르침을 들으려고 벌떼처럼 모여 들었습니다. 물론 그들 중 일부는 그의 신유 사역의 이야기에 매료되었는데, 이는 단지 그들의 관심을 끄는 동기에 불과했습니다. 그들은 예수님의 이야기, 가르침, 그리고 권면을 들었습니다. 그의 추종자는 수천 명에 달했습니다. 그가 5천 명을 먹이셨을 때(이는 남자들의 수만 5천이었습니다) 거기에는 5천 명의 여자가, 그리고 1만 명의 아이들이 더 있었을 것입니다. 예수님은 인기인이었습니다. 그런데 그 청중 중에는 처음부터 그의 말씀을 듣고 위협을 느껴서, 그를 제거해 버리기로 결심했던 사람들도 있었습니다. 그들은 예수님을 공개적으로 회견하여 혹시 말에 잘못이 있으면 그를 고소하려고 올무를 놓았습니다. 그들은 예수님께서 가시는 곳마다 따라가서 예수님께서 한마디라도 잘못 말씀하시기를 기다렸습니다.

예수님의 경우와 같이 하나님의 진리만을 이야기하기로 결심한 기독교 방송인은 곧 문제를 만드는 사람으로 낙인이 찍히게 되고, 사람들은 그를 방송에서 몰아내려는 모든 노력을 하게 될 것입니다. 예수님의 경우에 그의 말씀을 듣기 위해 모여 들었던 사람들은 가난한 사람들이었습니다. 종국에는 그들도 그들이 바라는 '신속한 조치'를 예수님께서 해 주시는 것 같지 않자 예수님을 포기해 버렸습니다. 결국 끝까지 그의 곁에 남았던 사람들은 손꼽을 만큼밖에는 되지 않았던 것입니다. 물론 이것이 끝은 아니었고, 예수님께서 승천하셔서 성령을 보내 주셨을 때 그 가난한 사람들은 예수님께로 되돌아 왔고 하루에 3천 명이나 교회에 더해지게 되었습니다.

예수님께서 문제를 피해 가셨던 방법 중 하나는 비유로 말씀하신 것입니다. 때로 예수님께서는 공개적으로, 그리고 아무도 요점을 놓칠 수 없도록 분명히 말씀을 전하셨습니다. 때로는 비유로 말씀하셔서 사람들은 한참 후에야 그가 무슨 말씀을 하시려 했는지를 깨닫곤 했습니다. 많은 민속노래도 그렇습니다. 그들의 메시지는 간접적입니다. 기독교 연예인은 이렇게 간접적인 방법으로 하나님의 진리를 저술하고 노래함으로써 문화에 강한 영향을 끼칠 수 있습니다. 그러한 노래들은 신비한 성격을 갖기 때문에 사람들을 매료할 수 있습니다. 그것들에는 '진리의 테두리'가 있으며, 호소력 있는 곡조가 있습니다.

상업 방송이든 또는 기독교 방송이든 어느 곳에서 종사하든지 간에 돈에 의해 영향받지 말도록 하십시오. 예수님께서는 "무엇을 먹을까, 무엇을 마실까, 무엇을 입을까 염려하지 말라. 이는 일반 대중, 즉 불신자들이 고군분투하는 것이다. 너는 하나님의 법칙과 하나님의 정의를 위해 노력하라. 그러면 하나님께서 모든 실질적 필요를 해결해 주실 것이다."라고 말씀하십니다.

참된 것을 일관성 있고, 건설적으로

광범위한 사람들에게 흥미를 주는 것이라고 말씀드렸던 것에 대해

보다 구체적으로 생각해 봅시다. '정의'란 아마도 사람들이 가장 관심을 갖는 분야가 아닌가 합니다. 만약 기독교 방송이 정의를 위해 투쟁하는 분위기를 보이면 많은 사람들을 매료할 것입니다. 이 관심이 뉴스의 방송, 음악, 강좌, 설교, 그리고 회담 등의 색채를 결정해야 합니다. 그러나 우리는 하나님의 정의가 무엇인지를 알아야 합니다. 정의를 위해 일한다고 생각하는 많은 사람들이 그들의 노력을 낭비하고 있으며, 또한 많은 경우에 정의가 실제로 무엇인지 모름으로 인해서 정의에 반대되는 일을 하고 있습니다. 성경에서의 정의는 한 나라의 토지는 하나님께 속하며 공산품, 예술품, 가옥 또는 자동차처럼 매매될 수 없다는 개념으로부터 출발합니다. 6.25사변 3개월 전에 있었던 1950년의 토지개혁은 사람들로 하여금 무엇을 위해 싸울 것인가를 깨닫게 해 주었고, 전쟁 후 한국을 위대한 국가로 만들어 냈던 것은 바로 그 토지 개혁의 실현이었습니다. 그러나 이제는 그 원칙을 포함하는 법이 없기 때문에, 그 제도는 침식되었습니다. 베트남 전쟁은 토지개혁을 실시하지 못하게 하기 위해 싸웠던 전쟁이었고, 하나님께서는 인간의 그러한 노력에 복 주시기를 거절하셨습니다. 베트남의 기독교인들이 하나님의 정의를 이해하지 못했었고, 또한 그를 따르기를 원치 않았었기 때문에 오늘날 베트남은 엉망인 상태에 있게 되었습니다.

　오늘날 홍콩은 하나님의 정의를 상당한 정도 따르고 있고, 토지로부터의 소득(토지는 '소유'하는 것이 아니라, 임대되고 있음)은 매우 커서 홍콩 정부는 너무나 많은 잉여 소득에 당황하고 있습니다. 기독교 매체는 이런 종류의 일을 해야 합니다. 이는 매우 흥분되는 일이고 사람들도 이런 이야기를 듣기 원합니다. 제가 홍콩의 상황에 대해 언급한 것을 보았는데 거기에는 정부 잉여에 대한 이유가 올바르게 설명되지 못했으며, 또 그에 대한 또 다른 논평은 본 적이 없습니다. 이런 내용이 한국 사람들에게 가장 예리한 흥밋거리가 될 것이며 일련의 기삿거리가 되어야 합니다. 한 해의 가장 큰 뉴스거리가 되어야 할 것인데, 이 내용이 대지주나 부동산 투기자, 그리고 투기를 장려하는 정부를 당황스럽게 한다는 이유로 무시되고 있습니다.

저는 '진리'에 대해 언급한 바 있습니다. 성경은 우리가 갖는 가장 기본적인 진리인데, 과학은 항상 새롭고 흥미로운 진리를 발견해 냅니다. 과학 프로그램은 매우 흥미진진한 것이나, 과학자들이 하나님을 믿지 않음으로 인해 과학이나 과학의 발견을 왜곡 또는 잘못 나타내는 데 대해 경계를 해야 합니다. 많은 과학자들이 과학자이기보다는 철학자에 가깝습니다. 그들은 과학자로서 객관적인 연구를 하지만, 그에 대해 보고를 하거나 다른 어떤 일에 대해 그들의 의견을 표현할 때에는 그들의 철학에 의해 지배를 받습니다.

사람들은 참된 것과 거짓된 것에 대한 감각이 있습니다. 참된 것은 일관성 있고, 건설적이며 아름답습니다. 현대 문명에 사는 너무나 많은 사람들이 진리에 관심을 갖지 않습니다. 너무나 많은 사업가들이 진리에 관심을 갖지 않으며, 너무나 많은 정치가들이 진리에 관심을 갖지 않습니다. 미국의 영상 사업 분야에는 특정한 안건에 대한 관심, 즉 어떤 아이디어들에 대한 관심이 있을 뿐이며 이 아이디어에 맞추기 위해 모든 것이 왜곡되고 있습니다.

〈세계〉(World)라는 잡지의 최근호는 진리에 관심을 갖고 있는 사람에 대한 기사를 실었는데 그 제목은 '진리를 말하는 영화'였습니다. 기사는 '게티츠버그(Gettysburg)'를 제작한 로날드 맥스웰(Ronald Maxwell)에 대한 기사로서 그가 집을 저당 잡혀서 책의 영화 상영권을 사들였으며 그 영화 제작비를 댈 사람을 찾아내는 데 얼마나 힘이 들었는지에 대해 이야기하고 있습니다. 그가 드디어 찾아낸 제작비를 도와 줄 사람은 가장 가능성이 없어 보였던 테드 터너였다는 것도 언급하고 있습니다. 이 영화는 매우 길고, 대단히 도덕적이며, 성경을 인용하면서 전쟁 중인 쌍방이 모두 하나님의 뜻을 행하고 있다고 믿었던 시절을 정확하게 반영합니다. 이는 매우 감동적인 이야기입니다. 할리우드 사람들은 이 영화가 실패하리라고 생각했습니다. 그러나 이 영화는 비디오 판매만으로도 이미 2천500만 달러나 벌어들였습니다. 〈세계〉 잡지는 이 영화가 "단지 복잡하고 역사적인 질문뿐만 아니라 진리에 대한 경외로 인해 명성을 얻었으며, 역사적으로 정확하다. 이 영화는 전쟁의 양편 모두에서 오늘날 찾아보기 어려운 명예, 애국심 그리고 신앙의 덕목을 갖춘 사람들을 잘 묘사했다는 면에서 가장 기억할 만하다."라고 말합니다.

이 기사는 더 나아가서 "맥스웰 씨는 할리우드의 정치적 문화가 너무나 혹독하고 광범위해서 남보다 앞서가기 원한다면 일찌감치 치고 나가야 한다고 말하는데, 이 영화는 이에 반기를 드는 것이다. 그는 영화 제작자로서 그의 보다 주된 목적은 큰 질문을 교묘하게 일으키는 것임을 마음속에 유념하면서 역사적 정확성을 추구한다."라고 말합니다. 저는 바로 이것이 크리스천이라면 예능계에서 어떻게 해야 하는지를 잘 보여 주는 실례라고 생각합니다. 시편을 읽어 보십시오. 거기에는 이스라엘의 노래들이 있습니다. 다양한 문제와 다양한 주제들을 갖고 있지만 결코 진리에 대해, 하나님에 대해 초점을 잃지 않고 있습니다. 그리고 그 시편은 큰 질문을 던지고 있습니다.

우리가 아름다움에 대해 생각할 때에는 단순히 예쁘고 감정적인 것과 참되게 아름다운 것을 구별해야 합니다. 성경은 '거룩함의 아름다움'에 대하여 말하며 가장 심오한 의미에서 진실로 아름다운 것에는 거룩한 성품이 있습니다. 마찬가지로 우리가 사랑에 대해 생각할 때,

사랑에 대한 노래를 부를 때, 우리는 성경에 나타난, 여러 종류의 사랑을 이해해야 합니다. 그 하나는 단순한 정욕인데 대부분의 문화에서 사랑으로 통용되고 있습니다. 그러나 성경은 이 외에 두 가지의 사랑을 다룹니다. 그중 하나는 '필리아(philia)'로서 친구 사이 또는 부부 사이의 따뜻하고 감정적인 사랑을 의미합니다. 이는 언제나 깨끗하고 충성적이며 또한 정직합니다. 또 하나의 사랑은 '아가페(agape)'로서 객관적 사랑이며 상대방이 내 마음에 들건 안 들건, 그가 매력적이건 아니건, 상대방의 복지를 추구하려는 의지의 결정입니다. 이는 일종의 감정을 초월한 사랑이라고 할 수 있습니다. 이 사랑은 고린도전서 13장에 나타난 사랑입니다. 드라마이건 노래이건 강연 프로그램이건 방송 프로그램은 이 두 가지 종류의 사랑을 마음에 두고, 그들의 차이점을 두드러지게 하며, 각각의 아름다움을 보여 주고 각각 적합하게 표현하여야 합니다. 사람들은 깨끗하고 건전한 것을 열망하고 있기에 기독교적 규범을 지키는 프로그램을 차지할 것입니다. 만약 광고주나 관리자들이 진리나 아름다움을 원치 않거나, 기독교적 사랑의 그 어떤 형태도 원치 않는다면 그것은 그들의 문제입니다. 크리스천 인재들은 부패된 문화의 하수로로 스스로를 끌려가게 해서는 안 됩니다.

참된 과학의 프로그램도 얼마든지 있을 수 있습니다. 창조 연구회 또는 진화론이 아닌 하나님을 믿는 과학 그룹들로부터 엄청난 자료를 얻을 수 있는데, 이는 매우 흥미진진한 이야기가 될 것입니다. 고고학자들의 탐험뿐만 아니라 성경의 놀라운 정확성을 뒷받침해 주는 흥미로운 발견물로 인해 성서적 고고학도 매우 재미있는 주제가 될 것입니다. 오늘날 생태학은 이 문제에 관심 있고 헌신적인 추종자들이 많은 분야입니다. 또한 이 분야는 인본주의자들이 제시하는 어리석은 극단주의를 벗어나기 위해, 기독교적 관점을 가지고 표현해야 할 주제이기도 합니다. 저는 최근에 어떤 기사를 읽었는데, 어느 곳에서인가 '멸종 위기에 있는 생물'을 보존하기 위해 너무나 많은 비용을 써서 경찰 예산을 줄일 수밖에 없었는데, 그 결과 갱단과 마약업자들의 폭력 때문에 인간이 바로 멸종 위기에 처하게 되었다는 내용이었습니다.

민속음악 또한 많은 사람들에게 매력적인 것입니다. '컨트리(country)'라 불리는 미국적 민속음악은 미국인들에게 가장 인기 있는 음악형태가 되었습니다. 이 장르에는 새로운 종류의 음악들이 매우 많은데, 어떤 것은 좋고 어떤 것은 좋지 않습니다. 기독교 방송인들은 민속음악과 컨트리음악을 잘 조사해 보아서 청취자의 사고에 그 음악이 어떤 영향을 미치게 될지를 이해해야 합니다. 이 장르의 새 음악들은 매우 인기가 높아서 기독교적 개념, 즉 사랑, 가정, 용서, 충성, 인내 등의 암시를 주제끔 사용될 수 있을 것입니다.

드라마는 예술의 가장 능력 있는 형태 중의 하나이며, 셰익스피어의 연극이나 인본주의나 상업주의가 이 영역을 지배하기 이전 서구의 다른 유명한 문학 작품이 그러했던 것처럼 기독교적 주제를 전달하는 데 사용될 수 있습니다.

많은 서구 고전음악(classical music)은 하나님에 대한 믿음이 문화를 지배했던 시절로 거슬러 올라가게 하며, 도움을 주는 건강한 요소를 지니고 있습니다. 한국에서는 국가적으로 보배로운 존재인 박○○ 씨가 판소리로 복음서의 이야기를 전했던 적이 있습니다. 박 선생은 60명이나 되는 그의 동료들을 그리스도께로 인도했습니다. 우리의 재능을 예수님을 위해 사용합시다!

우리가 회개해야 할 것들

대천덕 신부님께.

일전에 친구들과 함께 예수원을 방문하여 신부님과 시간을 나누게 되어 무척 기뻤습니다. 저와 친구들은 그 동안 나라를 위해 함께 금식하며 기도해 왔었습니다. 이번 예수원 방문에서 전도사에 불과한 제가 두 친구 목사를 데리고 갈 수 있는 특권을 누렸습니다. 우리가 그곳에 가서 사람들과 대화하며 우리 모두는 동일한 부담을 갖게 되었는데, 그것은 우리나라에 대한 심각한 염려 때문이었습니다.

저희가 예수원에 있을 동안 신부님과 나누었던 이야기들을 다시 한번 말씀해 주시겠습니까?

　　　　　　　- 주 안에서 형제 된 정성길 올림

정 형제에게.

형제가 예수원을 방문하여 이 나라를 위한 기도에 함께 참여해 주셔서 매우 감사드립니다. 형제와 마찬가지로 우리도 이 나라에 대해 몹시 부담을 갖고 있습니다. 우리들이 직면하고 있는 문제는 극복할 수 없는 것처럼 보입니다. 사실 우리 기도에 대한 응답으로 하나님의 기적적인 개입이 나타나지 않는 한, 문제는 해결되지 않을 것입니다. 하나님의 초자연적인 능력이 나타나지 않을 때 우리에게는 재앙만이 있을 것입니다.

그러나 하나님께서는 우리에게 희망을 주고 계십니다. 역대하 7장 14절은 "내 이름으로 일컫는 내 백성이 그 악한 길에서 떠나 스스로 겸비하고 기도하여 내 얼굴을 구하면 내가 하늘에서 듣고 그 죄를 사하고 그 땅을 고칠지라."라고 말씀합니다. 하나님께서는 이 땅이 어떤 종류의 재난에도 처하기를 원치 않으십니다. 하나님께서는 이 땅을 고치시기를 원하십니다. 특별히 남북한의 오랜 분단과, 그에 따른 불행한 상처와 분노는 하나님께도 큰 부담이며 하나님께서는 이를 고치시기를 원하고 계십니다. 그러나 우리가 고침을 받기 위해서는 먼저 회개하고, 우리 길(인간의 생각)에서 떠나 하나님의 얼굴을 구해야 합니다.

오늘날 하나님의 얼굴을 구하는 일이 매우 중대한 일인데, 이 일에는 반드시 회개와 변화가 따라야 합니다. 우리 자신도 변화해야만 하는데, 이는 결코 쉬운 일이 아닙니다. 이제 하나님의 얼굴을 구하는 조건들을 하나씩 살펴보겠습니다.

이 일은 먼저 우리 자신과 나라 전체를 위해 기도하는 것으로 시작됩니다. 믿지 않는 사람을 위해서는 '하나님 없이는 아무 선한 일을 할 수 없다'는 것을 깨달을 수 있도록 기도해야 합니다. 그들이 그토록 오랫동안 자신의 힘으로 모든 것을 하려고 했던 것을 회개하고, 하나님을 찾도록 기도해 주어야 합니다. 그리고 교회가 그들을 사랑으로 받아들일 수 있기 위해 기도해야 합니다. 예수님의 비유에서 탕자가 집으로 돌아왔을 때, 아버지가 그 아들을 반겨 주었던 것처럼 우리도 하나님을 알기 위해 나아오는 새로운 사람들을 반갑게 맞이해야 합니다. 우리 스스로의 모든 거만과 교만을 제하고, 그들을 반기며 사랑할 수 있도록 기도해야 합니다.

우리는 또한 교회가 사람들에게 하나님의 길을 따르도록 설득하지 못했던 것과, 파수꾼의 역할을 다하지 못했던 것을 깨달을 수 있도록 기도해야 합니다. 에스겔은 만일 하나님이 파수꾼을 세우셨는데 그 파수꾼이 나팔을 불지 않아 백성이 망했다면, 그 책임을 파수꾼에게 물으실 것이라고 말합니다. 우리나라의 교회는 나팔을 부는 데 실패했고, 대부분의 사람들은 실제 무엇이 문제인지를 모르고 지내는 것 같습니다. 우리는 교회가 파수꾼의 역할을 담당하게 되도록 기도해야 합니다. 성직자들은 하나님의 파수꾼으로서 사명을 감당하여 나팔을 불어 나라를 경계시켜야 하며, 이를 위해서는 전적으로 말씀을 연구함으로 준비를 갖추고 있어야 합니다.

우리가 회개해야 할 일은 어떤 것들일까요

예수님께서는 "먼저 그의 나라와 그의 의를 구하라."라고 말씀하셨습니다. 우리는 그 동안 예배, 교회출석, 십일조 등을 하나님 나라에 대한 하나님의 통치와 공의보다 앞세워 왔습니다. 우리는 우선순위를 뒤바꿔 놓았던 것입니다. 예수님께서는 십일조에 대해 "너희가 이것은 행하였으나 다른 것(즉 신의와 자비)은 행치 않았다."라고 말씀하셨습니다. 예수님께서 '신의(믿음)'라고 말씀하신 것은 무엇을 의미할까요?

예수님께서는 신의를 무엇보다도 믿을 수 있는 것, 거짓을 말하지 않고 자신의 말을 지키는 것을 의미하셨습니다.

오늘날의 문화는 거짓의 문화가 되어 버렸습니다. 정치가는 선거에 당선되기 위해 거짓말을 합니다. TV는 시청자를 더 끌기 위해 거짓말을 합니다. 오늘날 거짓은 아주 정상적인 것으로 당연시되고 있습니다. 그러나 진리와 신의(믿음)의 기초 없이는 건전한 사회가 있을 수 없습니다. 만일 제가 누구를 믿어야 할지, 또한 무엇을 믿어야 할지를 모른다면 완전히 불안에 빠질 것입니다. 그리고 어느 방향으로 가야 할지를 알지 못할 것입니다. 사람들이 대출을 갚을 능력에 대해, 그리고 대출 담보에 대해 은행에 거짓말을 함으로써 사업계에 영향을 미치고 있습니다. 사업 대출은 사업의 정상적인 부분의 하나인데, 만일 이것이 잘못된 근거에 의해 이루어지게 된다면 우리 재정 구조의 기초가 훼손당하게 되는 것입니다. 동시에 이자율에 대한 문제가 있습니다. 하나님께서는 어떤 종류의 이자도 받지 말고 가난한 사람들에게 돈을 빌려 주라고 명령하셨습니다. 은행이나 신용 조합은 파산하지 않고 사업을 계속할 수 있기 위해 수수료를 부가할 수는 있습니다. 그러나 만약 돈을 빌려 주는 힘을 이용하여 어떤 사람을 부유하게 한다면, 이는 은행의 고객을 탈취하는 일이며 하나님의 법을 어기는 일입니다. 우리는 재정적 문제에 있어서 가난한 사람들을 위해, 또한 일상 사업 모두를 위해 나팔을 불어야 합니다.

우리가 나팔을 불어야 할 영역이 또 하나 있는데 그것은 성적(性的) 관계에 대한 영역입니다. 대중매체, 특히 TV의 영향은 우리의 가치관과 도덕관을 말살시켰습니다. 쉽게 이혼하는 것이 '정상'이 되어 버렸습니다. 이제 아무도 결혼 서약에 충실하는 것을 심각하게 생각하지 않습니다. 여러 대가 가까이 살아가는 것을 미덕으로 여기는 한국의 전통 가족 제도는 이제 시대에 맞지 않는 것이 되어 버렸습니다. 그러나 성경은 바로 이러한 가족 제도를 정상적이라고 말합니다. 오늘날 행복하지 못한 결혼 생활은 서로의 관계를 청산할 수 있는 즉각적인 이유로 여겨지고 있습니다.

그러나 실제로 역사상 위대한 인물로 꼽히는 어떤 사람들은 그들의 결혼 생활이 매우 불행했음에도 끝까지 그 아내에게 충실했음을 알 수 있습니다. 그런데 오늘날 그런 사람들은 어리석은 사람으로 간주됩니다. 그들은 어리석은 것이 아니라, "간음하지 말지어다." 그리고 "네 이웃의 아내를 탐내지 말지어다."라는 하나님의 계명을 지키고 있는 것입니다. 한편 건전한 사회의 기초로서 건전한 가족 제도를 갖기 위해 "네 부모를 공경하라."는 것을 강조할 필요가 있습니다.

그러나 TV 산업은 사람들이 성적 흥미가 가미된 사랑 이야기를 좋아한다는 사실을 알고, 고의적으로 하나님의 뜻에 반대되는 이야기와 그림들로 스크린을 가득 메우고 있습니다. TV 프로그램의 상당히 많은 부분이 악한 내용이라는 것 외에도 TV 앞에 있어서 보내는 시간은 하나님으로부터 도적질한 시간이 됩니다. 그 시간은 기도와 성경공부, 그리고 우리가 이웃을 섬기고 하나님께로 인도하는 데 쓰여져야 할 시간인 것입니다. 우리 일생에 우리가 이룰 수 있는 훨씬 많은 창조적이고 건설적인 일들이 있는데, TV를 보면서 시간을 낭비하느라 이를 게을리한다면 우리가 우리 주님과 얼굴과 얼굴을 맞대어 보게 될 때 이에 대해 답변을 해야 할 것입니다.

돈과 성(性)에 중점 두는 TV

TV는 두 가지 명백한 방법으로 하나님의 법을 훼손하고 있습니다. 먼저 TV는 돈을 벌고 쓰는 데 중점을 두고 있으므로 돈의 신을 하나님으로 만들어 버렸습니다. 둘째로, 성에 대해 강조함으로써 사람들을 미혹하여 기혼자들은 배우자에게 충실한 것을 구태의연한 것으로 생각하며, 젊은 사람들은 자유연애를 정상적인 것으로 생각하게 되었습니다. 발람이 하나님으로 하여금 이스라엘 백성을 저주하도록 설득하는 데 실패하자, 그는 이스라엘 백성을 성적 부도덕에 빠지게 함으로 그들 스스로 하나님의 저주를 초래하게 했습니다. 오늘날 우리나라에 만연한 성적 부도덕은 우리를 멸하시는 하나님의 심판을 초래케 하는 것입니다. 이에 우리 크리스천은 나팔을 불어 이를 경계하여야 합니다.

우리가 회개하고 돌이켜야 할 또 하나의 문제는 부모 모두가 사업이나 공장 등 너무나 다방면에서 일하고 있다는 데 있습니다. 한 사람만의 수입으로는 가계를 꾸리기 어렵기 때문에 간혹 어쩔 수 없는 경우도 있지만, 그러나 아내가 집에서 아이들과 지내는 것이 지겨워서 세상에 나가 사람들과 어울리고 '자신만의' 돈을 벌어 생활수준을 높이며 사치품을 사기 위해 직장을 갖는 경우가 너무나 많습니다. 종종 사치품에 대한 욕망은 TV에 의해 생겨납니다. 이와 같은 맞벌이 부부의 경우 아이들은 탁아소나 유치원 등에 보내지고 그들 가정에서 어머니의 보살핌과 사랑을 받지 못하게 됩니다. 그런 아이들은 사랑에 굶주려 자라게 되고 일찍이 심리적인 문제를 일으키게 됩니다. 많은 성적 부도덕 배후에 있는 감정적 문제가 바로 어머니의 소홀함과 아버지의 무관심 속에서 사랑에 굶주린 상태로 자라난 아이들과 관련되어 있음을 알 수 있습니다.

이 문제는 낮은 임금의 문제와 연결되어 있습니다. 우리는 사람들이 충분히 생활할 수 있을 만큼의 급여를 지급하지 않은 것을 회개해야 합니다. 그러나 우리나라는 임금의 문제에 관해 실로 곤경에 처해 있습니다. 현재의 임금제도에 의해 만약 우리가 충분히 편안한 삶을 가족에게 제공할 수 있을 만큼의 급여를 지불한다면, 그것은 생산품의 가격을 높이게 될 것이고 국제시장에서 경쟁력을 잃게 될 것입니다. 반면, 다른 나라의 임금 수준으로 급여를 낮춘다면 한 사람의 수입으로는 가계를 꾸려나갈 수 없어서 아내도 직장을 가져야만 할 것입니다. 그러나 이 상황의 배후에 있는 근본적인 문제를 이해하는 사람은 거의 없습니다. 즉 토지의 문제입니다. 한국의 토지가는 너무나 높아서 전 세계에서 토지가 가장 비싼 나라 중의 하나입니다. 토지가는 모든 종류의 사업에 영향을 미칩니다. 어떠한 사업도 토지 없이는 존재할 수 없으므로 토지 가격 또는 토지 임대료가 모든 사업의 증대비용이 됩니다. 이에 하나님께서 이 문제에 대해 해답을 주셨는지 알아보고, 우리가 그의 법을 불순종하고 있지나 않은지 돌아보십시다.

토지는 하나님께 속한 것

레위기 25장에서 하나님께서는 토지에 대한 그리고 인간관계에 있어서의 정의에 대한 기본법을 제정하셨습니다. 정의는 '토지란 하나님께 속한 것이며 손으로 만든 물품처럼 사거나 팔아서는 안 된다'는 사실에 근거를 두고 있습니다. 토지를 축척하여 토지 가격을 올리는 것을 허용하는 우리나라의 법은 여호와나 예수님의 법이 아니라 바알의 법입니다. 예수님께서는 율법과 선지자를 완성하기 위해 오셨다고 말씀하셨습니다.

우리가 과연 토지에 대한 법을 완성하고 선지자들이 요구했던 정의에 대한 기초를 마련할 수 있을까요? 물론 우리가 이 일을 할 수 있고, 또한 그 방법은 쉽습니다! 정부는 토지에 임대료를 부과할 수 있습니다. 이는 때때로 토지 가치세라 불리우기도 합니다. 그러나 이 임대료가 나라의 모든 땅은 하나님께서 우리에게 주신 것이며 그것을 사용하는 모든 사람은 어떤 개인이 아닌 국민 전체에게 임대료를 내야 한다는 사실을 인식하는 이상이어서는 안 됩니다. 실제로 복잡한 토지개혁처럼 토지 문서나 규칙을 바꿀 필요가 없습니다. 정부가 국민을 위한 임대 가치료를 징수하면 토지 가격을 당장 낮추게 될 것이며, 모든 사업에 있어 토지 가격이 적당하게 될 것입니다.

반면에 지금 토지 가격은 가옥이나 사업의 가격을 두 배로 높여서 노동 임금을 제대로 지급하기가 매우 어렵습니다. 정부가 '토지 가치세', 또는 '토지 임대료'를 징수하면, 사업비용이 낮아질 것이고 적절한 임금을 지불할 수 있을 것입니다. 이 제도는 미국의 많은 도시(미국의 토지세는 연방 정부가 아니라 지방 자치 정부가 징수합니다)뿐만 아니라 대만, 홍콩, 그리고 싱가포르에서 실시되고 있습니다.

우리가 회개해야 할 많은 일들 중에서 가장 큰 죄악은 바알의 법을 따른 것과 또한 사람들을 위한 토지 임대료 징수에 실패한 일일 것입니다. 이는 여러 가지 악을 동반하는데, 낮은 임금과 낮은 이윤 등이 그 예입니다. 이러한 잘못은 결국 투자를 못하게 하고, 실업률을 증가시켜 경제 공황을 초래합니다. 나아가 일하는 사람들이 직업을 찾지 못한 사람들을 직접, 간접으로 부양하기 위해 막대한 부담을 가지게 됩니다.

우리나라의 경우, 만약 남한 방식으로 통일이 된다면 지주들이 북한 땅으로 돌진해 가서 땅을 사들이고 지배함으로, 부유한 남한 지주가 소유하는 공장에 저임금 노동자만 남게 될 것이기 때문에 북한은 이를 매우 두려워하고 있습니다. 북한에게 있어서 이러한 상황을 맞이하는 것은 매우 끔찍하고 겁나는 일일 것입니다. 북한이 남한을 두려워하는 것은 놀라운 일이 아닙니다. 그들이 두려워하는 것은 우리의 전쟁 무기가 아니라 우리 방식의 평화입니다. 우리는 이런 일이 전 세계에서 일어나고 있는 것을 볼 수 있습니다. 국제 통화기금(IMF)의 세계은행(World Bank)이 개발도상국으로 하여금 자립할 수 있도록 도와준다고 하는 모든 곳에서 실제로 일어나고 있는 일은 세계은행을 소유 또는 관장하는 외국인들에게 그들의 토지를 파는 대가로 외국인들의 수입을 늘려 주는 일인 것입니다. 그들의 토지를 파는 것과 동시에 그들은 자유를 잃게 되는데, 토지가 없이는 자유도 없기 때문입니다. 따라서 우리의 회개의 모습으로 나타날 신성한 토지 임대 제도를 세우는 일을 막을 아무런 장애물도 남한에 존재하고 있지 않음을 아십시오.

우리가 회개하고 돌이켜야 할 또 하나의 죄악이 있습니다. 우리 학교와 대학에서 널리 가르치는 진화론이 바로 그것입니다. 이 악하고 비과학적인 가르침은 우리 기독교 대학에도 슬금슬금 들어와 있습니다. 진화론은 이 세상에서 일어나는 모든 일이 하나님의 역사에 의해서가 아니라 단지 우연에 의해 일어났다고 가르치므로 우리 젊은이들을 미혹하게 하여 하나님에 대한 믿음을 훼손할 뿐만 아니라, 도덕성의 기초를 훼손시켜 왔습니다. 만약 우리가 짐승으로부터 진화되어 왔다면, 우리는 짐승에 불과할 것이며 짐승처럼 살지 않아야 할 이유도 없을 것입니다.

진화론자로 인해 잃은 도덕률

우리 대학 세계에서 이것이 당연하다고 생각하는 진화론자 때문에 우리가 도덕률(성적 순결, 결혼의 신실성, 모든 관계에서 진실을 말하는 것 등)을 잃게 되었습니다. '적자생존'은 실제로 '가장 잔인한 자의 생존'을 의미합니다. 그리고 '적자생존'에 있어 가장 현명한 일이란 삶의 모든 영역에서 전적으로 이기적이고 부도덕해져서 부와 권력과 명

성만을 추구하며, 하나님을 믿는다거나 하나님의 도덕 법칙을 받아들이는 따위의 '어리석음'에 빠지지 않는 것을 의미합니다. 성경은 이 세상의 지식이 하나님께는 어리석음이라고 말합니다. 세상 지식은 사회의 멸망으로부터 시작해서, 결국 우리를 멸망으로 인도합니다. 병든 몸과 마찬가지로 병든 사회는 그 병을 고치지 않으면 죽음에 이르게 됩니다. 우리가 회개해야 할 끔찍한 죄악의 또 하나는 광범위하게 퍼져 있으면서도 처벌받지 않는, 아기를 살해하는 행위(낙태)입니다. 성경은 이를 '무죄한 자의 피를 흘리는 것'이라고 말씀하고 있습니다.

오늘날 우리나라에서는 매일 4,000명의 아기들이 목숨을 잃는다고 합니다. 이는 전 세계에서 가장 높은 수치입니다. 그러나 낙태에 대해 나팔을 부는 파수꾼들은 거의 없습니다. 이는 부도덕한 관계에 의해 임신한 미혼모의 문제에만 국한되는 것이 아닙니다. 이는 기혼 여성들의 문제이기도 합니다. 그들도 가족계획을 하기 위해, 그리고 아들과 딸을 몇 명 가질 것인가를 결정하기 위해 이 같은 일을 자행합니다. 이는 믿지 않는 여성뿐만 아니라, 교회에 다니는 많은 어머니들에게도 해당됩니다. 이는 단순한 살인의 문제가 아닙니다. 하나님을 조롱하는 것이기도 합니다. 오늘날 너무나 많은 여자 아기들이 낙태가 되고 있기 때문에, 남자가 너무 많고 여자가 부족하게 되는 날이 머지않아 올 것이며, 이때는 큰 혼란이 다가올 것입니다.

오늘날 우리 사회는 깊이 병들었습니다. 우리 국가는 병들었습니다. 그러나 하나님께서는 우리를 고치시기 원하십니다. 만약 그의 이름으로 부름을 받은 우리 그리스도인들이 스스로 겸비하고 회개하며 우리 길에서 돌이키면 하늘에서부터 우리 기도를 들으시고 우리들을 고쳐 주실 것입니다. 은혜를 구하고 회개합시다. 언제 나팔을 불어야 할지 알 수 있도록 지혜를 구합시다. 그리고 나팔을 불 수 있는 용기를 구합시다.

신앙 공동체 어떻게 이끌어야 하나

산골짜기에서 온 편지

신앙 공동체 어떻게 이끌어야 하나

존경하는 대천덕 신부님께.

　기독교 공동체에 대한 신학생들의 관심이 높아가고 있습니다. 지난해 신부님의 강연회에 얼마나 많은 학생들이 모였는지 신부님도 잘 알고 계실 것입니다. 올해에는 토레이 여사를 연사로 초청할 기회를 얻지 못해 무척 아쉬웠지만 다음 기회를 기대해 봅니다. 한국의 기독교 공동체와 관련하여 미국을 다녀오셨다고 들었습니다. 그곳 공동체에 대한 신부님의 소감을 듣고 싶습니다. 우리는 예수원을 위해 기도하고 있습니다. 예수원 가족들에게도 우리 신학생들을 위한 기도를 부탁드립니다.

- 주 안에서 예레미야 박 올림

사랑하는 예레미야 형제에게.

편지 고맙습니다. 미국에서 단 하나의 공동체만을 방문했지만 그곳에 관해 형제와 의견을 나누게 되어 매우 기쁘게 생각합니다. 그보다 먼저 제인(대 신부님의 사모)을 위한 변명을 해야겠습니다. 하나님은 각 사람에게 다양한 은사를 주셨습니다. 공식 석상에서 연설하는 은사를 받은 사람도 많습니다. 특히 말주변 없는 신학생들을 찾아볼 수가 없습니다. 세상에는 여러 가지 다른 분야에 재능을 가진 사람들이 많습니다. 제인은 그림, 조경술, 실내장식, 운영, 기도, 상담 등 다양한 은사를 갖고 있지만 연설에는 재능이 없나봅니다. 예수원의 전경에 대해 많은 사람들이 건물이나 조경이 아름답다고 평합니다. 이것은 하나님께서 제인에게 허락하신 재능 덕분이라고 자랑스럽게 말할 수 있습니다. 예수원 운영에 관한 회의에서 제인의 역할은 매우 큽니다. 회의를 통해서 공동체 운영에 대한 거의 모든 문제들이 다루어집니다. 나는 한 달에 한 번 정도 전 회원 모임 때 고문으로 참석합니다. 나는 매일 아침 그날 운영에 관한 내 의견을 적은 메모를 보냅니다. 제인도 구입할 물품이나 계획 등을 적어 내 메모에 첨부합니다. 때로는 공동체 운영에 관한 나름대로의 의견을 적어 보내기도 하는데 이것은 예수원 운영에 큰 도움이 되고 있습니다.

그녀의 통찰력은 매우 깊어 내가 열등감을 느낄 때도 있습니다. 하지만 그 때문에 내가 열등감 혹은 우월감을 느끼는 것이 주님의 뜻은 아니라는 것을 알고 있습니다. 그분의 뜻을 행하는 것이 중요하며 그분이 내 대신 내 아내를 사용하여 그분의 뜻을 이루신다면 오히려 기뻐해야 할 것입니다. 또 다른 분야에서는 나의 재능이 사용되고 있기 때문입니다. 제인이 없는 예수원 운영은 상상하기도 싫습니다. 그러나 그녀에게 연설만은 부탁하지 말아 주십시오. 그것은 그녀가 받은 달란

트가 아닙니다.

경쟁심리는 사라져야 합니다

기독교 공동체에 대한 신학생들의 관심이 고조되고 있다는 것은 반가운 일입니다. 신학생이 아닌 다른 사람들의 관심을 위해 기도를 부탁드립니다. 신학생들만으로 신앙 공동체가 구성될 수는 없기 때문입니다. 기독교 공동체의 목사는 공동체 생활을 통해 얻은 다년간의 경험과 성경을 실생활에 적용할 수 있는 능력을 갖춘 사람이어야 합니다. 공동체 운영에 필요한 다양한 일을 하는 평회원으로서의 실제적인 경험이 없다면 아무리 학력이 높을지라도 소용이 없습니다.

공동체가 성공적으로 운영되기 위해서는 신학 이론과 과학 원리에 해박한 지식을 가진 육체노동자가 필요합니다. 유기 농법, 축사 관리, 건축, 도로와 교량 건설, 물 관리, 오물 처리(1백 명~2백 명의 사람들이 만들어 내는 고체, 액체 오물이 얼마나 쌓이는지 모릅니다), 재정 관리, 상석 업무, 심부름, 사무 처리, 수선 업무, 차량과 농기계 정비, 건물 관리, 전기 설치 및 정비, 취사, 세탁, 서재 정리, 정원 가꾸기, 조경, 과수원 운영 및 수목 관리 등 너무 많은 일들이 산재해 있습니다.

한국의 선교화에 방해가 되는 요소들 중의 하나는 경쟁 심리입니다. 공동체 안에서 각기 다양한 기술을 가진 사람들이 서로 경쟁하고 반목한다고 생각해 보십시오. 저마다 상 받기 원하고 칭찬받기 원한다면 어떻겠습니까? 이러한 경쟁의식은 로마인들에 의해 형성된 제국주의의 기본 법칙과 과거 일제의 한국 지배를 위한 통치수단이며 식민주의의 유산입니다.

경쟁은 스포츠나 사업에서는 유용할지 몰라도 공동체 생활에서는 불필요한 악조건이 됩니다. 공동체에는 협동이 필요합니다. 성경을 보면 경쟁에 관한 구절에 비해 '한마음', '하나의 뜻', '섬기는 일', '서로 사랑하는 것'에 관한 말이 더 많습니다.

"그러면 너희도 신령한 것을 사모하는 자인즉 교회의 덕 세우기를 위하여 풍성하기를 구하라"(고전 14:12)는 말씀과 "경기하는 자가 법대로 경기하지 아니하면 면류관을 얻지 못할 것이며"(딤후 2:5)를 보면 이것은 스포츠에서 말하는 경쟁과는 다르며 경쟁도 규칙을 준수하면서 이루어져야 한다는 것을 알 수 있습니다.

건물을 세울 경우 널판의 낭비를 최소로 줄이기 위해 남보다 정확히 자르려는 노력이나, 페인트 칠, 혹은 회반죽을 할 때 덩어리나 흠이 생기지 않도록 조심해서 하려는 노력 등이 필요합니다. 한 사람의 기술은 다른 사람의 기술에 의존하며 각 조마다 제 역할을 해낼 때만이 일이 성공적으로 이루어집니다. 각 기술자들의 작업 과정이 질서 있게 연결될 때 안전한 건물이 세워집니다. 공동체 운영에 필요한 것은 협동 체제입니다.

인내와 사랑으로 이끌어 주어라

건설 현장에서는 서로에 대한 사랑 때문이 아니라 급료를 받기 위해 함께 일합니다. 서로를 알고 함께 일하게 되기까지는 시간이 걸립니다. 그러나 작업에 따르는 수고와 위험을 함께 나누고 서로에 대한 존중과 사랑을 맛보면서 작업이 끝난 후에는 헤어짐의 아쉬움을 느끼기도 합니다. 기독교 공동체에서는 급료가 없습니다. 다른 사람들에게 쉽게 실망하고 떠나는 경우도 많습니다. 오직 성령님만이 우리에게 사랑, 인내, 온유, 희락 등 영적 성숙을 이루는 데 필요한 열매를 맺게 해줍니다. 특히 한국의 크리스천들은 조급함과 다른 사람들이 협조하지 않을 때 쉽게 포기해 버리는 성격 때문에 공동체 운영에 어려움을 겪고 있습니다.

　미국에서 견학한 공동체에 관한 말씀을 드리겠습니다. 우리는 북극권에 있는 알래스카의 '흰 돌 농장'을 방문했습니다. 그곳에서 우리는 태양이 지평선 너머로 완전히 지지 않는 그 해에 가장 긴 낮(한국말로 '하지')을 경험했습니다. 그 공동체의 이름은 요한계시록 2장 17절의 "흰 돌을 줄 터인데 그 돌 위에 새 이름을 기록한 것이 있나니 받는 자 밖에는 그 이름을 알 사람이 없느니라."라는 말씀에서 따 왔습니다(내게도 하나님과 나만이 아는 새 이름이 있습니다. 그것은 하나님께 내가 얼마나 소중한 존재인지를 알게 해 주는 것으로 흰 돌에 새겨서 나에게 주신 것입니다). 다른 사람들이 나를 어떻게 생각하든 상관하지 않고 내 일생에 충실할 수 있는 것도 이 이름에 대한 자부심 때문입니다. 나는 사람의 평가기준이 아닌 하나님의 평가기준에 초점을 맞춥니다.

　흰 돌 공동체에는 약 180명 가량의 회원들이 주방일과 세탁, 탁아운영 이외에도 농장일(알래스카에서는 긴 여름 동안 양배추와 당근 등 여러 가지 야채들과 과일들을 재배합니다), 건설작업(그곳에는 아직도 모든 사람들을 수용할 수 있는 시설들이 부족합니다), 차량 정비(예수원보다 훨씬 많은 차량과 기계 장비를 갖추고 있습니다), 건축과 도로 포장 및 배를 만드는 일(큰 강을 끼고 있기 때문에 도로까지 왕복하기 위해서는 배가 필요합니다)에 종사하고 있습니다.

　뿐만 아니라 그곳에는 교수와 학생들이 공동체 회원으로 학문 연구 이외에도 생활에 필요한 여러 가지 일에 종사하면서 개방 대학을 운영하고 있습니다. 그들은 주립 공원에서 주정부를 위해 공원 유지 및 운영, 방문객들에 대한 전도 일을 맡아보고 있습니다. 미국 정부는 공산

국가나 회교 국가처럼 크리스천들에게 공공시설 사용 허가를 내 주는 데 인색합니다. 이런 면에서 알래스카 정부는 연방 정부보다는 여유를 갖게 해 줍니다.

그러나 이런 일은 지혜와 신중함이 필요합니다. 주님의 이름이 영광을 받을 수 있기 위해서는 모든 사람들에게 주님을 영접할 기회를 제공해야 합니다. 공원을 찾는 사람들은 공동체 생활을 하는 사람들에 대해 상당한 호기심을 갖고 질문을 해 옵니다. 이것은 주님을 전할 좋은 기회입니다.

개인의 사리사욕 버려라

흰 돌 농장에는 미국 전역에서 온 다양한 교파의 사람들이 생활하고 있습니다. 캐나다, 싱가포르, 대만 등 각국에서 방문객들이 찾아옵니다. 흰 돌 공동체를 처음 설립한 사람들은 함께 생활하기 오래 전부터 안면이 있었던 사람들입니다. 그들은 기도 모임이나 성경공부, 코이노니아—이 단어는 형제도 알고 있듯이 상호 책임과 의무를 나타내는 성서적인 말로서 한국어로는 '사귐', '교제', '교통' 등으로 번역되고 있습니다—등을 지속적으로 유지해 왔습니다. 그들은 교회에서 성장하고 봉사해 온 사람들로서 보다 희생적인 가족 관계를 갖고자 열망하게 되었습니다.

일반 교회에서는 가족적인 사랑을 느끼기가 어려웠기 때문에 각자 가정에서 모임을 갖고 성경공부를 하면서 요한일서 1장 7절부터 9절까지의 "저가 빛 가운데 계신 것같이 우리도 빛 가운데 행하면 우리가 서로 사귐이 있고 그 아들 예수의 피가 우리를 모든 죄에서 깨끗하게 하실 것이요 만일 우리가 죄 없다 하면 스스로 속이고 또 진리가 우리 속에 있지 아니할 것이요 만일 우리가 우리 죄를 자백하면 저는 미쁘시고 의로우사 우리 죄를 사하시며 모든 불의에서 우리를 깨끗케 하실 것이요."라는 말씀을 실천했습니다.

일주일에 한두 번 갖는 모임이 불충분하다는 판단 아래 그들은 직장을 그만두고 살던 집을 팔아 알래스카에 땅을 사기로 합의했습니다(그곳은 미국 동부에 비해 땅값이 훨씬 쌉니다). 그들은 먼저 주거지를 찾고 땅값을 협상하기 위해 선발 회원을 보냈습니다. 그 후 나머지 사람들이 얽매였던 세상의 틀을 벗어던지고 그들과 합류했습니다. 그들은 공동체 생활을 시작하기 전부터 이러한 삶에 익숙한 사람들이며 그들을 이끄는 지도자들은 신학을 전공한 목회자가 아닌 평범한 형제자매들입니다.

이곳에서의 가르침은 성경을 믿는 보수 교단에 속한 다른 교회들의 가르침과 다를 것이 없지만 한 가지 중요한 것은 지금이 마지막 때이며 예수 그리스도의 재림이 임박해 있다는 것을 강조합니다. 그들은 미련한 다섯 처녀와 슬기로운 다섯 처녀에 대한 비유를 신중하게 받아들이고 등불이 꺼지지 않도록 기름을 준비했던 슬기로운 다섯 저녀에 속하기를 간절히 바라고 있습니다.

그들은 세상과 함께 정죄함을 받지 않도록 스스로를 살피라는 사도 바울의 권면(고전 11:31~32)에 주의를 기울이도록 촉구합니다. 공동체 생활은 제자 훈련의 가장 좋은 방법입니다. 그들에게 있어서 공동체 생활은 자동차 안에 비치할 수도 있고 비치하지 않을 수도 있는 공기청향제와 같이 '선택할 수 있는 과외의 문제'가 아니며 크리스천의 삶의 성숙을 위한 필수임을 확인하고 있습니다.

이들이 갖고 있는 기쁨과 자원하는 마음, 예수님에 대한 사랑과 열정적인 찬양, 고된 일을 감내하는 능력, 하나님과 형제를 향한 불 같은 사랑을 바탕으로 한 협동적인 삶 등은 우리에게 깊은 감명을 주었습니다. 모든 연령층의 사람들이 다 있었지만 특히 젊은층이 많았으며 아이들도 많이 있었습니다.

이곳에서 사는 부부들은 자녀들을 여러 명 두었어도 마치 신혼부부처럼 보였습니다. 이곳의 분위기는 사람들의 젊음을 지속시켜 줍니다. 이들의 가족 형태는 대가족입니다. 아이들이 찬양과 율동에 동참하는 모습이 무척 인상 깊었습니다.

이 공동체가 설립된 지는 10년이 되었는데 현재 자급수준이 50%에 도달하고 있습니다. 예수원이 이런 수준에 이르기까지 27년이 걸렸습니다. 예수원이나 이곳 흰 돌 농장의 공통점은 모두가 주님이 공급해 주시는 '하늘에서 내려오는 만나'를 의지한다는 것입니다. 우리가 100%의 자급을 이룬다면 주님을 의지할까요? 우리는 주님이 주시는 초자연적인 요소에 내내 의지해야 합니다. 우리의 실생활, 우리의 밥과 김치(그곳에서는 '빵과 버터'겠지요)를 순전히 하나님께 의지해야만 합니다. 나는 주님께서 공동체 회원들이나 방문객들의 생활에 필요한 것들을 구하는 것에 대해 응답하신다는 것을 확신합니다.

예레미야 형제, 형제가 목회자가 되면 가능한 한 많은 사람들로 하여금 현재 크리스천들의 이기적이면서 세상적인 삶을 버리고, 주 안에서 형제자매들과 코이노니아를 나누는 삶을 배우도록 권장하십시오. 공동체 생활에 익숙해지면 '세상'으로 돌아가고 싶은 마음이 없어집니다. 이러한 공동체는 예수님께서 말씀하신 '천국'에 가장 가까운 삶의 형태입니다. 형제를 비롯한 많은 신학생들이 공동체에 관심을 갖는다는 말은 매우 기쁜 일입니다. 하나님의 인도하심을 바라며 함께 기도합시다.

토착민 선교 어떻게 해야 하나

존경하는 대천덕 신부님께.
　저는 '그루터기'를 통해 이곳 보츠와나에 파송된 송방섭 자매라고 하며 남편과 아들과 딸과 함께 살고 있습니다. 기회가 주어진다면 신부님의 삶을 통해 지도를 받기 원했지만 아직 그 기회가 주어지지 않았고 특히 저희가 타국에 와서 복음을 전하는 생활을 하게 되니까 더욱 신부님 부부가 생각났어요. 신부님께서 저희 민족을 위해 선교사역을 시작하실 때는 너무나 무지하고, 거짓투성이고, 도둑질하는 백성이었기에 신부님의 마음을 무척이나 아프게 했겠지요. 현재 저희가 당하는 어려움보다 더 심했으리라 생각해요. 이곳 보츠와나는 남아프리카 나라 중에서 비교적 잘사는 나라이고 평화로운 나라입니다. 요즘 남아프리카 공화국에서 폭동이 일어난 관계로 그곳의 백인들이 많이 이주해 와 함께 살고 있지요. 사람들이 와서 살고 싶어 하는 나라입니다. 그러나 부(富)를 누리는 사람은 극소수이고 원주민들의 삶은 너무나 가난하고 비참해요. 외국인들과 영국 식민지 때 종으로 데려왔던 인도인들이 관공서와 상가들을 차지해서 원주민들은 그들의 심부름이나 잡일들을 하며 최저의 생활들을 합니다.
　저희는 이곳에서 기술학교와 무료 유치원을 운영하고 기능 현장으로는 정비소와 건축회사를 운영하고 있습니다. 기술학교는 양재와 목공과 뜨개질을 2년 과정으로 가르치며 학교를 졸업하는 학생들이 자립할 수 있도록 돕고 있습니다(전원 장학제도임). 무료 유치원은 지역 중 가장 가난한 지역인 삘랭 지역에서 운영하며 이 나라 어느 유치원보다 더 훌륭한 시설과 교육을 하고 있습니다.

그러나 계속되는 배반으로 말미암아 이제는 우리가 어떻게 그들을 위해 살아야 하는가 절망적입니다. 기존의 백인들처럼 우리들도 그들을 종처럼 다루어야 하는지 참으로 난감합니다. 학교에서 계속되는 도난 사건이라든가 새벽 QT 거부 등등… 수없이 일어나는 사건들 때문에 선생님들이 지쳐 있고 그 외 우리와 함께 생활하는 기능 현장 사람들의 수없이 반복되는 배반으로 낙심하고 있습니다. 정말 이 백성들 속에 구원받을 만한 믿음의 소유자들이 있는 것인지 의심스럽고 언제까지 이렇게 반복되는 삶을 살아야 하는지 모르겠어요.

신부님! 이런 생활의 소용돌이 속에서 계속 주께 부르짖고 있으며, 바쁘신 줄 알면서도 너무나 답답하여 펜을 들었습니다. 정말 무지 속에 있었던 우리 민족을 위해 한평생을 보내신 신부님을 존경하며 깊은 감사를 드립니다. 혹 저희 민족을 위해 사역하시면서 기록한 글들이 있으신가요? 신부님의 조언을 듣고 싶습니다. 늘 주님의 강한 손길이 두 분을 붙잡아 주셔서 아름다운 삶이 되시길 기도드립니다.

- 아프리카 보츠와나에서 송방섭 드림

사랑하는 송방섭 자매님께.

보내 주신 편지를 잘 받았습니다. 자매님의 어려움을 함께 나누게 되어 기쁩니다. 제3세계 나라들에서의 선교 사역을 감당하기 위해서는 먼저 본토인들이 오랫동안 백인들에 의해 이용을 당했을 때 느꼈던 바와 상한 마음을 이해하는 것부터 출발해야 합니다. 어떻게 해야 그들의 입장에 들어갈 수 있는지가 중요한 기도의 제목입니다. 하나님께서는 사람 가운데 오셨을 때에 주인으로 오시지 않고 종으로 오셨습니다. 그런데 미국사람이든지 한국사람이든지 고학력자들은 대체로 종의 정신이 부족합니다. 별 생각 없이 잠재의식에서부터 주인 역할을 하기가 너무 쉽기 때문에 자기도 모르는 사이에 본토인 입장에서 볼 때 거만한 태도를 가질 수 있습니다. 자매님이 여러 번 배반을 당했다면 그런 문제도 있지 않았나 생각합니다.

종의 자세 가져야

미국 사람들이 한국에 와서 대부분 일본 사람을 대적하고 한국 사람들의 입장에 서 있었기 때문에 한국 사람들이 미국 사람들을 친구로 믿기에 배반하는 일이 별로 없는 편입니다. 그런데 만약 일본 사람들이 와서 선교를 하려고 한다면 그들의 입장이 얼마나 어려운지, 그리고 그들이 얼마나 지나칠 정도로 자기를 낮춰야 하는지는 한번 상상해 보세요. 보츠와나 본토인 입장에서는 피부 색깔이 까맣지 않으면 원수로 생각하고 비록 그들을 이용하려고 하지 않더라도 그를 대적하고 의심하는 마음이 너무나 강합니다. 그러한 의심을 없애기 위해서는 보통 노력이 아니라 지나칠 정도의 노고가 필요한 것입니다.

저희 가족이 처음 한국에 와서 7년 동안 신학교 교장으로서 주인 노릇할 때는 배반을 많이 당했습니다. 그런데 신학교를 떠나 예수원을 설립하고 공동체 생활을 통하여 가정 분위기를 만들기 위해 노력하고 우리가 주인보다는 종의 입장으로 들어가도록 해보니까 좀더 쉬워지고 분위기도 좋아졌습니다.

물론 처음 시작할 때 우리를 믿지 않는 사람도 많았고, 실제로 배반을 당한 적도 많았지만 지금은 그런 일이 별로 없으며 가정에서의 아버지로서 인정을 받게 되었습니다. 한편 나는 20여 명의 정회원이 생겨서 마지막 결정권은 언제든지 정회원들에게 있도록 방침을 정해놓았습니다. 우리 선교사들이 결정권을 내놓았습니다. 그럼에도 불구하고 두 가지 문제에 부딪치게 되었는데 첫째는 정말로 결정권을 내려놓은 것인지 거짓말인지 시험을 받아 어려움을 당한 적도 있고, 둘째 문제는 사람들이 이제까지 한번도 그러한 인정을 받은 경험이 없어서 무서워하고 또 운영하는 재능과 기술이 있는지 의심이 많아서 책임지는 것을 피하려고 하는 문제도 있었습니다. 그렇지만 우리가 계속해서 그들을 세워 주려고 노력하자 결과적으로 형제자매들이 책임을 감당하고 영적으로나 심리적으로 꾸준히 성장하고 옛날에 받은 상처도 치유 받는 일이 일어났습니다. 우리 예수원의 기초가 되는 분들은 한국 사회의 제국주의 정신(다르게 말하면 양반 정신)을 가진 사람들에게서 받은 상처가 심해서 속사람 치유도 필요했던 것입니다. 특별히 저희 집사람이 그러한 사역을 주력하고 있기에 많은 사람들이 어렸을 때 받은 상처를 치유받으며 자신감이 더 높아지고 자기가 가치 있는 사람임을 알게 되어서 분위기가 점점 더 좋아지는 중입니다.

제가 보기에 한국은 일본 밑에서 수십 년밖에 억압을 받지 않았는데도 불구하고 이렇게 문제가 많은데 보츠와나는 훨씬 더 오랫동안 더 심한 억압을 받았기 때문에 그곳 사람들이 받은 상처가 더 심하고 의심도 더 많고 회복되기 위하여 더 오랜 시간이 걸리지 않겠습니까? 성령님께, 지혜를 주셔서 그 사람들의 입장을 더 깊이 깨달을 수 있도록 해 달라고 기도하고 또 빌립보서 2장 5절의 말씀과 같이 "너희 안에 이 마음을 품으라." 그리스도의 종의 정신 곧 자기를 비우신 정신을 얻기 위하여 기도하면 성령님께서 친히 역사하실 줄 믿습니다. 그런데 깊이 생각해 봐야 할 것은 '선교사가 주인 역할을 하는 옛날 습관을 버리기 어렵고 예수님과 같이 종의 모습으로 돌아가는 것이 너무 어려워서 그만둘까.' 하는 솔직한 질문을 스스로에게 해 봐야 합니다. 낙심하지 말고 다만 생각했던 것보다는 시간이 많이 걸릴 줄 알고 인내를 주시도록 기도하십시오.

또 한 가지 문제가 있습니다. 그것은 여러분의 문제라기보다는 세계 기독교의 문제입니다. 미가서 6장 8절을 보면 하나님께서 우리에게 세 가지를 요구하고 계신 것을 알 수 있습니다. 자비를 사랑하고 하나님과 겸손하게 행하는 것은 교회가 역사적으로 행해왔고 지금도 많이 행하고 있습니다. 그러나 하나님께서 요구하셨던 첫째 사항은 공의입니다.

4세기 콘스탄틴 황제 시대부터 지금까지 교회가 공의에 대해 관심이 없고, 행한 것이 없기 때문에 여러 번 가난한 사람과 불의를 당한 사람들에게 심한 배반을 당한 일이 있습니다. 8세기 때에는 12개 기독교 국가들이 이슬람화 되었는데 이 국가들은 지금까지도 이슬람 국가입니다. 20세기에는 소련 사람들이 말하기를 "우리가 기독교를 1천 년 동안 시험해 보았지만 공의가 없다는 것을 알게 되었으므로, 공산주의를 통하여 공의를 세우겠다."라고 했습니다.

이제 공산주의가 실패하고 예수를 다시 믿어야 한다고 구소련 지역에 대한 선교에 열심이지만 기독교 지도자들이 공의에 대한 깨달음이 없을 뿐만 아니라 관심도 없고 성경의 공의법이 무엇인지도 모르고 있습니다.

공의가 없으면 무용지물

제가 며칠 동안 연구해 보니까 성경에 공의에 관한 말씀이 1천170번이 나와요. 그런데 번역하는 사람들이 정부와 타협을 해서 자꾸 그 말을 고치고 의미를 약하게 하거나 애매한 번역을 합니다. 그래도 관심이 있으면 잘못 번역한 성경을 읽어도 기본적인 하나님의 공의에 관한 뜻과 방법이 나옵니다. 간단히 말씀드리면 하나님의 공의는 토지 문제부터 시작합니다. 각 사람 각 가족 앞에 빼앗을 수 없는 토지권이 있어야 하고 아버지가 잘못해서 자기 가족의 토지를 팔았더라도 희년이 되면 그 자녀들은 되돌려 받습니다. 예수님께서는 온유한 사람이 땅을 기업으로 받겠다고 말씀하시고, 자신이 '하나님의 은혜의 해'(자원의 희년)를 선포하기 위해 오셨다는 사역 초기의 두 설교를 통하여 죽을 수밖에 없는 자신의 운명을 만들었습니다. 그 시대의 지주들이 성경을 믿는다고 하면서도 토지권을 통하여 돈과 세력을 얻었기 때문에 절대 포기할 마음이 없었고 또 그러한 소리를 하는 사람은 죽어야 했습니다.

그렇지만 땅이 없는 사람들은 그 말을 얼마나 기쁘게 들었는지 말할 수 없습니다. 예수님이 자기들 편인 줄 알고 예수님을 따르면서 말하기를 "당신 외에 따라갈 사람이 어디 있습니까?"라고 했습니다. 그들은 오순절날 성령 강림 후에 '하나님의 은혜의 해'(자원의 희년)라고 하는 말이 무엇인지 비로소 깨닫고 코이노니아를 통하여 경제문제를 해결하고 구약 시대보다 더 높은 차원의 공의를 이루었습니다. 3백 년 동안 교회가 코이노니아의 실행을 통해 놀랍게 발전하다가 콘스탄틴 황제가 도무지 안 되겠다고 생각하고 구약의 공의를 버렸을 뿐만 아니라 코이노니아도 버렸습니다. 교회 지도자들은 3백 년 동안 심한 핍박을 받고 피곤하게 되어서 마침내 항복하고 말았습니다. 그때부터 지금까지 조직화된 교회는 두로와 시돈 그리고 로마의 바알 경제학을 따르고 있으며, 공의도 없고 코이노니아도 없습니다.

　보츠와나 사람들이 토지문제에 관심이 상당히 많을 것이 분명합니다. 선교사들이 미가서 6장 8절의 말씀을 외치면 정부로부터 추방당할 가능성이 많지만 가난한 사람들과 토지가 없는 사람들에게 사랑과 존경을 많이 받게 될 것입니다. 자비를 베푸는 것은 아주 좋은 일이지만 그것만 행하는 것은 하나님의 뜻이 아닙니다. 지금 구소련에도 선교사들이 많이 가서 큰 환영을 받고 있지만 그들은 공의에 대한 관심이 없을 뿐만 아니라 실행할 방법도 모르기 때문에 머지않아서 구소련 사람들은 낙심하기 쉬울 것입니다. 하지만 공의만으로는 안 되고 공의와 자비와 겸손을 함께 행하는 것이 필요합니다. 하나님의 공의를 행하는 사람이 거의 없고 또 하나님과 겸손하게 행하는 사람이 거의 없기 때문에 부패할 수밖에 없습니다. 하나님이 없으면 부패가 나오고 공의가 없으면 사람이 못 삽니다. 토지문제, 종교문제, 구제문제, 이 세 가지는 항상 같이 나가야 합니다. 우리 한국에도 기독교인은 많지만 성경의 토지법에 대해서 외치는 소리가 아직까지는 많이 부족합니다. 이 문제를 해결하지 않으면 부정부패 문제를 해결할 수 없습니다. 성령님께 지혜를 주시도록 기도하면 방법론을 보여 주십시다. 희생자가 되어야 하겠지만 때와 방법은 하나님만 아시므로 무조건 복종하는 마음을 가지고 기도하고 귀를 기울이면 성령의 지도를 받을 수 있습니다. 갈라디아서 5장의 말씀대로 우리가 성령으로 산다면 성령님의 지도를 받아야 합니다. 형제자매님을 위하여 저희 예수원 식구들이 기도하겠습니다. 안녕히 계십시오.

산골짜기에서 온 편지

세계 선교 향한 한국 교회의 역할

존경하는 대천덕 신부님께.

우리 팀이 몇 달 전 휴가를 내어 예수원을 방문했을 때, 신부님께서는 세계선교에 있어서 한국 교회의 특별한 역할에 대해 말씀하셨습니다. 저는 신부님께서 좀더 자세하게 말씀하실 줄 알았었는데 약간의 힌트만 주어 궁금증이 더했습니다. 저는 좀더 알기 원합니다. 저는 지금 신학원에서 공부하고 있으며 해외선교를 위해 제 자신을 헌신하고자 합니다.

신부님, 저의 의견에 대한 신부님의 고견을 듣고 싶습니다.

— 주 안에서 김성진 올림

사랑하는 김 형제에게.

주신 편지 감사했습니다. 형제님은 한국 교회와 선교에 대해 제게 질문했습니다. 제가 기억하고 있는 한 가지 사실은 세계 많은 나라에서 기독교인들은 지배 계급으로 활동했으며 식민지 치하에 있는 사람들을 이용했기 때문에 식민지 사람들이 기독교에 대해 안 좋게 생각한다는 것입니다.

이것은 바울이 로마서 2장 24절에서 "하나님의 이름이 너희로 인하여 이방인 중에서 모독을 받는도다."라고 말한 것과 같습니다. 회교도는 로마의 크리스천들이 중동과 북아프리카 사람들을 핍박했기 때문에 생겨났으며 공산주의는 크리스천 고용주들이 공장 노동자들을 핍박했고, 크리스천 지주들이 소작인들을 착취했기 때문에 일어난 것입니다.

한국적 디아스포라, 세계 선교의 초석

한국은 제국 정치의 형태를 갖고 있지 않은 까닭으로 다른 나라 사람들을 핍박했다는 오명은 없습니다. 일제 시대 이후 한국 크리스천들의 사명은 자유와 인권을 위해 투쟁하는 것이었습니다.

그러므로 한국 사람들은 기독교에 대해 다른 아시아 사람들처럼 나쁜 반응은 보이지 않았습니다. 이것은 한국인들이 제3세계로 선교를 나갔을 때 미국이나 유럽인들보다 더 호감을 산다는 것을 말합니다.

동시에 한국의 역사에는 재미있는 사항이 하나 있습니다. 그것은 바로 한국적 '디아스포라'입니다. 사도 바울 당시 전 세계에 흩어졌던 유대인들처럼 한국 사람들은 21세기 현재 전 세계에 퍼져 있습니다. 브라질에는 42개 한국 교회와 6만 명의 한국인들이 있으며, 우즈베크 공화국에는 35개 교회와 17만3천 명의 한국인들이 있고, 러시아에는 10

만7천 명의 한국인들이 있습니다. 심지어 몽고에도 한국인들이 많습니다. 몽고에는 7개의 기독교 종파가 있는데 하나로 통일될 필요성이 있습니다. 크리스천들이 하나가 되지 못한다면 초기 단계에서 완전히 붕괴될 수 있습니다. 예수님께서는 자신과 하나님 아버지가 하나인 것 같이 모든 믿는 자들이 하나가 될 것을 기도했습니다.

이것은 진리입니다. 우리는 한국에 있는 여러 다른 교회들이 서로 사랑하고 격려해 줄 수 있도록 기도해야 합니다.

물론 중국에는 한국인들이 2백만 명이 넘으며 그중 20%가 크리스천들입니다. 하나님의 세계에는 우연이란 없습니다. 하나님께서는 한국인들을 통해, 중국으로 보낸 다른 선교사들이 하지 못한, 중국 복음화를 이루도록 하셨던 것입니다.

직업(자비량) 선교사 파송

남한의 한국 교회들이 당장 해야 할 일은 크리스천 사업가, 의사, 교사, 엔지니어, 기술자 들을 가능한 많이 보내는 일입니다. 그래서 세계 선교를 위한 새로운 도전을 한국 교회에 심어 주어야 합니다. 그들은 2~3년 동안의 언어 학습에 대해서 걱정할 필요가 없습니다. 대부분의 한국인들은 언어에 익숙해질 것입니다.

언어 학습과 관련해서 한국어는 중앙아시아의 우랄 알타이어족의 언어와 유사점이 있습니다. 그래서 그들의 언어는(우랄 알타이어) 유럽인들이나 미국인들에 비해 한국인들에게 더 쉽습니다.

제가 중앙아시아의 선교사로 가기 위해 터키어를 조금 공부했는데 그것이 나중에 한국어 학습에 큰 도움이 되었습니다.

한국 기독교인들은 이 지역에서 선교와 관련된 좋은 직업들을 찾을 수 있습니다. 제가 추천해 드리고자 하는 좋은 프로그램이 있습니다.

미국 미네소타 주의 베다니 선교 학교에는 2년 코스의 훌륭한 선교 훈련 프로그램이 있습니다. 이 프로그램은 8명의 커플에 의해 시작되었습니다. 저는 한국의 큰 교회들이 8명의 커플을 그곳에 보내 훈련을 받고 한국에 와서 베다니와 같은 훈련 프로그램을 세우기를 원합니다.

태백에는 탄광들이 많습니다. 저는 이곳에 최소한의 비용으로 좋은 장소에 훌륭한 빌딩을 지을 수 있다고 생각합니다. 훈련 센터를 태백에서 시작할 수 있다는 이야기입니다. 우리는 그곳에서 회의 센터를 지어 신학과 성서와 사회 이슈에 대해 정기적인 세미나를 개최할 수도 있습니다. 또한 전 세계의 훌륭한 강사진을 초빙하여 강의를 들을 수도 있습니다. 또한 오래된 탄광을 구입한다면 연료 문제는 해결될 것이며 핍박과 같은 유사시에는 은신처로 활용할 수 있을 것입니다.

한국사람 모슬렘 선교에 적합

이 프로그램은 주로 자비량 선교사들을 위해 열려 있을 것입니다. 건축사, 트럭운전사, 철도기능공, 은행직원, 탄광업자, 장애자를 도와주는 일 등의 직업을 갖고 선교에 임하는 것입니다. 이러한 직업들은 여러 나라에서 환영을 받을 것입니다. 훈련 센터는 여러 나라에 대한 정보를 제공해 줄 수 있습니다. 주님께서 여러분에게 약간의 경비를 주신다면 여러 나라에 대한 비자를 얻어 그곳에 가서 그곳에 대한 정보를 갖고 오면 우린 좀더 효과적으로 기도할 수 있습니다. 우리가 시작을 한다면 주님께서도 움직일 것입니다. 대부분 우리들의 기도는 모호합니다. 우리들의 기도가 구체적일수록 하나님께서는 더욱 역사하십니다.

훈련생들이 훈련 프로그램을 마치고 우랄 알타이어족을 비롯한 중국, 만주, 브라질 등 다른 여러 나라로 가면 그들은 각각 나라에 이미 존재하고 있는 기독교 공동체와 연대해서 그들의 선교 기능을 증강시킬 수 있습니다. 우리는 북한 바로 너머의 만주에 위치한 기술대학과 유대관계를 맺고 있습니다. 이것이 바로 개방하기 시작한 중국과 북한을 전도하는 창구입니다.

하나님께서 중앙아시아 선교에 한국 사람을 부르는 증거는 중앙아시아의 터키계 민족 대부분이 모슬렘이라는 사실입니다. 이 지역에서 일하고 있는 한국 사람들은 새로운 모슬렘 전도 방법을 배울 수 있습니다. 지금까지 모슬렘 전도 방법은 효과를 거두지 못했습니다. 아직까지 어느 누구도 모슬렘 전도에 대한 돌파구를 찾지 못했습니다.

이슬람 세계를 착취한 경험이 없는 한국 사람들은 성공적인 이슬람 전도 방법을 발견할 수 있을 뿐만 아니라 그들이 다른 민족들보다 당신의 말을 더 잘 들을 것입니다. 나는 사우디아라비아에서 일하고 있는 한국 사람들이 이슬람 민족을 이해하고 아랍을 배워 그들의 마음에 예수를 심어 놓기를 바랍니다. 만약 당신이 거기서 해고를 당한다면 중앙아시아에 있는 건설 회사나 파이프라인 회사에 들어가십시오. 당신이 아라비아에 있다는 사실과 아랍 사람을 알고 있다는 것이 나중에 큰 도움이 될 것입니다. 우리는 향후 10년 내에 가장 위대한 선교역사를 보게 될 것입니다.

제가 자비량 선교를 강조한다고 해서 신학자나 목사 같은 풀타임 사역자가 필요 없다는 뜻은 아닙니다. 전문적으로 신학을 공부한 사람이 가서 도와 줄 일이 있습니다. 병원, 고아원, 진료소 같은 일도 필요한 반면 성서 번역과 같은 전문적인 일도 필요합니다. 아직 성서가 번역되지 않은 지역도 있기 때문입니다. 문서 전도 역시 상당히 필요합니다. 심지어 성경이 번역되고 출판된 지역에서조차 문맹률이 높습니다. 미국 도시에서 일어나는 폭동의 원인 중 하나가 바로 문맹입니다.

한번은 한 방송 기자가 미국 도시에서 활동하고 있는 갱 두목과 인터뷰를 한 적이 있었습니다. 그 방송 기자가 인터뷰 말미에서 갱 두목에게 가장 하고 싶은 일이 무엇이냐고 질문했습니다. 갱 두목은 갑자기 수그러지더니 "읽을 수 있는 능력이요."라고 말하고 우는 것이었습니다.

지도자의 자세가 아닌 하인의 자세로

한국 선교사들이 주의해야 할 사항들은 겸손한 마음과 태도를 유지하는 것입니다. 한국의 비기독교인들이 저에게 한국 일부 성직자들의 오만 때문에 교회에 나가기 싫다는 말을 합니다. 그것이 기독교라면 그들은 교회에 가지 않겠다는 것입니다. 오만한 태도는 성경이나 예수님의 가르침과는 무관합니다.

한국 선교사들은 서로 발을 닦아 주라는 예수님의 가르침을 몸으로 실천해야 합니다. 지도자의 자세가 아닌 하인의 자세로, 선생의 자세가 아닌 형제의 자세로 진실되게 섬겨야 합니다. 그들이 기존 교회가 있는 지역으로 갔다면 그 교회와 경쟁을 한다거나 인수할 생각을 해서는 안 되며 겸손히 그 교회와 협력해야 합니다. 그곳에 있는 크리스천들을 격려하여 그곳 지역을 하루 속히 복음화할 수 있도록 도와 주어야 합니다. 우리가 성경대로 살지 않으면서 가르친다면 어느 누구도 귀를 기울이지 않을 것입니다.

가난한 자에게 복음을

자, 그럼 이슬람권과 공산권 지역을 전도하는 문제로 넘어가 봅시다. 러시아에서 공산주의가 실패했다고 해서 공산주의가 죽었다고 생각하면 오산입니다.

세계 각국에서 핍박당하는 사람들과 가난한 사람들은 분노로 가득 차 있습니다. 그들은 공산주의에 희망을 두려는 경향이 있습니다. 남미와 아시아와 아프리카를 혼돈에 빠뜨리려는 게릴라 운동이 아직도 있습니다. 예수님은 가난한 사람들에게 좋은 소식을 주기 위해 왔다고 말했습니다.

예수님은 핍박당하는 사람들은 땅을 기업으로 받을 것이라고 말했습니다. 이 말은 돈으로 땅을 산다는 것이 아니라 그들의 당연한 권리로 소유한다는 뜻입니다. 성경은 땅은 하나님께 속한 것이므로 모든 가족이 최소한의 땅을 소유해 어느 누구도 예속되지 말 것을 가르치고 있습니다. 자유롭고 독립적으로 하나님께서 주신 달란트를 개발해 일하라는 것입니다.

어떤 사람들은 이것을 사회 복음으로 호칭해 해방 신학과 관련 있다고 생각하기도 합니다. 성경은 가난과 핍박과 공의와 정의에 대해 수천 번 언급하고 있습니다. 성경의 하나님은 가난한 자의 하나님입니다.

이슬람교는 마호메트가 "땅은 알라께 속해 있다."라고 외쳤기 때문에 일어났으며 중동과 북아프리카의 수많은 소작들은 그들을 가난과 무지와 병마에 방치해 놓았던 크리스천 지주들을 타도했습니다. 우리 선교사들이 라틴 아메리카와 아프리카와 아시아에 거주하는 수많은 빈곤층 사람들에게 땅은 하나님께 속한 것이며 하나님께서는 모든 사람이 땅을 소유하기를 원하시고 있다고 말한다면 수백만의 불쌍한 사람들에게 큰 희망이 될 것입니다.

세계를 다시 한번 복음으로 점령할 시기

우리는 더 이상 짖지 못하는 벙어리 개가 되어서는 안 됩니다(사

56:10). 우리는 가난한 자에게 하나님께서는 모든 사람이 땅을 갖고 자유로워지기를 원한다는 좋은 소식을 전해 주어야 합니다. 그때야 비로소 성령 안에서의 교제가 시작됩니다. 우리는 공동체(혹은 지역) 안에서 생활하며 함께 모든 것을 나눌 수 있는 교회를 만들어야 합니다.

사도행전은 가난하고 교육받지 못한 사람들이 대부분이었던 교회가 크게 발전했던 주요 원인이 바로 이 '성령 안에서의 교제'라고 분명히 밝히고 있습니다. 로마를 기독교 국가로 만들 수 있었던 것도 가난한 자에게 복음이 들어갔기 때문입니다. 가난한 자에 대한 선교를 외면한 결과 이슬람과 공산주의가 생겼습니다.

이제 베드로와 바울과 요한의 선교 방법으로 되돌아가서 세계를 다시 한번 예수로 재점령할 시기가 왔습니다. 한국 교회는 이러한 사명에 특별한 역할을 해야 할 것입니다.

오늘날 1천2백 명 성경 번역 선교사 필요

대천덕 신부님께.

저는 곧 고등학교를 졸업하고 대학에 가려고 합니다. 저는 하나님께서 저를 선교사로 부르셨음을 알고 있지만, 그에 대한 구체적이고 자세한 생각은 아직 갖고 있지 않습니다. 저는 학교에서 공부도 잘하는 편이고 특히 외국어에 소질이 있어 대학에서 외국어와 언어학을 공부하고 싶습니다. 제가 선교사로서 어떠한 일을 할 수 있을지에 대해 말씀해 주시겠습니까?

— 주 안에서 서미경 올림

서 자매에게.

편지 주셔서 감사합니다. 자매와 같이 선교사에 대해 흥미를 갖는 사람들을 매우 많이 필요로 하는 아주 긴급한 선교 사역에 대해 말씀 드리겠습니다. 자매가 대학에 가서 유사한 관심을 갖는 그리스도인들을 만나 이 힘든 사역에 영적으로, 지적으로 함께 준비할 수 있게 되기를 바랍니다.

제가 말씀드리고 싶은 것은 선교사들에게 가장 어렵고 또 가장 힘든 일, 즉 성경을 '번역하는 일'에 대한 것입니다.

그냥 '번역'이라면 별로 재미도 없는, 그저 서재에 앉아서 읽고, 쓰는 일이라 생각될 수도 있습니다. 그러나 이것은 모든 선교사역 중에서 가장 어렵고, 가장 위험한 일일 수도 있음을 말씀드리고자 합니다. 이 일을 하기 위해서는 매우 건강해야 하고, 극단적인 육체적 고통도 견딜 수 있어야 할 것입니다.

왜 그러냐고요? 그 이유는 쉬운 일은 이미 다 되어 있고, 이제 어려운 일만이 남아 있기 때문입니다. 이 세상에는 6천 개 이상의 언어가 있다고 합니다. 그중에서 약 2백 개 언어로만 성경이 완역되어 있습니다. 전체의 언어를 성경으로 번역하기 위해서는 최소한 1천200여 명의 전담 번역 선교사가 필요합니다. 문제는 이미 번역된 200개의 언어가 그래도 개화된 지역, 즉 일반적으로 세계 문명을 접할 수 있고 상대적으로 여행하기 쉬우며 '정상적'인 생활 조건을 갖춘 지역의 언어라는 것입니다.

신약 성경 새 언어로 번역하는 데 13년

성경이 다른 언어들로 번역되지 않은 첫 번째 이유는 사역자가 충분하지 않다는 것입니다. 이 일을 하려는 열심 있는 사역자가 있기는 하지만, 아직은 절대로 부족합니다. 현재 400개 이상의 언어로 번역이 진행되고는 있으나 아직도 가야 할 길이 멀고 멉니다. 또 다른 이유는 문명국에서 선교사역을 하는 것이, 산악지대나 정글, 그리고 나쁜 기후(너무 덥고 찌는 듯한 기후로부터 매우 추운 기후까지)와 원시적 생활 여건에서 일하는 것보다 훨씬 쉽기 때문입니다.

그러나 나머지 1천200~4천 개의 언어가 사용되는 곳은 이런 지역입니다. 많은 사람들이 선교사가 되기를 원하지만 높은 생활수준을 영위하며, 산속이나 정글이 아닌 문명화된 장소에서 일할 것을 생각합니다. 이런 힘든 지역에서 기꺼이 일하려는 사람의 수는 훨씬 적습니다.

우리는 토착화된 교회가 자기 나라 사람들을 복음화하도록 하여, 선교사가 더 이상 필요 없도록 하자는 이야기는 듣습니다. 그러나 아직 토착 교회나 그들 중 단 한 명의 크리스천도 갖지 못한 사람들은 어떻게 합니까? 그리고 그들 나라에서 이미 번역된 성경의 언어를 구사하지 못하는 사람들은 어떻게 합니까? '95 세계선교대회(GCOWE '95)에 861개 민족의 대표가 참가를 했습니다. 그 많은 민족 중에는 그 나라의 국어를 전혀 모르거나, 아주 조금밖에 모르는 사람들이 많이 있었습니다. 바로 이러한 사람들을 위해 성경 번역이 매우 필요한 것입니다.

그러나 하나님께서 바로 이 일에 자매를 부르셨다고 단정하기에 앞서 고려해 보아야 할 또 다른 요인은 시간적 요인입니다. 단기 선교사가 할 수 있는 훌륭한 일도 많이 있습니다. 그러나 신약 성경을 새로 번역하는 데 보통 13년이 소요됩니다. 성경 전체를 번역하려면 아마도 36년이 요구될 것입니다. 다시 말해서 이 일에 자신의 일생을 투자해야 합니다. 따라서 하나님의 소명에 대한 확신이 없으면 안 됩니다. 그러나 하나님께서 부르셨다면, 하나님께서는 그 일을 하기 위한 지적

능력이나 영적 자원 그리고 육체적 원기를 공급해 주실 것입니다.

대학을 다니는 동안 이 사역으로 부름 받았는가를 생각하면서 스스로에게 물어 보아야 할 것이 있습니다. 사도 바울처럼 독신으로 가정을 갖지 않은 채 부름받지는 않았는지, 또는 한두 명의 동역자와 함께 사역하도록 부름받지 않았는지의 여부입니다. 성경 번역과 가정생활은 전적으로 부조화되는 것은 아닙니다. 결혼하고 자녀가 있는 사람도 이 사역에 헌신할 수 있는 여지는 있겠지만, 많은 경우 독신으로 사역할 때 훨씬 능률적으로 일할 수 있습니다.

결혼할 경우 다음과 같은 생활을 생각해 볼 수 있습니다. 신약 번역을 위해 13년을 보내는 동안 2~3명의 아이를 갖게 되고 그 아이들이 자라나서 그 지역의 언어를 말하게 된다면, 당신의 자녀들은 당신보다 더 훌륭한 언어학자가 될 것입니다. 저는 제 자신의 경험에서 이를 알 수 있습니다. 우리 두 딸은 한국어를 완벽하게 말하는데, 서울말은 물론 강원도 사투리도 자유롭게 구사하며 한국에서 무려 37년이나 지낸 제 아내나 저 자신보다 훨씬 쉽게 한국어를 읽고 씁니다. 저는 중국에서 태어났으므로 중국어가 제 실제적인 '모국어'입니다. 산동지역의 어투를 가지고 중국어를 말하곤 했으나, 주님께서는 저를 중국에 다시 보내지 않으셨으므로 지금은 대단히 녹이 슬었습니다. 그러나 한국말은 한자어에서 빌려 온 말이 많아서 중국어를 아는 것이 한국어를 배우는 데 크게 도움이 되었습니다.

이렇게 생각해 보십시오. 성경 번역을 하는 선교사가 자녀를 갖는다면, 그 자녀들은 부모가 번역한 것이 실제로 그 지역 사람들이 사용하는 방언인지를 확인해 줄 수 있을 것입니다. 번역의 힘든 작업은 부모들이 해야겠지만, 신약 또는 성경 전체를 인쇄해 내기에 앞서, 그 자녀들이 그것을 검토하여 교정을 보게 할 수 있을 것입니다. 현재 진행되고 있는 많은 번역 작업 중 상당수가 개역 작업입니다. 이는 첫 번째 번역이 충실하지 않았기 때문입니다. 또한 그 번역 선교사들이 자녀들을 '모국'의 학교에 보내서, 그 지역 본토의 언어를 잘 사용하지 못했기 때문일지도 모르겠습니다.

성경 번역에 자녀를 활용하면 큰 도움

자녀들로 하여금 부모의 번역 작업에 이처럼 동참시키는 것은 전 가족이 그 지역에서 생의 대부분을 보내야 함을 의미합니다. 이는 극히 어려운 일입니다. 대부분의 경우, 사람들은 몇 년 동안 언어를 배우고 번역 작업을 시작합니다. 그리고 나서 보다 편안하고 문명화된 지역으로 옮겨 가서는 주기적으로 그 지역을 왕래하면서 세부 작업을 이행합니다.

이 사역의 또 하나의 양상은 종종 번역가가 교회를 세우는 역할을 해야 하고, 또 이 일에 시간을 바쳐야 한다는 것입니다. 따라서 어느 사역에 얼마만큼의 시간을 할애해야 하는가 하는 어려운 선택의 기로에 항상 놓이게 됩니다.

시간이 지나 그 지역의 능력 있는 지도자들을 양육하여 그들이 교회를 세우고 복음 전파하는 일을 계속 한다면, 번역 사업에 보다 더 집중할 수 있게 됩니다.

물론 어디서나 똑같은 상황이 있을 수는 없을 것입니다. 선교사는 실로 개척정신을 갖고 다른 선교사가 이미 이루어 놓은 일에만 의지하지 않기 위해 주님의 인도함을 받아야 합니다. 물론 그 지역에 선배 선교사가 있다면, 보다 연륜이 높고 경험 많은 선교사들로부터 겸허히 배워야 할 것이나, 무엇보다도 성령님의 인도에 자신을 내어 맡겨야만 합니다. 갈라디아서 5장은 우리가 성령을 따라 살면, 성령의 인도를 받아야 한다고 말하고 있습니다. 매일 매일을 어떻게 성령의 인도함을 받는가 하는 것은 개척 선교사가 되기 위해 받아야 할 훈련의 일부라고 할 수 있습니다. 이는 자매가 대학교에 입학하기 전인 바로 지금 시작해야 할 일입니다. 매순간 묵상의 시간(QT)을 갖고 아주 사소한 일에 대해서도 매일 성령의 인도하심을 받으며, 다음 날을 시작하기 전에, 하나님의 말씀을 올바로 들었는지를 검토해 보는 좋은 습관을 가져야 합니다. 너무나도 많은 '우연의 일치'가 실제로는 하나님의 기적임을 깨닫게 되면, 이 습관은 실제로 매우 재미있는 일이 됩니다. 똑같은 일이라도 순서를 바꾸어 행했었더라면 하나님께서 당신을 위해 예비했던 기회를 놓쳤을 것입니다. 저는 이런 것이 계속해서 일어나는 것을 보아 왔습니다.

〈세계기도정보〉(Operation World)에서 패트릭 존스톤(Patrick Johnstone) 씨가 이 주제에 대해 말한 것을 여러분과 함께 나누고자 합니다(저는 잔더반 출판사(Zondervan Publishers)로부터 이를 인용하도록 허가를 받았습니다). 그는 다음과 같이 말했습니다.

"이 세상 각 민족들의 모국어로 하나님의 말씀을 제고하는 것은 세계 복음화의 근본이다. 성경을 모든 민족에게 보급하려고 여러 분야에 많은 기관이 헌신하고 있다. 연합성서공회(United Bible Societies)가 특별히 언급되어야 한다.

1993년 200개의 나라와 지역에 110개의 공회가 활동하고 있다. 많은 임무를 다하기 위해 전문 기술을 갖춘 사역자들을 위해 기도하자. 어떤 번역과 인쇄 작업에 매진해야 할 것인가에 대해 그들이 인도를 받아 하나님과 동행하도록 기도하자. 또 그들과 기독교 단체들과의 관계를 위해서도 기도하자. 1992년 현재 UBS는 690개의 번역작업에 관여하고 있으며, 그중 410개는 초역이다.

위클리프 성경 번역(Wycliff Bible Translators)은 신약 성경을 이 세상의 여러 언어로 번역하기를 완성하려는 헌신의 놀라운 기록을 보여 준다. 1992년 WBT는 333개의 언어로 신약 성경 번역을 완수했으며 나아가서 863개의 언어로 번역 중이다. 사역자는 모두 6천267명인데 보다 많은 번역자, 감수자, 문학자, 그리고 후원직원들이 필요하다."

이것을 읽으면서 자매가 대학을 졸업하고 선교사역을 시작할 때에는 이미 할 일이 없을 것이라고 염려하지 마십시오. 성경 번역자들이 주후 2천 년에 대해 갖는 비전에 대해 말씀드리겠습니다. 여기서 또다시 〈세계기도정보〉(Operation World)를 인용합니다.

"1992년, 한 성서 기구가 만들어졌는데 이는 성경 번역과 보급을 판정하는 17개의 기관을 함께 연합시켜 만든 것입니다. 이는 원대한 목적으로 설립되었으며 이를 위해 기도가 필요합니다.

1. 1999년 말까지 5백만 명 이상이 사용하는 모든 언어로 전체 성경을 번역한다. 앞으로 번역되어야 할 언어는 33개가 있나.
2. 1998년 말까지 50만 명 이상이 사용하는 모든 언어로 신약을 번역한다. 77개의 언어로 번역하는 일이 요청된다.
3. 1997년 말까지 25만 명 이상이 사용하는 모든 언어로 성경의 일부를 듣거나 읽을 수 있는 형태로 보급한다.
4. 1997년 말까지 10만 명 이상이 사용하는 모든 언어로 성경 번역하는 일을 착수한다.

세계의 6천528개의 언어 중에서 아직 적어도 925개, 많게는 2천 개 이상의 언어로 성경이 번역되어야 한다."

예수 재림시까지도 할 일은 충분히 많아

자매는 아마도 '내가 대학 졸업할 즈음이면 일이 모두 완수될 것이니, 다른 방향으로 나아가는 것이 좋겠다.'라고 언뜻 생각할지도 모릅니다. 그러나 무엇보다 먼저 자매는 앞으로 1, 2년 이내 졸업하게 될 상급생을 포함한 다른 친구들과 이와 같은 비전을 나누어, 그들로 하여금 이런 종류의 사역에 흥미를 갖도록 해야 합니다.

그리고 또 지적하고 싶은 것은 우리가 지금까지 신약 번역에 대해서만 이야기해 왔다는 사실입니다. 신약은 구약의 존재를 가정하고 있습니다. 예수, 그분 자신을 포함한 사도들과 복음 증거자들은 오직 구약 성경만을 갖고 있었을 뿐입니다. 구약의 배경이 없으면 신약의 가르침의 상당 부분을 놓치거나 심지어는 잘못 이해할 수 있습니다. 건전한 교회와 전담 사역은 성경 전체를 필요로 합니다. 물론 우리는 사람들이 오직 신약 성경만을 가지고 있을 때 성령님께서 그들이 잘못 이해하지 않도록 보호해 주실 것이라고 의지합니다. 그러나 우리에게 구약을 주신 분도 성령이시며, 성령은 구약을 완성해 내는 데 4천 년이라는 시간을 사용하셨던 것을 기억해야 합니다. 우리는 구약을 모든 언어로 번역하기 위해 할 수 있는 한 최선을 다해야 합니다.

만약 성서공회가 1992년부터 2천 년 전까지의 8년 동안 하리라 계획했던 일을 완수한다 해도 주후 2천 년(이는 오직 상징적인 숫자이며 아무도 예수님께서 언제 재림하실지 모르는 일입니다. 저 개인적으로는 오순절 이후 최소한 2천 년이 지난 후일 것이라 생각하는데, 그렇다면 주후 2천 년이 아니라 주후 2천30년이 될 것으로 기대합니다)부터 그 후 30년 동안 번역가들이 해야 할 일은 충분히 많이 있습니다. 따라서 대학 졸업한 후에 할 일이 없으리라고 미리 염려하지 마십시오. 이제 일은 겨우 시작되었을 뿐입니다.

'문맹 퇴치 선교'에 대하여

대천덕 신부님께.

신부님께서 제 친구 서미영에게 번역 선교에 대해 답장해 주셨던 편지를 미영이가 저에게 보여 주었습니다. 그처럼 전문적이고 노력이 많이 드는 것 외에 또 다른 형태의 선교 사역이 있습니까? 저희 교회 몇몇 분들로부터 봅 라이스 박사(Dr. Bob Rice) 방문과 문맹 퇴치 선교에 대해 들었습니다(박사님이 한국에 선교사로 왔을 때 저는 태어나지도 않았을 것입니다). 문맹 퇴치 선교가 무엇인지 말씀해 주실 수 있겠습니까?

— 주 안에서 최숙자 올림

숙자 자매에게.

선교에 관심을 갖고 계신 데 대해 감사드립니다. 많은 청년들이 다양한 선교 사역의 종류에 대해 의논하고, 각자 소명에 대해 기도하기 위해 자주 모이게 되기를 바랍니다. 대학에 가면 상당히 많은 기독교 모임을 볼 수 있는데, 그들 대부분이 대학 내의 다른 학생들에게 그들의 관심을 국한시키고 있음을 보게 될 것입니다.

물론 전 세계적 기준에서 볼 때 대학생들에게 그리스도를 전하는 것은 매우 중요하고도 큰 과업입니다. 결국 대학생들이 다음 세대에 자기 나라의 지도자들이 될 것이니까요. 현재 전 세계 8천 개의 대학에 6천만 명의 대학생들이 있는 것으로 추정되고 있습니다. 최근 8만 명의 한국학생들이 큰 집회에서 자기 자신을 드리기로 헌신한 바 있습니다. 경험을 통해서 볼 때, 그들 중 많은 사람들이 그러한 일을 완수해 나갈 수 없음을 깨닫게 될 것입니다. 그러나 우리는 가급적 많은 사람들이 선교 사역을 감당할 수 있고, 또한 한국 교회로부터 후원을 받을 수 있도록 기도해야 합니다.

선교에 있어 또 하나의 전혀 다른 분야로는 어린이 선교가 있습니다. 대부분의 개발 도상국가에는 인구의 반 이상이 20세 이하입니다. 만일 우리가 그들을 그리스도에게 인도한다면, 그들은 장차 세계를 바꿀 수 있을 것입니다. 그리스도인이 되는 나이가 어리면 어릴수록 그들은 성경에 그만큼 더욱 깊이 들어가게 되고, 지도자의 위치에 서게 될 때 그만큼 더 영적으로 성숙할 수 있을 것입니다.

우리의 대부분의 선교 노력이 교육받은 어른들에게 집중되어 있어, 청년이나 문맹자들을 무시하는 것이 걱정스럽습니다. 많은 나라에서 문맹자가 전 인구의 반을 넘고 있으며, 어떤 나라에서는 인구의 3분의 2 또는 그 이상이 되기도 합니다. 말라위(Malawi)에서 글을 읽는 사람의 비율은 41%이고, 말리(Mali)에서는 겨우 10%입니다. 통계적으로 글 읽는 사람의 비율이 41%라고 해도 실제로는 아마 훨씬 더 낮을 것입니다. 몇몇 서구 국가에서는 새로운 문제가 발생하고 있습니다. 미국에서는 몇 년 전에 읽기를 가르치는 방법이 급진적으로 바뀌어서 많은 소년 소녀가 독해 능력이 없는 상태로 고등학교를 졸업하고 있습니다. 교육 조직은 너무나 완고하고 교만해서, 그들이 잘못되었음과 또한 옛 방법으로 읽고 쓰기를 가르치도록 돌이켜야 함을 인정하지 않습니다. 믿을 수 없는 일처럼 들리겠지만 사실입니다. 그러나 우리가 문맹 퇴치 선교라고 말하면 우리는 주로 저개발국을 생각하게 됩니다.

자매가 이야기했던 라이스 박사는 한국에 선교사로 와 있었지만 지금은 거의 30년 동안이나 '국제 문맹 퇴치 복음화'(Literacy and Evangelism International. 우리가 예수원을 설립하고 난 2년 후 그가 세운 선교 단체입니다)를 이끌고 있습니다. 그는 지금은 은퇴하였고, 네팔 선교사로 사역했던 존 테일러 목사가 라이스 박사의 후계자의 위치를 수락했습니다(다소 머뭇거리면서 수락했으리라고 생각합니다). 네팔에서는 수년 동안 완전히 닫혀 있던 선교사역이 새로운 흥분된 전기를 맞이하고 있습니다. 라이스 박사는 여전히 활동적으로 세계를 다니면서 문맹 퇴치 선교의 일꾼을 훈련시키고 자료를 만드는 것을 돕고 있습니다.

이 사역의 잠재력은 실로 대단하며 훨씬 많은 문맹 퇴치 선교사들이 필요하다고 믿습니다. 매해 선교사의 수는 늘어나고 있지만, 행해져야 할 그 큰일에 비교할 때 그 증가 속도는 형편없이 낮습니다. 라이스 박사가 1967년에 '국제 문맹 퇴치 복음화'를 시작했을 때 그것은 조그만 골방 사업 수준에 불과했습니다. 오늘날 그 선교 단체는 아름다운 캠퍼스와 많은 건물들을 갖고 있으며, 이 사역을 감당할 사람들을 훈련시키고 전 세계에 파송하여 자료를 만들고 지역 사람들을 훈련시키는 일을 위해 기구가 점점 커지고 있습니다. 일을 더 효과적으로 수행하도록 사역이 점점 더 전산화가 되어 가고 있습니다. 그러나 최근 분석에 의하면, 이 사역에 있어 가장 중요한 부분은 각국의 최전방에서 일하는 현장 사역자들이라고 합니다. 전 세계적으로 문맹률이 높아지고 있습니다. 이는 매우 놀라운 사실입니다. 대부분의 사람들은 저개발 국가들이 발전하고 있고 따라서 문맹률도 물론 낮아지리라고 생각합니다. 그러나 사실은 세계의 대다수의 국가들이 바알의 경제 제도를 사용하고 있습니다. UN기구들이 이를 권장하고 있는데, UN은 과거 제국주의 나라들이 지배하고 있으며 그들은 겉으로는 제국주의로 보이지 않으면서도 과거 식민지였던 나라들을 간접적으로 계속 착취하기만을 바라고 있습니다. 각 나라의 많은 땅이 점점 더 소수의 지주에 의해(다른 나라에 근거를 두는 부재지주들을 포함하여) 지배되고 있는 이 바알의 제도는 꾸준히 가난을 증대시켰으며, 가난은 곧 문맹으로 이어졌습니다. 세계 시장에서 낮은 가격으로 경쟁하기 위한 수출품을 생산해 내기 위해 아이들이 공장에서 일해야 하므로 그들이 학교에 갈 수 없는 나라들이 많습니다. 아무도 이 아이들 또는 그 부모들에게 읽기를 가르쳐 주는 일에 관심이 없습니다. 이는 그들이 출구가 없는 덫에 갇혔음을 의미합니다.

오직 그리스도인들만이 이 문제를 해결할 수 있습니다. 이 세상의 2천 개 언어 중에서 독해 초보서가 있는 언어는 118개뿐입니다. 물론 교회가 이 사역을 심각하게 받아들인 것이 30년이 채 안 된다는 사실을 생각할 때 118이라는 숫자는 큰 숫자입니다. 그러나 얼마나 많은 일이 남아 있습니까? 1천882개의 언어가 독해 초보서를 갖고 있지 못합니다. 그들의 언어로 성경이 번역된다고 해도 이 세상 어른의 반이 그것을 읽을 수가 없습니다.

사람들은 아마도 '글 읽는 것을 가르치는 일은 고상한 작업'이라고 생각할지도 모릅니다. 그러나 이것은 가난한 사람을 도와 주거나 억압된 사람들을 일으켜 주는 것 이상의 일입니다. 이 사역은 그리스도를 증거하고 교회를 세우는 가장 효과적인 일입니다. 독해 초보서는 모두 성경에 근거하고 있으며, 글 읽기를 가르치는 사람은 복음의 기본 진리를 가르치고 있는 것입니다. 이는 두 가지 면에서 복된 소식입니다. 만약 사람들이 교회를 세우는 일에 종사한다고 해도 그들이 읽지를 못한다면 튼튼한 교회를 세울 수 없을 것이고 지속될 수 없을 것입니다. 우리가 새로이 태어난 그리스도인들에게 읽기를 가르친다면, 그들은 곧 다른 사람에게 복음을 전하게 되고, 교회는 크기와 숫자와 깊이에 있어 성장하게 될 것입니다.

이 일은 어떻게 행해질까요? 문맹 퇴치 선교사는 이미 개발된 자료를 가지고 사람들에게 글 읽기와 성경 읽기를 가르칠 수 있습니다. 당신은 이를 통해 열성적인 반응을 얻게 될 것입니다. 그리고 일단 시작만 하면 당신이 가르친 사람들이 다른 사람들을 가르칠 수 있게 될 것이며, 당신은 동일한 언어를 쓰는 다른 지역으로 옮겨 갈 수 있을 것입니다.

그러나 독해 초보서를 만드는 사람이 더 많이 필요한(요구되는) 것이 현실입니다. 문맹 퇴치 선교사는 지역 사람들과 그리고 그 언어권에서 오래 사역하여 언어에 익숙한 다른 선교사들과 함께 사역하게 됩니다. 문맹 퇴치 선교팀은 몇 주 이내에, 예를 들어 70개~90개의 과를 갖는 독해 초보서를 만들 수 있을 것입니다. 다음에는 전문가가 다른 언어를 사용하는 인근 지역으로 가서 선교사들과 토착교회 지도자와 함께 사역하여 그 언어의 독해 초보서를 만들 수 있게 될 것입니다.

이러한 종류의 사역에는 전문 훈련이 필요하고 현재로는 세계에서 단 한 군데-미국 오클라호마 주 툴사(Tulsa)-에 훈련센터가 있습니다.

'성경 번역 선교'와 '문맹 퇴치 선교' 모두가 언어의 문제를 다루고 있기는 하지만 선교 사역의 환경은 전혀 다릅니다. 성경 번역 선교사는 고립된 부족들 사이에서 먼 산 또는 정글에서 사역합니다. 반면 문맹 퇴치 선교사는 흔히 대도시의 극빈민들로 우글거리는 빈민촌에서 사역합니다. 문맹 퇴치 선교사에게 있어서는 이 가난에 찌든 사람들이 읽기를 배워서 보다 나은 직업을 갖고, 학교에 가고, 새 기술을 배우고, 수입이 좋은 직장을 갖고, 삶의 수준이 높아지는 것을 보는 것이 커다란 보람입니다.

극도로 가난한 사람들의 필요를 의료, 무료배식 또는 직접 선교를 통해 채워 주는 것도 매우 감동적이고 보람 있는 일이기는 합니다. 그러나 무지의 속박이 풀어져서 사람들이 스스로 먹을 것을 마련하고 위생과 건강에 대한 책자를 읽을 수 있게 되는 것은 훨씬 큰 보람입니다. 한국 같은 나라에서는 글 읽을 수 있는 것을 당연한 것으로 여깁니다. 그러나 실제로 시골의 나이 드신 분들과 도시로 이주하신 분들 가운데 여전히 글을 못 읽는 분들이 많이 있으리라 생각합니다. 그들은 이를 창피하게 여기고 이 문제를 덮어둡니다. 예수원에 한국 문맹 퇴치 선교를 위한 자료들이 있습니다만, 우리 중에는 심지어 우리 마을 사람들에게라도 이 자료를 가르칠 만한 시간이 있는 사람들이 없습니다.

대부분의 시골 교회는 방학 때를 제외하고는 주중 내내 학교에 가 있고, 주말에만 시간을 낼 수 있는 젊은 학생들의 봉사에 의존합니다. 그 학생들은 문맹 퇴치 선교에 시간을 내거나 훈련받기가 어렵습니다. 만일 학생들이 이 같은 선교를 하고자 시도한다면, 그들은 이 사역이 필요할 뿐 아니라 전 성도가 성경과 기타 기독교 서적들을 스스로 읽을 수 있게 됨에 따라 그들이 교회가 더 튼튼해질 것이라는 것을 발견하게 될 것입니다.

이런 종류의 사역의 '감각'(느낌)을 얻기 원한다면 방학 중에 이곳에 와서 우리 인접 마을에서 글을 가르쳐 볼 수도 있을 것입니다. 우리에게는 자료도 있는데, 선반에서 먼지만 쌓이고 있습니다! 한번 친구들과 함께 이곳에 와서 시도해 보지 않으시겠습니까? 저 자신도 그리고 이곳의 그 누구도 경험이 없기 때문에 당신을 가르쳐 줄 수는 없지만, 아마도 당신은 '행함으로써 배우는' 법칙을 통해 스스로를 가르칠 수 있을 것입니다. 물론 이 일이 큰 모험임을 발견하게 될 것입니다. 그리고 이 같은 일은 당신보다 매우 나이가 많은 사람들일 뿐만 아니라, 문맹에 부끄러움을 느끼면서 그 문제를 시인하기 원치 않는 사람들을 다루어야 하기 때문에 재치가 많아야 할 것입니다. 그러나 당신이 그들과의 올바른 관계를 정립할 수 있다면 매우 많은 사람들이 실제로 배우기를 열망하고 있으며, 배웠을 때 매우 흥분하는 것을 발견하게 될 것입니다. 이 사역은 긴 겨울방학 동안 할 수 있는 아주 보람된 일이 될 것입니다. 시골 사람들은 겨울에 가장 한가한 시간이 많으므로 겨울이 적합할 것입니다. 이런 종류의 사역은 많은 기구나 빌딩을 필요로 하지 않습니다. 사람들의 집에서 이 같은 사역을 전개할 수 있습니다. 이 사역은 간접적으로 교회가 없는 마을에서는 가정 교회를 세울 수도 있는 매우 효과적인 복음화 방법이 될 것입니다.

당신의 모든 친구들이 언어 사역 전문가가 되기를 원치는 않는 것처럼, 그들 모두가 문맹 퇴치 사역 전문가가 되기를 원치는 않을 것입니다. 그래서 저는 많은 전문훈련을 필요로 하지도 않으며, 대학을 다니지 않은 사람들을 포함하여 각 개인의 장점과 능력을 충분히 살릴 수 있는 흥미로운 사역 분야가 있음을 상기시켜 드리려 합니다. 영어로는

'장막 만드는 일(tentmakers)' 한국말로는 '자비량 선교사'라 불리는 일입니다.

많은 한국 사람들이 외국의 건설 현장에서 일합니다. 그들 중 많은 사람들은 선교사에게 '선교 비자'를 주지 않는 나라에서 일하고 있습니다. 우리는 그들로 하여금 스스로가 선교사라고 생각하도록 격려해 줄 필요가 있습니다. 그래서 그 지역의 언어를 배우거나 동일 언어로 대화할 수 있는 지역 사람을 사귀어서 조용하고 부드럽게 그리고 사랑을 가지고 그들을 그리스도에게 인도하도록 격려해야 합니다. 어떤 경우에는 기독교 사업에 장애물은 없으면서도 사람들이 전문 선교사를 불신하는 경우가 있습니다. 선교사들이 종교를 이용해서 생계를 유지해 갈 뿐이라고 생각하는 것입니다. 그러나 건설 근로자나 기술자가 크리스천인 것이 알려지면 그들은 관심을 갖고 질문하기 시작합니다. 사업이나, 기술, 통신 등 전문 기술을 가진 사람들은 해외에 나갈 기회가 많이 있습니다. 대학에서 배우는 모든 전공과목들이 해외로 나갈 수 있는 기회를 제공해 줄 수 있습니다. 나는 자매가 대학에 가서 선교 동아리를 만들 것을 권합니다(아직 그 학교에 선교 동아리가 없다면). 그리하여 전공에 관계없이 동료 학생들을 많이 모으고, 정기적으로 모여서 이미 전 세계에서 선교 사역을 하고 있는 사람들을 위해 기도하며, 동아리 친구들도 외국에서 선교 사역을 하도록 부름받았는지를 하나님께 물어 보시기를 바랍니다.

만약 어떤 사람이 하나님께서 외국에서 사역하도록 부르신다는 것을 안다면, 하나님께서는 그가 사역할 나라의 사람들과 어떤 방법으로든 그의 믿음을 나누도록 부르신다는 것도 알 것입니다. 자비량 선교사들이 그들 사역에 어떻게 해야 할지 알도록 가르쳐 주는 단기 선교훈련 프로그램들이 있습니다. 그중에서 가장 훌륭한 것은 YWAM

DTS(예수전도단 제자훈련 학교)입니다. 예수전도단은 전 세계적으로 급성장하고 있으며 그들의 경험은 점점 넓고 깊어지고 있습니다. 이미 잠재 노동력을 갖고 있는 사람들을 위해 '독수리 제자훈련학교(DTS)' 라는 프로그램을 갖고 있는데 이는 사업을 위해 외국에 가려는 사람들에게 특별히 적절합니다.

  하나님께서 자매에게 하시려는 말씀을 듣는 데 이 편지가 도움이 되기 바랍니다.

산골짜기에서 온 편지

기독교 공동체와 경제

대천덕 신부님께.

마음 깊은 곳으로부터 따뜻한 문안 인사를 드립니다. 신부님의 저서 <성경적 경제학>(Biblical Economics)을 보내 주셔서 매우 감사합니다. 그토록 오랫동안 희년이 연기되고 있어서 다행이라고 생각합니다. 제 유대인 친구들조차도 희년은 한번도 실시된 적이 없다고 제게 말해 주었습니다. 토지를 사고파는 개념이 바알 제도의 한 부분이라는 것을 읽을 수 있어서 좋았습니다. 토지 매매는 전 세계에서 행해지고 있으며 이것이 일반적으로 그리스도인들에게 굴레를 씌우고 있음을 볼 수 있습니다.

제게 몇 가지의 질문이 있는데 이에 대한 신부님의 생각을 알고 싶습니다. 성경은 매 7년마다 빚을 탕감해 주는 것과 매 49년마다 희년이 있음을 말해 줍니다. 하나님께서 이런 것들이 7년 또는 49년에 한 번씩만 행해지기를 원하신다고 생각하십니까? 저는 도저히 그렇게 상상이 가질 않습니다. 하나님께서는 오순절에 일어났던 일들처럼 이러한 일들이 매일 일어나기를 원하실 것입니다.

저는 한 마음과 한 영혼을 갖는 것이 영원히 계속될 희년을 선포하는 것이라고 굳게 믿고 있습니다. 토지를 소유하는 바알 제도는 바알을 섬기는 물질적 측면의 일부분에 지나지 않을지도 모릅니다. 그러나 우리 삶에는 토지에 집착하는 것만큼이나 혹은 그보다 더 해가 되는 다른 측면도 많이 있습니다.

종국적으로 이는 하나님의 뜻에 반대되는 사람의 뜻입니다. 사람의 의지는 언제나 하나님의 뜻보다 앞서고 하나님의 일에 막대한 손해를 일으킵니다. 사람들이 자신이 소유한 모든 것을 거부하고 나면, 그들을 묶어놓고 하나님을 섬기지 못하게 했던 모든 다른 멍에로부터 자유로워질 수 있을 것입니다.

신부님께서 이에 대해 어떻게 생각하는지 말씀해 주시면 고맙겠습니다. 소유로부터 자유로워지면, 정치 또는 우리의 상상력을 붙들고 하나님으로부터 멀어지게 하는 다른 많은 것들로부터도 자유롭게 될 것입니다.

사랑을 드리며, 또한 신부님께 최상의 일들이 일어나기를 기원하며.

— 클라우스 마이어 드림

클라우스 형제에게.

어제 형제의 편지를 받았습니다. 제가 보내드린 책이 도움이 되었다니 기쁩니다. 형제의 편지에 답장드립니다.

첫째, 우리는 성도의 교제와 사회 전체를 구분해야 합니다. 오순절에 세 종류의 다른 무리들이 있었습니다. 첫째는 성령 충만함을 받고 성도의 교제 안에서 그들의 모든 소유를 즉시 나누기 시작했던 예수님의 제자들입니다. 둘째는 성경을 믿는다고 주장하지만 예수님을 메시아로 그리고 성령님을 보내신 분으로 받아들이려 하지 않던 사람들로 구성된 옛 교회입니다. 그리고 셋째는 세속의 국가 즉 로마 제국입니다. 이는 잔인한 독재 국가로서, 주로 지주 제도를 통해 그리고 할 수 있는 모든 방법을 동원해서 모든 나라의 약한 사람들을 착취하기 위해서 존재했던 나라입니다. 그 당시의 크리스천 메시지는 성령의 능력으로 사람들이 변화될 수 있으며, 하나님의 뜻에 따라 살 수 있고, 이 같은 삶이 그들을 자유케 할 것이라고 선포하는 데 국한되어 있었습니다.

이 상황은 콘스탄틴이 로마 제국을 장악할 때까지 계속되었습니다. 콘스탄틴의 때에 이미 크리스천 공동체는 매우 광범위하게 성장해 있어서 그는 크리스천들이 반역을 일으켜 왕국을 찬탈하지나 않을까 염려하게 되었습니다. 직업 정치가로서의 그의 좌우명은 "적을 물리칠 수 없으면 연합해라."는 것이었습니다. 그래서 그는 교회가 연합하여 로마 제국을 기독교 제국으로 만들 것을 제시했습니다. 이 시점에 교회는 구약에서와 같이 나라를 어떻게 다스려야 할 것인가에 대해 하나님의 법을 선포해야 하는 의무를 갖고 있었습니다. 이는 희년의 선포와 또 다른 경제 법칙을 포함하는 것이었습니다. 교회는 콘스탄틴과 타협하여 책임은 받아들이지 않은 채 권력을 받아들였고, 이로 말미암아 성도의 공동체가 깨어졌으며 사회의 경제 제도인 잔인한 지주 제도에는 결국 아무 변화도 일어나지 않게 되었습니다.

이제 우리는 또 다른 시대에 살고 있습니다. 우리 정부는 민주주의를 주장합니다. 그들은 우리에게 투표권과, 국회 등 여러 가지 형태의 의결 기구의 대표자들을 뽑을 수 있는 권한을 줍니다. 우리가 하나님의 법을 가능한 한 널리 알리는 책임을 거부할 수는 없다고 생각합니다. 비그리스도인들도 하나님의 법칙을 적용함으로써 고통과 비참한 불행의 문제를 해결할 수 있습니다.

안식년(면년제)과 희년에 관하여

이제 7년 만에 빚을 탕감해 주는 일에 대해 형제의 질문을 생각해 봅시다. 사람들에게 빚 갚을 시간을 줌으로, 이 율법은 그대로 지켜지도록 만들어졌다고 생각됩니다. 만약 매해 빚이 탕감되었다면 사람들은 무책임해졌을 것입니다. 만약 안식년이 되어서도 빚을 다 갚지 못하면 그때에는 빚이 탕감되었습니다. 그러나 자신의 노력에 의해 빚을 갚아야 하는 것이 정상이었습니다. 오늘날에도 빚은 6년 이상 인정되지 않는다고 말함으로써 적용시킬 수 있을 것입니다. 만약 채무자가 6년이 지나도록 그 빚을 갚지 못하면 그 빚은 탕감되어야 합니다. 그러나 채권자의 선한 마음 때문이 아니라 하나님의 명령 때문에 빚이 탕감되는 것이므로, 사람이 아닌 하나님께 영광을 돌려야 합니다.

실제로는 어떤 특정한 해를 안식년으로 정하는 것은 매우 어려운 일일 것입니다. 예수원에서는 우리가 밭을 사용하기 시작한 때로부터 매 7년째에 안식을 합니다. 여기에는 실제적 이득도 있습니다. 1년 동안 경작하지 않은 땅은 얼마간의 번식력을 회복하여 옥토가 되기 때문입니다.

49년째인 희년에 대해 생각해 봅니다. 연간 임대료에 대한 헨리 조지(Henry George)의 옹호론은 희년을 매해 갖는 것과 같은 형태입니다. 희년이 오기 전 토지는 그 토지의 소출량에 의해 팔립니다. 이것이 토지의 임대 가치입니다. 헨리 조지는 정부가 임대 가치에 대한 세를 걷되, 현재의 소유주로 하여금 토지를 사용하여 토지의 생산성과 본인의 노력으로부터 소득을 얻게 하자고 주장합니다. 나는 며칠 전 편지를 하나 받았는데 이는 성경의 제도가 조지의 제도만큼 훌륭한가에 대한 질문을 담고 있었습니다(왜냐하면 성경의 제도는 임대료가 국가가 아닌 소유주에게 가도록 되어 있기 때문입니다). 현대 사회에서 지주는 토지를 임대해서 임대료를 받음으로써 엄청난 불로 소득을 올리고 있습니다. 성경은 이를 금합니다. 일하기 싫은 자는 먹지도 말라고 말합니다. 대만에서처럼 조지의 제도가 적용되는 곳에서는 토지 문서는 비록 개인이 소유하지만 그 토지를 다른 사람에게 임대함으로써 다른 사람을 착취할 수는 없게 되어 있습니다. 그는 임대료를 국가에 지불해야 합니다. 불본 구약에서는 모세가 율법을 준 4백 년 이후에야 국가가 탄생하게 됩니다.

한국에서는 1950년에 토지 개혁이 있었습니다. 그러나 많은 사람들이 자녀들의 대학 등록금을 마련하기 위해 토지를 팔았습니다. 이에 몇몇 대지주들이 점점 많은 땅을 사 들여서 한국의 대부분의 토지가 지주들의 소유가 되어 버렸고 지주들이 땅값을 올려 버려서 한국의 토지값은 미국 전체의 토지값과 맞먹을 정도가 되었습니다. 만약 우리가 1999년에 희년을 선포한다면 토지가 없는 사람들은 다시 토지를 갖게 될 것이고, 지주들은 힘이 꺾여서 불로 소득을 더 이상 올릴 수 없을 것입니다. 어떤 사람들은 이들에게 보상을 해 주어야 한다고 말하지만, 제가 생각건대 그들은 오랫동안 무(無)로부터 무언가를 얻어온 사람들이며 그들에게 보상해 줄 필요는 전혀 없을 것입니다.

빈곤의 문제에 대한 침묵

나는 〈토지 안의 힘〉(The Power in the Land)의 저자이며 계간〈토지와 자유〉(Land and Liberty)의 편집자인 프레드 헤리슨(Fred Harrison)과 이 문제에 대해 편지를 주고받았습니다. 그는 조지의 해법이 성경의 해법보다 낫다고 생각하는 사람입니다. 내가 잘못 생각하고 있는지는 모르겠으나, 나는 조지의 제도가 성경의 원칙을 현재 상황에 적절하게 적용한 것이며 바알 제도로부터 성경 제도로 옮겨가는 단순한 방법이라고 생각합니다.

제가 염려하는 것은 크리스천들이 전 세계에 꾸준히 늘어가고 있는 가난에 대해 단념하고, '과잉인구'라는 말로, 그리고 성경적 경제제도가 뉴욕, 워싱턴, 캘커타, 그리고 다카의 빈민촌 등 어디에서나 빈곤의 문제를 완전히 해결할 수 있다는 사실에 대해 침묵하고 있다는 것입니다. 우리는 이런 것들을 지붕에서 외칠 필요가 있습니다.

공동체 안에 사는 우리는 부패한 교회나 부패한 정부에 위협적인 존재가 아닙니다. 시편을 읽으면서 다윗이 얼마나 많은 구절에서 그의 원수에 대해 언급했는지에 충격을 받았습니다. 공동체 안에서 조용히 사는 우리들은 우리 자신의 일에만 관여할 뿐 원수가 없습니다. 우리에겐 죽어가는 몸 안에 건강한 세포의 그룹을 유지해야 할 역할이 있습니다. 그러나 구약의 선지자들이나 예수님께서 그러했던 것처럼, 또한 고위층 사람들에게 도전을 줄 의무도 있습니다.

토지 소유에 대한 성경적 개념의 또 다른 변형으로는 'CLT'(Community Land Trust)가 있습니다. 일단 토지가 조합에 들어오면 절대로 빠져 나갈 수 없고 그 토지를 사용하는 사람은 조합에 행정

료만을 지불할 뿐, 매각할 수 없는 것을 제외하고는 모든 실질적면에서 그 토지를 보유합니다. 그가 토지를 더 이상 사용하기를 원치 않으면, 토지는 다시 조합으로 되돌아가고 조합은 그 토지를 누구에게 할당해 줄지를 결정합니다.

물론 공동체가 토지를 공유하는 우리 공동체도 이 주제의 한 변형입니다. 그러나 공동체 토지 조합도 크리스천 공동체도 전 국가와 국제적인 빈곤의 문제를 해결할 수는 없습니다. 우리는 있는 힘을 다하여 국가 전체의 빈곤을 물리칠 수 있는 토지세 또는 이와 유사한 프로그램이 제정되도록 해야 합니다.

가슴 아픈 것은 이러한 원칙이 대만에서 성공적으로 적용되고 있는데도 이것이 성경에서 나온 제도라는 것을 아는 사람이 없고 힘 있는 정치가들은 '훌륭한 불교 신자'라는 것입니다. 그리고 대만에는 복음이 널리 전파되어 있지 않기 때문에 다수의 믿지 않는 대중들은 욕심을 극복할 수 없습니다. 사람들이 점점 많은 '부'를 얻으려 함에 따라 점점 많은 추문들이 생겨나고 있습니다. 대만은 세계에서 가장 부유한 국가입니다. 오늘 저는 대만 대통령으로부터 편지를 받았는데, "중화민국은 다양한 분야에서 기술적, 그리고 재정적으로 동남아시아와 기타 지역의 국가들을 도움으로써 그들의 개발에 참여해 왔습니다. 실로 중화민국은 초기에 국제적 기구로부터 받은 도움을 되갚아서 세계적 그리고 지역적 평화와 부에 헌신했습니다."라고 쓰여 있었습니다. 이러한 종류의 도움의 범위가 얼마나 되는지에 대해서 저는 전혀 모릅니다. 이런 것은 신문에도 나지 않습니다.

빈곤은 하나님의 뜻이 아니다

사유 제도의 심리적, 그리고 영적 악 영향에 대한 형제의 관찰은 건전한 것이지만, 저는 심리학자이면서 동시에 사회학자의 입장으로서 현재 우리가 갖는 사유 재산 제도에 의해 사회에 행해지는 피해에 더 관심이 많습니다. 이 문제는 몇 가지 단계에서 관찰되어야 합니다. 개인적 단계, 공동체 단계, 지역의 단계(예를 들어 미국 펜실베니아 주의 피츠버그는 그와 유사한 다른 도시보다 취업률이 높은데, 그 이유는 토지세가 높고 개발세가 낮기 때문입니다), 그리고 국가의 단계입니다.

세계적 빈곤의 문제는 해결될 수 있습니다. 피할 수 없는 문제는 아닙니다. 빈곤은 하나님의 뜻이 아닙니다. 순간순간마다, 거리거리마다 (예를 들어 '사랑의 집 짓기 운동(Habitat for Humanity)'과 같은) 실제적 해답을 필요로 하고 있음을 인정합니다만, 제 생각에는 이 사실이 다른 모든 것보다 앞서는 것 같습니다. 하나님은 집 없는 사람, 가난한 사람, 과부와 고아, 그리고 나그네의 하나님이라고 성경은 분명히 말씀합니다. 만약 우리가 하나님의 일을 하려고 한다면 그러한 사람들의 문제를 즉각적 차원에서, 그리고 장기적이고 광범위한 차원에서 염려해야 합니다. 이것은 제가 미가서 6장에 대한 주석에서 한 말씀과 같습니다. 정의가 먼저이고 자비는 그 다음입니다. 즉각적이면서, 작은 규모의 해결책은 '자비'입니다. 정의란 그 문제를 국가적 차원에서, 그리고 법의 차원에서 다루는 것입니다. 저는 경제에 대해 이야기하기 시작하는 대통령 후보나 혹은 다른 중요한 인물들에게 기회가 있을 때마다 편지를 씁니다. 그들에게 하나님의 경제를 이야기하고 미국과 한국이 언젠가는 하나님의 영적 법을, 또한 대만, 홍콩, 싱가포르와도 같은 하나님의 경제법을 따르게 되기를 기도합니다.

제가 이 편지를 쓰는 동안 레위기 25장을 실현하려고 애쓰는 그리스도인들의 파견인들이 제게 이야기하러 왔습니다. 이러한 쟁점과 씨름

하는 활동적인 크리스천을 발견하게 되어 얼마나 감사한지 모릅니다. 토지를 경작하지 않은 채 놓아 둘 때에 발생할 생태학적 문제라든가, 무이자의 문제, 빚을 탕감하는 문제 등 여러 가지 문제가 있음에 동의합니다. 그러나 저는 우리가 먼저 부딪쳐야 할 문제가 바로 가난의 문제라고 생각합니다. 교회가 문제의 해결을 갖고 있으나 침묵하는 사실이 저를 못 견디게 합니다.

개인적 차원에서 가장 긴급한 쟁점은 형제가 이야기했듯이 순종의 문제입니다. 하나님께서는 사람들이 구원이나 회심에 대해서만 항상 이야기하는 데 관심을 갖지 않습니다. 하나님께서는 사람들이 그의 뜻을 행하기로 결심하기를 원하십니다. 사람들이 개인적 순종에 확고하게 헌신될 때에만 그들은 성령님의 인도를 받을 수 있고, 오직 성령님만이 주실 수 있는 지혜를 갖게 되는 것입니다. 무조건적 순종, 이것이 제가 교회에 드리는 저의 한결같은 노래입니다. 하나님의 뜻을 행하고자 하는 무조건적 자원함, 제가 보기에는 이것이 신약 전체가 말하려는 것이기도 합니다. '구원받는 것', 심지어는 '성령을 받는 것'도 출발점에 불과합니다. 만약 우리가 천국에 들어가고자 한다면 전적인 순종을 통해서 들어가게 될 것입니다.

제가 너무나 장황하게 이야기한 것 같습니다. 감사하는 청중을 갖는 것은 기쁜 일입니다. 용서하십시오.

산골짜기에서 온 편지

제국주의에 대하여

대천덕 신부님께.

제가 신학대학에서 '선교 제국주의자'라는 말을 들었는데, 이 말이 신부님에게는 해당된다고 생각하지 않습니다(물론 신부님은 미국분이시고 선교사이시지만). 어떤 사람들은 선교 제국주의 시대가 끝났으므로 모든 선교사들이 이 땅을 떠나야 한다고 말합니다. 그리고 한국의 그리스도인들은 다른 나라에 선교사로 가게 되더라도 제국주의자는 되지 않을 것이라고 생각합니다.

그렇다면 한국 선교사들이 미국 선교사들과 다른 선교사들인지, 혹은 미국 선교사들과 똑같은 일을 하고 있는지가 궁금해집니다. 신부님께서는 '제국주의'라는 말을 어떻게 이해하시는지요? 그 말이 우리 선교 사역에도 쓰일 수 있는 말인지, 또한 제국주의적이 아닌 선교 사역을 할 수 있는 길이 있는지에 대해 알고 싶습니다.

— 하나님을 섬기는 한태신 올림

태신 형제에게.

편지 주셔서 감사합니다. 형제는 아주 중요한 질문을 해 주셨습니다.

신학대학에서 이 주제가 이야기되었다고 하니 기쁩니다. 그러나 저는 사람들이 그 문제의 핵심에 대해 혼돈하고 있는 것이 아닌가 하고 때때로 생각합니다. '선교 제국주의'라는 표현은 우리가 정죄해야 할 무엇인가가 있는 것처럼 들립니다. 그런데 사람들이 과연 무엇을 정죄해야 하는지를 알고 있는지 궁금합니다.

이 문제를 아주 간단히 표현한다면, 선교 제국주의자란 자신이 '본토' 그리스도인들보다 우월하며, 현지인들에 동화되지 않은 채 그들을 올바르게 만들도록 하나님의 보내심을 받았다고 생각하는 사람을 의미합니다. 정반대의 태도로는 하나 됨(identification)의 태도가 있는데 우리는 이것을 '성육화 선교(incarnation)'라고 부릅니다. 이는 예수님께서 자신을 비워서, 종의 형체를 입고 오신 길을 배우며 따르는 태도입니다. 성육화 선교사는 계속하여 자신을 비우고, 선교지의 사람들과 하나가 되며, 그들의 관점을 이해해야 합니다. 그리고 만약 그들 중에 이미 그리스도인들이 있다면, 그들의 종의 입장이 되어 매우 겸손한 자세로 그들과 함께 일해야 합니다. 예수님께서 자신의 사역에 대해 이같이 말씀하셨습니다. "인자가 온 것은 섬김을 받으려 함이 아니라 도리어 섬기려 하고 자기 목숨을 많은 사람의 대속물로 주려함이니라"(마 20:28). 그런데 특히 우리 미국인들의 경우에 있어서 우리들 스스로는 예수님에 대해 많이 읽고, 또 알고 있지만 그러한 태도를 취하는 것은 별개의 일인 것으로 여겨온 것 같습니다.

'선교 제국주의'란 말이 나온 배경

말이 나왔으니까 제국주의라는 것의 배경을 거슬러 올라가 봅시다.

성경 전체를 통해 우리는 바벨론, 앗수르, 신바벨론, 바사, 헬라 그리고 로마제국에 대해 읽게 됩니다. 이들은 그들의 군사력을 써서 넓은 지역을 정복했는데, 정복된 사람들 중에는 나라도 언어도 종족도 없어진 사람들이 많았습니다. 정복자들은 다른 사람들을 지배했고, 자신들의 언어와 문화를 강요했으며 사람들을 착취했습니다. 신약성경이 헬라어로 쓰였다는 사실은 바사 왕국을 멸망시켰던 알렉산더 대제 시대 이후, 헬라 제국과 헬라 문화가 널리 퍼져 있었음을 반영하는 것입니다. 로마 사람들조차도 헬라어를 매우 광범위하게 사용했습니다. 로마 제국은 후에 둘로 나뉘었는데 그중 하나는 헬라어를, 또 하나는 라틴어를 사용하는 나라였습니다. 오늘날까지도 교회 내에 존재하는 커다란 두 그룹 중 하나(가톨릭)는 로마 제국 중 라틴어를 사용하는 나라에서, 또 하나(정교)는 헬라어를 사용하는 나라에서 생겨났습니다. 우리 '개신교도'들은 로마 가톨릭 교회로부터 떨어져 나왔으나, 우리의 문화는 여전히 가톨릭에 크게 영향받고 있습니다. 사람들은 교회를 동양 세계의 문화에 맞게 변형시켜야 한다고 말하지만, 쉬운 일이 아닙니다. 한국은 옛 문화로부터 변화하고 있는데 어떤 방향으로 변하고 있습니까? 서양식으로 변화하고 있습니다. 미국은 여러 면에서 변화되기는 했지만, 아직도 옛 로마(라틴)제국으로부터 유래된 문화를 수출하고 있습니다.

서로마 제국은 유럽의 야만인들의 압력으로 인해 붕괴되었으나 교회는 그 야만인들에 대해 승리하였고, 근대 유럽 국가들이 탄생하게 되었습니다. 동로마 제국은 8세기에 마호메트와 그의 장수들이 이끄는 아랍에 의해 점령되었습니다. 아랍 제국은 11세기에 셀주크 터키인들이 중앙아시아로부터 침입해 오기 전까지 모든 중동 지역을 지배했습니다. 그러나 모슬렘 문화는 남아서 근세 시대까지도 계속되었습니다. 태평양에서 폴란드까지 세계 역사상 가장 넓은 영토를 차지했으나 통치 시기가 매우 짧았으며, 이후 극동 지역에서는 만주와 한족이, 서부에서는 오토만 터키인들이 그 영토를 차지했습니다. 이 터키 제국은 제1차 세계대전 이후 분해되었는데, 오토만 터키인들 역시 이슬람 문화를 받아들였습니다.

유럽 국가들은 산업혁명을 거치게 되었습니다. 그런데 경제학이, 공동 토지 구획에 시골 사람들의 값싼 노동력을 제공하기 위해 도시로 이주시킴으로, 기독교 원칙의 적용을 포기함으로써 산업혁명은 더욱 가속화되었습니다. 실업자들도 있었는데 그들은 여러 종류의 군대에 모집되었습니다.

유럽 국가들은 신세계(아메리카)의 토지를 강탈했고, 아시아와 아프리카의 토지를 강탈하면서 전 세계로 진출했습니다. 처음에는 스페인 제국이 가장 넓었으나, 곧 영국이 가장 많은 영토를 차지하게 되어 해가 지지 않는 나라라고 자랑하게 되었습니다. 그들은 '백인의 부담' 즉 아시아 사람들을 '개화시켜야 한다'는 필요에 대해 이야기했습니다. 아시아 문화가 유럽의 문화보다 훨씬 역사가 깊다는 사실을 무시한 채로 말입니다. 그들의 '개화'계획에는 기독교를 소개하기 위해 선교사를 보내는 것도 포함되어 있었습니다. 스페인, 포르투갈, 프랑스, 그리고 벨기에에서는 가톨릭 선교사를, 영국, 독일, 덴마크 그리고 네덜란드에서는 개신교 선교사를 보냈습니다.

많은 선교사들, 특히 정통(main-line)교회에서 파송된 선교사들은 그들이 높은 생활수준을 유지하고, 자신들이 설립한 교회를 지배하는 것을 당연한 것으로 여기는 경향이 있었습니다. 바로 이러한 태도 때문에 '선교 제국주의'라 불리우는 말이 최근에 생겨난 것입니다.

허드슨 테일러의 '중국 내지 선교'

여기에 주목할 만한 예외가 있는데 이는 허드슨 테일러가 세운 '중국 내지 선교'입니다.

이는 정통 교회가 중국 내륙에 선교사를 보내기를 거절했고, 오직 '조약을 맺은 항구들', 즉 아편 전쟁의 결과로써 중국 황제가 어쩔 수 없이 외국인들이 와서 거주하며 사업과 선교 활동을 하도록 허가해 준 해안 지역의 도시에만 선교사들을 보냈기 때문이었습니다. 허드슨 테일러의 추종자들은 다양한 교단의 배경을 갖고 있었지만, 각 교단의 지도자들보다도 더 복음주의적인 사람들이어서 '믿음으로' 중국에 갔고, 고정 급여를 받지 않았으며, 개인 후원자들이 보내오는 후원금을 같이 나누었습니다. 그 결과 그들은 그들 주위의 사람들보다 높은 생활수준을 유지할 수 없었고, 중국옷을 입고 중국식으로 살아야만 했습니다. 이는 그들의 복음주의 사역에 매우 좋은 반응을 얻게 했으며, '제국주의'같이 원한이 섞인 말로 불리우지 않게 되었습니다. 그러나 공산주의자들이 그들의 왕국을 건설했을 때, 모든 기독교인들에게 제국주의자라는 딱지를 붙여 버렸습니다.

제2차 세계대전 이후, 전 세계에 반제국주의의 강한 물결이 있었습니다. 제국주의 국가들은 그들이 지배하던 백성들에게 자유를 주었습니다. 그것은 정치적 자유였습니다. 경제적 착취는 이미 제국주의 정부로부터 사적 기업으로 이전되었고, 이 사적 회사들은 대부분 각 나라를 착취하는 일을 계속했습니다. 그들은 다이아몬드광, 금광, 차(tea) 농장 등을 소유했으며, 새로 들어선 정부에 계속 압력을 가하여 큰 어려움 없이 제국주의 시절에 얻었던 이득을 계속하여 얻게 되었습니다. 미국 사람들은 자신들만은 제국주의 국가가 아니라고 생각하지만, 미국의 대기업은 똑같은 일을 하고 있으며, 세계의 많은 곳을 지배하고 착취하고 있습니다. 때문에 미국은 세계에서 가장 거대한 제국이라고 일컬어질 수 있습니다. 미국이 어떤 주어진 상황에서 군사력을 쓸 것인지는 인권의 윤리적 원칙에 따르는 것이 아니라, 미국의 사업 이익이 얼마만큼 관련되어 있는지에 따라 결정됩니다.

1세기 전 영국 선교사들이 그랬던 것처럼 오늘날 미국 선교사들은 그들이 사역하는 나라의 교회를 지배하려고 합니다. 이러한 태도는 금세기 초, 롤랜드 알렌(Roland Allen)에 의해 지적되었습니다. 알렌은 〈선교방법:사도 바울의 것인가, 우리의 것인가?〉(Missionary Methods:Saint Paul's or Ours?)라는 책을 썼는데, 이 책은 영어권의 선교 공동체를 흔들어 놓았습니다. 시간이 흐르고 롤랜드 알렌의 태도는 점차 널리 퍼져서, 지금은 세계 선교의 가장 큰 훈련센터인 캘리포니아 주의 풀러 선교학교(Fuller School of Missions)에서 체계적으로 가르쳐지고 있습니다. 영어 실력을 높이기 위해 미국에 가고자 했던 한 한국인 친구가 풀러에서 공부를 시작했는데, 거기에는 한국 사람이 너무 많아서 영어를 연습할 기회가 없다며 학교를 그만둘 정도입니다.

한편, '성육화 선교'의 개념은 계속 기반을 쌓아가고 있습니다. 불행히도 대부분의 한국 성직자들은 그러한 선교 활동이 이루어지는 것을 본 적이 없어서, 만약 해외 큰 교단의 신학교에서 공부하게 되면, 자유 신학과 함께 무의식적으로 제국주의 정신을 흡수해 버리는 경향이 많습니다. 사실 자유 신학과 제국주의는 잘 어울리지 않는 결합입니다. 왜냐하면 자유 신학자들은 그들이 반제국주의자라고 생각하고 있기 때문입니다. 일반적으로 '자유주의자'들은 그들이 얼마나 제국주의적인지를 깨닫지 못하고 있습니다. 그들은 그들만이 옳고 모든 사람들이 그들을 따라야 한다고 주장합니다. 우리는 이런 예를 미국의 여성해방 운동가들에게서 가장 강하게 볼 수 있고, 민주당에서도 뚜렷하게 볼 수 있습니다. 공화당이 더 제국주의인지, 혹은 방식만 다를 뿐인지는 두고 보아야 할 일입니다.

그러면 우리는 어떤 태도를 취해야 할까요?

이제 우리 모두 사도 바울의 방법을 이해하고 따르도록 노력합시다. 성육화 선교사가 되도록 노력합시다. 이는 먼저 바울처럼 할 수 있는 만큼 최대로 좋은 훈련을 받아서, 얼마 오래되지 않은 교회에 최상의 것을 제공할 수 있어야 함을 의미합니다. 선교지의 모든 교회가 얼마 되지 않은 것은 아닙니다. 필리핀은 적어도 4세기 동안 그리스도교 국가였고, 피지는 1세기 이상 동안 대부분 그리스도교 국가였으며(지금은 비그리스도교 이민자들이 많습니다만), 물론 남미는 북미보다도 오랫동안 명목상의 그리스도교 국가였습니다. 그러나 이런 나라들은 선교사를 필요로 합니다. 중요한 것은 선교사들이 실로 겸손해야 하며, 지역 문화에 잘 젖어들어야 하고, 기존 교회들과 겸허히 협력해야 합니다. 갈 수만 있다면 선교사가 어디로 가는지는 중요하지 않습니다. 옛 중국 내지 선교팀처럼 삶이나 옷 입는 방식에서 주위 사람들과 가능한 한 많이 동화되고, 그 사람들이 생각하는 방법을 겸손히 이해하려고만 한다면, 하나님께서는 그런 선교사들을 효과적으로 사용하실 수 있습니다.

단일 언어, 단일 문화를 갖고 있는 한국

한국 사람들은 선교사로 해외에 나가면 어려움에 봉착합니다. 한국처럼 단일 언어와 단일 문화를 갖고 있는 나라는 세계 어느 곳에도 없습니다. 이웃나라 일본, 중국, 대만, 필리핀은 모두 여러 종족과 여러 언어를 갖고 있습니다. 부름받아 가려고 하는 사람들의 언어를 배우는 동시에 한국 선교사들은 그들의 문화를, 그리고 그 선교 대상국의 다른 그룹들과 어떻게 상호 연결되어 있는지를 이해하려고 노력해야 합니다. 물론 한국 사람들이 교포 교회에만 간다거나, 교포들 사이에서 새 교회를 시작하려 한다면, 문화적 문제는 많지 않을 것입니다. 물론, 전혀 없다는 뜻은 아닙니다. 교포 사회조차도 우리나라에서 우리가 자라온 환경과는 다르기 때문입니다. 교포들에게 거만한 목회자는 다른 문화권 사람들에게 거만한 선교사만큼이나 문제가 많은 것입니다.

선교사에게 있어 특별히 날카로운 문제는 자녀 교육 문제입니다. 우리 한국 선교사들은 필리핀에 큰 학교를 만들어서, 한국 선교사 자녀들이 한국어를 배우고 한국에서 대학에 다닐 수 있도록 준비를 합니다. 우리 미국인들도 서울 외국인 학교, 서울 국제 학교 등을 세워 비슷한 일을 해왔습니다. 과거에는 북중국 미국학교, 상해 미국학교, 평양 외국 학교 등을 운영하기도 했습니다. 여기 예수원의 경우에는 저희 두 딸이 한국에서 태어났고, 유창한 한국말을 하며(그들 부모보다 훨씬 잘합니다) 6학년까지 이 지역의 분교를 다녔습니다. 우리는 이같은 일을 후회해 본 적이 없습니다. 지금은 아이들이 부모들보다 한국 문화를 훨씬 잘 이해합니다. 만약 그들이 선교사가 된다면 반드시 성공할 것입니다. 대부분의 미국 선교사들은 그들이 65세가 될 때 미국으로 돌아가게 될 것을 예상하고 있습니다. 비록 우리가 미국에 있는 친척을 때때로 방문하기는 하지만, 예수원은 우리 집이고 우리는 여기서 죽고 여기서 묻힐 것입니다. 우리의 목표는 이곳 공동체의 한 지체가 되는 것이고, 설립자라고 해서 지배하거나 교만한 사람이 되지 않을 것입니다. 바울이 말했던 것처럼 우리가 그리스도의 마음을 가질 수 있도록 기도해 주시기 바랍니다. 성육화 선교사가 되는 것은 우리가 여기서 묻히겠다고 말하는 것 훨씬 이상의 것입니다. 우리는 우리의 이 같은 태도(성육화 선교사)로 인해, 우리의 메시지를 듣는 사람들의 반응이 크게 달라짐을 발견했습니다.

실제로 '선교 제국주의'라는 것이 존재하며, 그것은 서양 선교사들뿐만 아니라 한국 선교사들에게도 동일하게 위험하다는 사실을 분명하게 말씀드렸습니다. 또한 그 반대인 성육화 선교사로 부름을 받았는지를 생각해 보고 기도해 보십시오. 그리고 우리가 모든 민족에게 복된 소식을 선포하기 전에는 예수님께서 재림하실 수 없음을 잊지 마십시오. 아직도 해야 할 일이 너무나 많습니다.

학문과 신앙, 어떻게 조화시켜야 하나

산골짜기에서 온 편지

성령의 역사와 샤머니즘의 차이

존경하는 대천덕 신부님께.

안녕하십니까? 건강은 어떠신지요. 예전에 비해 건강이 좋지 않아 예수원 이외의 일은 하지 않으신다고 들었습니다. 신부님의 개인적인 시간을 충분히 가질 수 있는 기회를 하나님께서 허락하신 모양입니다. 신부님과 직접 상담할 수 없는 경우에 편지를 쓸 수 있다는 것이 얼마나 감사한지 모릅니다.

은사 운동이 비난을 받는 것에 관해 말씀드리고자 합니다. 우리의 기독교는 서구화된 샤머니즘이라고 말들 합니다. 성령의 역사와 샤머니즘과의 차이가 무엇인지, 일부 교회에서 성령에 관한 언급을 회피하는 이유가 무엇인지 설명해 주시기 바랍니다.

- 주 안에서 윤재식 올림

사랑하는 윤 형제에게.

편지 잘 받았습니다. 건강은 회복되었지만 아직은 약을 복용하고 식이 요법을 하면서 이전만큼 많은 일들을 하지는 않습니다. 한창 활동할 때는 심장에 무리가 간다는 생각을 하지 못했기 때문에 절제를 한다는 것이 쉬운 일이 아니더군요. 아직도 일에 대한 의욕은 크지만 심장 문제로 인해 기도와 휴식 시간을 충분히 갖게 된 것에 대해서 하나님께 감사합니다. 성령의 인도하심에 따라 정확히 말해서 하나님의 계획대로 주어진 시간을 잘 활용할 수 있도록 꾸준한 기도를 부탁드립니다.

형제가 제기한 질문 사항에 대해 말해 봅시다. 샤머니즘은 내 뜻을 이루기 위해 초자연적인 능력을 사용하는 것이며, 성령은 하나님의 뜻을 이루기 위해 초자연적인 능력을 허락하시는 것입니다. 이것의 분명한 차이점을 알아야 합니다. 누군가 자신의 영광을 위해 하나님의 능력을 사용하려 하면 그는 결국 하나님께 버림받게 됩니다. 일부 교회에서 성령에 관해 말하기를 주저하는 이유를 말씀드리겠습니다.

사탄은 지성을 강조한다

사탄은 교회를 미혹하기 위해 여러 가지 방법을 사용합니다. 성령과 악령의 역사를 혼동시키거나 성령의 역할을 별것 아닌 것처럼 가르치도록 속이는 것도 이런 방법들 중의 하나입니다. 사탄은 진리를 미워하는 만큼이나 진리를 왜곡하는 일을 즐깁니다. 왜곡된 진리는 겉으로는 옳게 보이나 매우 사악한 것입니다. 성령의 역사는 서로 밀접하게 관련되어 있는 4가지(열매, 은사, 지혜, 코이노니아)로 구분되는데 이들 중에서 어느 한 가지만을 극단적으로 강조할 경우 위험한 결과를 초래합니다.

최근에 와서 사탄이 사용하는 또 다른 속임수는 지성을 강조하는 것입니다. 많은 크리스천들, 특히 선교사로 부름받은 사람들에게 제대로 된 교육을 하는 것이 선교의 급선무입니다. 우리는 서구 교육이 인본주의를 바탕으로 이루어진 것이며 바울이 말한(고린도전서의 앞부분) '세상 지혜'라는 것을 모르고 있습니다. 세상 지혜로는 하나님을 알 수 없습니다.

세상에 있는 교육제도는 젊은이들에게 두뇌 능력만이 최고의 가치를 가지며 모든 문제는 연구와 학술을 통해서 해결될 수 있다는 잘못된 관념을 심어 줍니다. 성경 공부를 할 때조차도 많은 젊은이들은 서구 교육의 인본주위 사상에 물들어서 성경에 나오는 초자연적인 현상들을 시대에 뒤떨어진 미신처럼 무시해 버리는 경우가 많습니다. 성령은 지혜와 선한 성품의 근원입니다. 주님께서 주신 나의 신체와 두뇌의 능력을 적절히 사용하고 겸손한 마음과 선한 성품으로 하나님을 기쁘게 해 드릴 때 이것은 성령의 내재를 의미하는 것입니다. 오늘날 성령이 하나의 인격체라는 생각은 시대에 뒤떨어진 것으로 간주되고 있습니다.

겉으로 건전하고 좋은 인상을 풍기는 정도의 종교는 삶을 변화시키고 문제를 해결하는 능력을 지니지 못합니다. 과학과 학문만을 만능으로 여기며 정착 문제의 해결인 '구원'은 천국에 가는 것 정도로만 생각하는 것이 현실입니다. 천국을 경험하고 그것을 이야기해 주는 사람은 아무도 없습니다. 그럼에도 단순히 천국만을 외치는 데 너무 많은 시간을 허비하고 있습니다.

이렇게 불분명한 신학 이론은 오히려 영적인 기근을 가져옵니다. 인격을 변화시키고 병자를 치료하고 악령과 투쟁(이것은 소위 지성인들에 의해 '정신적인' 하위 문제로 취급되는 것인데)하는 데서 겪는 수많은 실패는 많은 사람들로 하여금 영적인 갈급에 허덕이게 만듭니다. 19세기 후반에서 20세기 초반까지 서양에는 수많은 목회자들이 성경을 믿고 삶과 인격을 변화시키는 성령의 초자연적인 능력을 설파하는 데도 직면할 수밖에 없는 문제가 있었습니다. 그것은 서구 사회의 계급 구조입니다. 성령의 은사들 중 특히 방언의 은사가 부유한 식자층에서 나타나자 이러한 은사를 받은 사람들은 정신 이상자 취급을 받으며 거부당해야 했습니다.

주님만 바라본 사람들이 성령의 능력에 붙들려

교육을 받지 못하고 사회적으로 소외당하는 가난한 사람들(예수님 당시 갈릴리 사람들처럼)은 성경 이외에는 아무것도 모릅니다. 그들은 신학 이론이 무엇인지, 오늘날 성령이 인정을 받지 못하는 이유가 무엇인지, 성령의 초자연적 역사는 사도 시대 이후 막을 내렸다는 주장이 무엇인지 전혀 모릅니다. 그들이 아는 것은 마가복음 마지막 장과 사도행전과 고린도전서 12장, 14장에서와 같이 방언과 치유 등 '성령의 전능한 역사'에 관한 약속들로 가득 찬 성경일 뿐입니다.

그들은 마가복음 마지막 장을 믿었습니다. 그것이 그리스 원본에 빠져 있으므로 심각하게 받아들일 필요가 없다는 학자들의 주장을 그들은 모릅니다. 그들이 아는 것은 이 구절들이 성경에 나온다는 것과 그것을 믿지 않을 이유가 하나도 없다는 것뿐입니다.

이런 사람들은 주님만 바라보고 기도하기만 하면 오순절에 그랬던 것처럼 성령을 받고 하나님께서 주신 사역을 충분히 감당할 수 있다고 굳게 믿습니다. 그들은 신학 교육을 받지 않았기 때문에 인본주의적인 교육 만능 사상에 물들지도 않았습니다. 그들은 교육의 혜택은 받을 수가 없었지만 성경에서 교육이 전부라는 말도, 발견할 수가 없었습니다. 미국의 경우 그러한 사람들의 대개가 노예의 후손인 흑인들로서 이들은 가난에 찌들고 억압받는 흑인 소수 집단을 선교하기 위해 무척 애를 썼습니다.

의식적이든 무의식적이든 그들은 하나님께서 억눌리고 가난한 사람들과 불구된 자와 눈먼 자와 마음이 낮아진 자와 함께 하신다는 것을 굳게 믿었습니다. 그들은 하나님의 능력을 의지하지 않고는 간단히 이해될 수 있는 일조차도 할 수가 없었습니다.

1907년 LA 아주사 거리에 있는 버려진 창고 안에 성령이 임했을 때 많은 사람들이 방언을 말하고 병든 자가 고침받으며 죽은 자가 살아나는 기적이 있었습니다. 그 집회는 몇 달 동안 계속되었고 많은 사람들이 성령세례를 받기 위해 전국 각지에서 모여들었습니다. 기존 교파의 지도자들과 신학 교육을 받은 목회자들이 이런 운동을 겸손한 마음으로 받아들였다면 이 놀라운 부흥 집회는 전국을 휩쓸었을 것입니다.

그러나 대부분의 기존 교파들은 바리새인과 사두개인들이 예수님과 제자들에게 했던 것처럼 이 집회를 거부했습니다. "나사렛에서 무슨 선한 것이 날 수 있느냐?"(요 1:46, 7:41~52). 그들은 교육받지 못한 가난한 사람들에게도 이와 같이 대했습니다.

사탄은 이 운동의 거센 물결에 놀라 급진파를 만들고 흑인 오순절파와 백인 오순절파를 나누며 사소한 문제를 놓고 쟁론을 벌이게 만들어 분열을 조장했습니다. 진리가 조각나고 오순절파와 기존교파는 점점 능력을 상실해 갔습니다.

그러나 성령의 역사는 계속되어 사탄을 대적해 왔습니다. 성령님은 사람들을 주 안에서 결속시키는 코이노니아를 강화시켰습니다. 오늘날 교회의 각 분야에서 성령의 능력으로 교제를 나누는 사람들을 많이 봅니다. 이러한 교제를 통해 서로를 이해하고 성령의 은사와 열매, 지혜와 교통을 이해하며 주 안에서 하나 됨을 느끼게 됩니다.

물론 주 안에서 하나 되는 것과 성령의 역사가 확산되는 것을 사탄이 좋아할 리가 없습니다. 사탄은 성령의 초자연적인 은사를 받은 사람들의 선교 사역을 매우 싫어합니다. 때문에 또 다른 공격 노선을 필요로 하게 됩니다. 샤머니즘과 정령 숭배가 그것인데 이것은 사탄이 수세기 동안 여러 나라에서 아주 익숙하게 사용해 온 속임수입니다.

샤머니즘은 개인의 욕망을 채우기 위한 수단으로 초자연적인 능력을 사용하는 것을 의미하며 성경에 보면 이것은 분명히 미혹케 하기 위한 수단임을 알 수 있습니다.

하나님을 통해 자신의 이득 채우려는 것은 샤머니즘

하나님께서 당신의 영광과 계획의 실현을 위해 이적을 나타내신다는 사실을 사람들은 쉽게 망각해 버립니다. 사람들은 하나님의 의도에 맞지 않는 기도를 하며 개인적인 욕망을 만족시키기 위해 하나님을 조정하려 합니다. 이것이 은사 운동에 나타나는 샤머니즘입니다. 성령의 초자연적인 능력을 인정하고 이것만이 문제의 해결책임을 인식하는 교회일지라도 성령의 내적 사역을 부인하고 자신의 이득을 위해 성령을 이용하려는 성숙하지 못한 크리스천이 있게 마련입니다. 성경은 '십자가를 진 삶'과 '자신을 부인하는 것'에 대해 강조하지만 많은 사람들은 이것을 "재미없어."라고 말합니다.

그들은 하나님과 성령을 통해 자신의 이득을 채우려는 생각만 할 뿐입니다. 그들은 이것을 '복 받는 것'이라고 알고 있지만 성경에서 말하는 '복'하고는 전혀 다릅니다. 내 뜻대로 행하는 것은 점점 자기 중심적이 되어 파멸에 이르게 합니다. 하나님께 영광을 돌리며 다른 사람을 이롭게 하고 자신을 낮추는 것이 하나님께서 주시는 진정한 복임을 알아야 합니다. '복'이라는 개념을 부귀나 명예, 권세 등으로 오해하는 것이 바로 샤머니즘입니다.

고린도전서 14장 26절~33절을 보면 예언하는 자들에 대한 바울의 교훈이 나와 있습니다. 예언은 교회에 함께 모였을 때 하는 것이며 사사로이 하는 것이 아닙니다. 예언하는 사람들끼리 예언의 내용이 주께로 오는 것인지를 판단해야 합니다. 예언도 평가를 받아야 합니다. '저 사람은 예언자다! 그의 말은 무조건 주께로부터 오는 것이다'라는 생각이 샤머니즘입니다. 이러한 태도는 은사를 허락하신 분보다는 은사를 행하는 사람들에게 관심을 갖게 합니다. 사사로운 예언을 부추기면 혼란만 일어납니다.

치유의 은사도 마찬가지입니다. 치유의 능력을 행하는 사람에게 관심을 두게 되면 하나님의 능력에 대한 관심과 경외감은 사라지게 됩니다. 병자를 위해 힘써 간구하며 진정한 믿음을 가지면 평범하고 무능한 사람도 치유의 능력을 행하게 하실 수 있는 분이 하나님입니다. 이것이 하나님의 능력입니다.

나의 부친은 능력을 행하는 대단한 사람이 아니었습니다. 그러나 그분이 일했던 장로교 선교지인 중국에서 귀신이 쫓겨 나가고 문제가 해결되는 일이 많이 있었습니다. 하지만 그곳에서는 특별한 치유의 능력을 행하는 사람이 주목받은 적은 없었습니다.

어느 경우에든지 은사는 하나님이 주시는 것이지 하나님의 도구인 사람에게서 나오는 것이 아닙니다. 샤머니즘에 빠지지 않기 위해서는 우리의 시선이 사람이 아닌 하나님을 향해 있어야 합니다.

하나님을 이용하려는 개인적인 탐욕과 이기주의, 코이노니아를 무시하고 자신의 영광만을 추구하는 일 등이 샤머니즘의 바탕입니다. 이것은 하나님을 대적하는 위험스러운 일입니다. 그렇다고 해서 하나님의 초자연적인 능력이나 은사를 무조건 거부하는 것이 이러한 위험에 빠지지 않는 해결책은 아닙니다. 모든 것에 균형을 이루어야 합니다. 한국의 태극기는 균형을 상징합니다. 균형 잡히지 않은 일방적인 교훈은 갈수록 교회의 생명력을 상실해 가는 서구 사회에서 온 것입니다. 한국의 교회가 힘찬 생명 활동을 통해 하나님께 영광을 돌릴 수 있도록 노력합시다!

LA 아주사 부흥집회 이후로 성령의 역사는 급속도로 확산되고 있습니다. 성경을 굳게 믿고 자신의 삶 가운데 성령의 능력과 은사가 넘쳐 날 수 있도록 끊임없이 기도하며 성장하는 크리스천이 점점 많아지고 있습니다. 그들은 인본주의적 지성에 물들지 않았고 계층의 문제에 대해 갈등하지 않습니다. 그들은 이렇게 말들 합니다. "기독교에 관한 토론을 하고 있더군요. 새삼스러운 것이 있나요? 교회는 항상 성령의 능력을 인정하고 믿지 않습니까?"

물론입니다. 교회는 항상 성령의 능력을 인정하고 믿어왔습니다. 예수님의 능력이 형제에게도 넘쳐나기를 기도합니다.

학문과 신앙, 어떻게 조화시켜야 하나

존경하는 대천덕 신부님께.

저는 크리스천 대학을 나와 미국에서 박사학위를 받고 다른 크리스천 대학에서 강의를 한 일이 있습니다. 현재 저는 지방 대학교 학과장으로 근무하고 있습니다. 저의 전공은 화학이라 산업이나 군사 농업 분야에서 많은 윤리적인 문제를 야기하기는 하지만 성경과 마찰을 일으키는 부분이 별로 없기 때문에 성경대로 생활하고자 노력하고 있습니다. 문제는 크리스천이 아닌 동료들과의 관계입니다. 그들은 진화론 신봉자들로서 그것을 믿지 않는 나를 이상하게 생각합니다. 마치 다수에 의해 진리가 결정되는 것처럼 '진화론은 보편적으로 믿어지는 사실'이라고 해도 대화조차 하려 들지 않습니다. 저는 네 이웃을 네 몸같이 사랑하라는 말씀을 믿지만 그들은 이것이 '비현실적'이며 사람은 자기의 이윤 동기에 의해 살아가고 불의도 권력에 의해 합리화시킬 수 있다고 생각합니다. 크리스천 대학의 교수들도 자신의 강의 내용이 성경과 일치하는지에 대한 관심도 없습니다. 성경도 읽지 않고 교회에서 주일 성경교사를 하면서도 주일 강의 내용과 평일 강의 내용과의 모순에 대해 전혀 의식이 없습니다. 이에 대해 신부님의 의견을 부탁드립니다.

— 주 안에서 송종진 올림

사랑하는 송 형제에게.

보내 주신 편지는 잘 받았습니다. 이 편지를 읽으면서 오래 전 내가 한국의 성공회 신학대학 원장으로 있으면서 겪었던 일이 생각나는군요. 어느 날 크리스천 교수 회합에 초청되어 참석한 적이 있었습니다. 한국어를 처음 배우는 단계였지만 그 모임에 대한 기대는 무척 컸습니다.

그 당시 나는 지금만큼 잘 알려진 상태가 아니었습니다. 그런데 회의가 진행되는 동안 회의 내용이 신학이나 학문적인 논제가 아니고 교회 행정에 관한 것뿐이어서 빨리 끝났으면 하는 마음이 들기 시작했습니다. 그러다가 마침내 내가 일어서서 질문을 하나 했습니다. "여러분들은 성경과 전공과목 강의 내용을 어떻게 결부시키는지 궁금합니다."

하지만 나의 질문에 대답하는 사람은 한 명도 없었습니다. 회의는 계속 헛된 방향으로 진행되어갈 뿐 내 관심사에 대한 토의는 없었습니다. 30분 후 나는 같은 질문을 했습니다. 여전히 대답이 없었습니다. 나는 나의 한국어 실력이 짧아서 그들이 내 질문의 내용을 이해하지 못했거나 내가 그들의 말을 알아듣지 못한 것이 아닌가 의아하게 생각했습니다.

30분 정도 더 기다렸다가 세 번째 같은 질문을 반복했습니다. 이번에는 대답을 들을 수 있었습니다. 한 나이 많으신 분이 일어나 말했습니다. "젊은이, 나는 강의실에 들어갈 때 내 신앙을 복도에 두고 들어간다네." 그것이 전부였습니다. 아무도 내 질문을 합당히 여기는 사람은 없었습니다. 몇 분 후 나는 자리를 뜨고 말았습니다.

신앙과 학문은 별개가 아니다

이 일은 내게 큰 충격이 되었습니다. 진리가 없다는 뜻입니까? 만일 강의실에서 가르치는 내용과 자신의 '신앙' 사이에 아무런 연관이 없다면 그 신앙은 도대체 무엇입니까? 그것은 미신이라고 볼 수밖에 없습니다. 나는 그 교수들의 인생관이 성서적으로 변화되어 자신들의 '신앙'과 학문이 별개가 아니라는 것을 깨닫도록 하나님께 기도했습니다.

세월이 흐르면서 형제처럼 이러한 문제에 관심을 가지는 사람들이 늘어나기 시작했습니다. 박사과정을 마친 약 150명의 창조과학자들이 뜻을 같이 해서 일을 하고 있습니다. 이 정도면 한 대학의 교수진을 구성할 만한 인원입니다. 이들이 지난 몇 년 동안 발행한 책자들을 읽어 보았습니다.

헨리 모리스 박사에 관해 처음 들었을 때가 언제인지는 기억나지 않지만 그에 관한 이야기는 이 경우에 해당되는 것 같습니다. 미국 버지니아 공예학교의 수력공학 과장이었을 당시 그는 독실한 침례교 장로이면서 매 주일 성인들에게 성경을 가르치는 교사였습니다.

그는 여러 면에서 주일에 가르치는 내용과 평일에 가르치는 내용이 모순되는 갈등을 겪게 되었습니다. 과학자인 그는 신화론을 빈놈독 배웠기 때문에 의심의 여지없이 믿을 수밖에 없었습니다. 성경에 나오는 창조와 노아 방주에 관한 이야기는 한낱 신화에 불과하다고 배웠습니다.

어느 날 갑자기 그는 '진리'라는 것이 존재한다면 두 가지 중 어느 한 가지는 진리가 아닌 것이라는 생각을 하게 되었습니다. 수력공학자인 그는 노아의 홍수 이야기에 과학적인 표준을 적용해 보기로 결심했습니다. 마침내 그는 성경의 내용은 과학과 일치하며 진화론의 기본 전제는 과학의 법칙, 특히 열역학 제2법칙에 위배된다는 결론을 내리고 그에 관한 책을 썼습니다.

그는 진화론이 150년이 지난 후에도(고대 그리스 철학자들의 이론으로 거슬러 올라가면 실제로는 2천5백 년이 됩니다) 이론에 불과하며 증명할 수 없고 전적으로 비과학적이라고 말합니다.

과학은 창조주가 정한 법칙 따라가는 학문

그 후 헨리 모리스 박사는 버지니아 공예학교를 사임하고 창조 연구소를 설립하여 후에 크리스천 헤리티지 대학을 세웠습니다. 그는 성경과 과학을 지속적으로 모순 없이 가르칠 수 있는 유능한 과학자들로 교수진을 구성했습니다.

최근에 그는 버지니아 공예학교에 다시 돌아와 강의를 하고 있습니다. 아직 풀리지 않은 기술적인 문제들이 있지만 모리스 박사는 성경이 하나님의 말씀이며 계속되는 연구 과정을 통해 성경의 가르침이 과학적으로 정확하다는 것을 밝혀낼 것이라고 확신하고 있습니다.

그가 그렇게 확신하는 이유는 과학이란 창조자가 정한 법칙을 연구하여 알아가는 것을 기본 전제로 하는 학문이며 그 창조자 또한 성경의 저자이기 때문이라고 합니다.

한국의 젊은 크리스천 과학자들은 적어도 자연 과학을 연구하는 한 성경과 과학 사이에서 갈등을 겪지는 않습니다. 그러나 문제가 있는 분야가 있습니다. 사회과학과 인문과학 분야의 크리스천 교수들은 성경이 모든 분야에 적용될 수 있다는 자연 과학의 견해에 동조하지 않습니다.

사실 열역학 제2법칙이나 토지경제법에 관해 논쟁할 필요는 없습니다. 이런 것들에 관해 무지한 사람이라도 일단 알고 나면 논쟁할 필요가 자연히 없어집니다. 문제는 서구의 대학 교육제도에 의해 오랫동안 '과학'(성경)이 한낱 신화로 가르쳐졌다는 것과 고등 교육을 받은 사람들이 인본주의적 입장과 상반되는 또 다른 무엇인가가 있다는 것을 들어본 적이 없다는 것입니다. 아무도 그러한 것에 관심을 기울이고 심각하게 생각하지 않으며 상세한 실험을 통해 규명하려고 하지 않습니다. 우리는 이러한 '교육'(나는 이것을 세뇌 작업이라고 생각합니다)기간을 진리의 증거를 확보하는 데 보내야 한다고 봅니다.

이것은 정말 큰 문제인데 해결 방법이 있을까요? 나는 성경구절에서 그 해답을 찾을 수 있다고 믿습니다. "사람이 하나님의 뜻을 행하려 하면 이 교훈이 하나님께로서 왔는지 내가 스스로 말함인지 알리라"(요 7:17). 이 구절은 내 인생에서 큰 전환점이 되기도 했습니다. 이것은 소위 '전문가'에게도 도전할 수 있는 담대한 믿음을 주었습니다. 전문가에게 "이것은 기술적인 문제이므로 당신은 이해 못할 겁니다."라는 말을 할 만큼 말입니다. 이 성경구절의 문맥을 보면 당시 최고의 교육을 받은 사람들, 즉 전문가들이 예수님의 가르침에 도전했던 것을 알 수 있습니다.

그들은 예수님께서 가르친 내용에 도전한 것이 아닙니다. 그들은 예수님께서 교육을 받지 못한 목수이며 촌사람에 불과하다는 이유를 들어 그분의 가르치는 권세에 도전했습니다.

하나님의 뜻 실천하면 진리를 알 수 있어

예수님께서는 그들과 논쟁하지 않았습니다. 그분은 그들에게 그분의 가르침을 시험하고 옳은지 아닌지 스스로 결정하라고 말했습니다. 그리고 주위의 교육받지 못한 평범한 사람들에게 누구나 알 수 있다고 하셨습니다.

어떻게 이것이 가능합니까? 하나님이시기 때문입니다. 진리의 하나님께서 진리의 성령을 통해 그 교훈이 하나님께로부터 왔는지 사람에게서 왔는지 알 수 있는 판단력을 누구에게나 주실 수 있는 능력과 의지를 갖고 계시기 때문입니다. 다만 한 가지 조건이 있습니다. 그것은 하나님의 뜻에 전적으로 내어맡기는 것입니다. 실제로 이것은 성경의 기본적인 교훈입니다.

하나님께서는 우리의 행위를 통제하는 기본적인 태도에 의해 우리를 판단하십니다. 우리가 그분의 뜻을 따르려 하면 그분은 그분의 가르침이 어디서 온 것인지를 알 수 있는 '지혜'를 주십니다.

우리가 진정 관심을 가져야 할 부분이 바로 이것입니다. 하나님께서는 창조주이며 모든 자연 법칙의 시초가 되십니다. 이것은 자연과학에 뚜렷이 증거되고 있을 뿐만 아니라 예술이나 문학, 역사해석, 사회적 이론, 인간 지성에 관한 이론 등 하나님께서 인간을 통해 제시한 갖가지 이론 등에도 똑같이 나타나고 있습니다. 여러 가지 이론들 중 어떤 것들은 하나님께로부터 온 것이며 일부는 사탄에게서 온 것도 있습니다.

예수님께서는 우리가 굳이 '전문가'가 되지 않아도 하나님께로부터 온 것과 사탄에게서 온 것의 차이를 분명히 구별할 수 있는 능력을 주십니다. 예수님을 정치 전문가들에게 넘겨서 가장 잔혹하고 극단적인 방법으로 해를 당하게 한 사람들은 바로 신학 전문가들이었습니다. 그 후 2천 년이 지났지만 아무것도 변한 것은 없습니다. 대부분의 '전문가'들은 여전히 진리보다는 자신들의 명예와 돈지갑에만 관심이 있습니다.

이러한 문제들은 우리들을 딜레마에 빠지게 할지도 모릅니다. 즉, 150명의 박사들과 뜻을 같이하는 사람들이 모여 획기적이고 성서적인 교육제도를 도입한 대학을 설립하면 되지 않을까 하는 생각입니다. 현실적으로 어려움이 따르는 문제입니다. 우선 엄청난 돈이 요구됩니다. 전적으로 새로운 교육 모형을 시도하고 있는 대학들이 해외에는 있지만 한국에는 아직 시험 단계에 불과합니다.

한국에는 우선 토지가 비싸다는 것이 문제입니다. 한국의 토지는 너무 비싸서 남한 전체의 토지 가격은 미국 전체의 토지 가격과 맞먹는다고 합니다(몇몇 사람들이 그렇게 말합니다. 나는 정확한 계산은 잘 모르지만 미국의 절반 가격이라고 해도 한국의 땅값이 얼마나 비싼지 알 것입니다).

물론 정부에서 토지 임대(토지세) 제도를 실시한다면 가격이 내릴 수도 있습니다. 그러나 비싼 토지 소유자들은 정부가 이런 정책을 세우도록 내버려 두지 않을 것입니다. 다른 사람들에게는 이익이 있겠지만 자신들에게는 아무런 이익이 없기 때문입니다. 누군가 대학을 설립할 토지를 매입했다고 가정합시다. 대학교 부지를 확보했더라도 건물을 짓고 시설을 갖추고 교수들과 사무직원들에게 보수를 주는 데 들어가는 돈이 엄청납니다. 학생들이 내는 등록금만으로 이런 모든 것을 충당하기란 어림도 없는 일입니다.

거의 모든 대학들이 다른 나라의 선교 재단이나 지방, 시 혹은 개인 사업가와 같은 부유한 자선 사업가들에 의해 설립됩니다.

어느 경우든지 우리가 자연 과학과 인문 과학의 성서적 원리, 경제학의 성서적 원리를 가르칠 수 있도록 재원을 확보할 수 있다고 생각하십니까?

송 형제가 성경을 믿는다면 성경에서 말하는 하나님의 기적도 믿으십시오. 기적이 일어날 것이라고 믿는다면 이 문제에 관해 세심한 기도를 하십시오. 한국에는 이러한 기적이 일어나기를 간구하는 사람들이 많이 있습니다. 우리와 함께 기도할 수 있기를 희망합니다. 함께 소망을 가져 봅시다.

산골짜기에서 온 편지

음양 이론은 성서적인가

대천덕 신부님께.

 지난번 우리 교회에 미국의 크리스천 자매들이 방문한 일이 있었습니다. 그들의 사고방식이나 태도는 한국인의 것과 매우 달랐습니다. 남녀평등을 주장하는데 아마도 차별이라고 생각하는 모양입니다.

 '다르지만 같으며 같지만 다른' 음양 이론을 이해하지 못합니다. 신부님, 음양 이론은 성서적입니까? 성경에서 말하는 여성의 역할은 무엇입니까?

 그들은 사도 바울의 편견을 받아들일 수가 없다고 하는데 미국의 크리스천들은 성경을 믿고 있는지 알 수가 없습니다. 설명해 주십시오.

― 주 안에서 김동숙 올림

사랑하는 동숙 자매에게.

미국 교회에서는 이 문제를 놓고 갈등이 심합니다. 소수의 극단적인 여권주의자들이(내 생각인데) 목사를 '남성우월주의자'라고 비난해 왔습니다. 아울러 그들은 바울 또한 '남성우월주의자'로 몰아부쳤습니다. 그러나 그들의 주장은 근거가 없습니다. 바울이 남성우월주의자라면 룻이나 에스더에 관한 성경 이야기에 대해서는 근본적으로 다른 입장에 서게 됩니다. 남성우월주의자의 주장이 진리가 아닌데 모든 성경 기자들이 남성우월주의자들이라면 성경이 진리가 아니라는 뜻이 되어 버립니다.

미국의 교회에 다니는 사람들 중 성경을 믿는 사람들은 소수에 불과합니다. 그들은 특별히 성경 대용품으로 공감할 만한 책이 있는 것은 아니지만 세속적인 사리(事理)의 '정략상 명확한 사고'의 원리를 좋아합니다.

이런 사고방식은 비기독교적 학문 세계에서 형성된 것으로 특히 클린턴 정부가 들어서면서 강화되었습니다. '정략상 명확한 사고'란 하나님을 부정하고 '진리'가 아니더라도 학식 있는 지도층의 의견에 무조건 순응해야 한다고 주장합니다. 성경의 핵심이 진리이지만 그들은 이에 동의하지 않습니다.

실제로 그들은 진리를 무가치하게 본 빌라도와 한 배를 탄 사람들입니다. 빌라도에게 가치 있는 것이란 정치적 성공과 권력입니다. 고린도전서 초반에서 사도 바울은 하나님께로부터 온 영적 지혜를 대적하는 세상 지혜에 관해 말했습니다.

바울 역시 권세에 관해 언급했지만 그가 말하는 권세는 세상적인 것이 아니라 사탄과 세상을 이기는 하나님의 권세를 의미합니다. 나는 성경을 믿지 세상 지혜를 믿지 않습니다. 이 세상의 지혜로는 하나님의 지혜를 알 수 없습니다.

남녀에 관한 막중한 하나님의 뜻

나는 동양의 음양설이 성경에 일치하는 면이 있다고 봅니다. 창세기 1장에 보면 남자와 여자는 둘 다 하나님의 형상을 가졌다고 했습니다. 음양의 본질은 상보적인 여각 관계를 의미합니다. 두 각의 합이 직각일 때 한 각의 다른 각을 '여각'이라고 합니다. '상보적'이라는 말은 '결여된 부분을 채워 준다'는 뜻으로 음양 사상도 이와 같습니다.

자녀들에게는 아버지, 어머니 둘 다 필요합니다. 편모나 편부의 가정에서 성장한 자녀들은 감정적인 결함을 갖게 됩니다. 남녀에 대한 하나님의 계획은 서로를 완전하게 하는 것입니다. 남편과 아내의 관계는 코이노니아이며 이것은 하나님의 본성을 나타내 줍니다.

구약에서 남녀의 역할은 차이가 있었지만 여자의 역할도 매우 중요했습니다. 룻이나 에스더 이외에도 여선지자 드보라가 있으며 사라, 리브가, 라헬, 한나 등이 있습니다.

신약에 와서도 여성이 예언하는 것은 정상적이며 복음서에서도 예수님을 따르던 여자들이 있었습니다. 마르다와 마리아는 예수님께서 예루살렘에 오시면 그분을 대접하며 말씀에 귀를 기울였습니다. 여자들은 예수님과 선교 여행을 하면서 숙식을 돌보는 일들을 했습니다. 그들 중 몇 명은 사회적으로도 신분이 높은 사람들이었습니다.

바울의 제자들 중에도 여자들이 있었습니다. 그들 중에는 선교 사역에 적극적으로 참여한 사람들도 있었습니다.

바울의 여 제자들 중 아무도 바울이나 그의 남 제자들과 함께 여행을 하지는 않았지만 각 도시의 집에서 바울 일행을 돌보고 여러 방면으로 그들을 돌봐 주었습니다.

사도행전에 보면 기도와 찬양 모임을 정기적으로 갖고 오순절 성령 세례를 받던 무리들 가운데 특별히 언급된 여자들이 있었습니다. 예수님께서 부활하신 저녁에 남녀 제자들에게 나타나 "아버지께서 나를 보내신 것같이 나도 너희를 보내노라. 성령을 받으라."라고 말씀하실 때에도 여자들은 코이노니아의 준비가 되어 있었음에 틀림없습니다.

고린도전서 12장에서 바울은 성령의 은사에 관해 성명했습니다. 여기에 보면 여자가 남자와 동등한 은사를 받지 않았다는 암시는 전혀 없습니다. 여성이 예언하는 것에 관한 말씀도 있습니다. 여자가 예언한 후 그의 남편으로 인해 머리에 수건을 쓰라고 했습니다. 교회의 직무에 관한 언급에서 그는 사도를 우선순위에 두었습니다. 물론 사도 가운데 여자는 없습니다.

두 번째가 선지자인데 남녀가 다 해당됩니다. 세 번째로 교사들이 있는데 여자들은 가르치지 말라고 했습니다(딤전 2:12). 그는 이것이 도덕적 윤리적으로 잘못된 것이라고 하지 않았습니다. 그는 자신의 교회에서 하지 말라고 했습니다. 이것은 아마 그 당시 관습이나 문화와 관련이 있다고 봅니다. 그는 성령이 금지한다거나 하나님이 금하신다고 하지 않았습니다. 다시 말해서 성령은 바울의 개인적인 의견(이것은 바울의 세대에 적합한 것이지 모든 세대에 해당되는 것은 아닙니다)과 하나님께서 가르치시는 불변의 진리를 세심하게 구별해 놓았습니다.

순종은 기독교의 근본 가르침

바울이 여자에게 수건을 쓸 것과 남자를 가르치지 말 것을 가르쳤다는 것 때문에(비록 여자가 예언을 하거나 다른 선교활동을 하는 것은 허락했어도) 그를 남성우월주의자라고 비난하는 사람에게 에베소서 5

장 21절부터 33절까지의 말씀을 읽어 보도록 권하고 싶습니다.

성경 몇 구절만 가지고 전체 문맥을 파악하려 하면 오해와 실수를 낳을 가능성이 있습니다. "그리스도를 경외함으로 피차 복종하라."는 말씀은 모든 크리스천의 기본자세가 거만이나 공격이 아니라 순종이라는 뜻입니다. 지도층에 있는 사람 역시 온유한 마음과 기꺼이 순종할 줄 아는 자세가 필요합니다.

남성을 우위에 두는 사회에서는 모든 여성이 모든 남성에게 복종할 것을 강요합니다. 그러나 바울의 가르침은 그것이 아닙니다. 크리스천은 피차 복종하라는 문맥을 보면 여자가 남자보다 하위에 있음을 암시하는 바는 전혀 없습니다.

여자는 자신의 남편에게 순종하라는 말을 한국 교회에서는 잘못 해석하고 있지 않나 싶습니다. 교회의 여성들이 목사에게 복종을 해야 한다고 생각하는 것 같습니다. 이것이 심각한 문제를 야기시킵니다. 남편들이 이런 면에 묘한 배신감을 느끼고 교회에 나오는 것을 끝까지 거부하는 경우가 많습니다.

모든 크리스천 여성들이 가르침대로 자신의 남편에게만 순종했다면 대부분의 남편들이 교회에 나와 예수님을 만나고 책임감 있는 지도자가 될 수 있었을 것입니다.

순종이란 양면성을 가진다고 바울은 말했습니다. 모든 크리스천들이 피차 순종해야 함은 물론 교회는 머리 되신 그리스도께 순종해야 합니다. 그러한 맥락에서 바울은 여자가 자기 남편에게 순종하라고 한 것입니다. 그 다음에 나오는 말씀을 주지하십시오.

바울은 이어서 남편의 역할에 대해 말합니다. 크리스천 남성들은 자신의 아내가 자기에게 무조건 순종해야 한다고 오해하는 경우가 많습니다. 즉 남편은 아내의 말을 언제든지 거부할 권리가 있으며 아내를 무시해도 좋다는 뜻으로 받아들입니다.

그러나 바울은 말합니다. "절대 아니다!"라고. 아내를 사랑하되 제 몸같이 관심을 가져야 합니다. 자신의 몸을 해롭게 하거나 상처를 주어서는 안 됩니다.

스스로를 모욕하기 싫거든 아내를 모욕하지 마십시오. 바울은 예수님께서 교회의 머리가 되시며 교회를 위해 자신을 주시고 고난당하시고 생명을 주셨다고 말했습니다.

그와 같이 남편들도 그리스도께서 교회를 위해 하신 것처럼 자신의 아내를 사랑하라고 가르칩니다. 이러한 교훈에서 '남성우월주의'를 찾아볼 수 있습니까? 바울이 말한 것은 아내가 남편에게 순종하고 남편이 아내를 사랑하라는 것이었습니다. 그는 아내보다 남편에게 더 많은 요구를 합니다.

물론 구별은 있습니다. 차별이 있다면 오히려 아내 쪽이 더 유리합니다. 아내가 남편을 위해 희생하는 것이 아니고 남편이 아내를 위해 희생할 것이 요구되는 것입니다.

거듭난 남편, 아내 위해 희생해야

불신앙의 남편은 교회에 속하지 않았기 때문에 해당되지 않습니다. 신앙이 깊은 아내들은(이것이 베드로의 가르침인데) 자신들의 정숙하고 단정하며 부드러운 태도로 믿음이 없는 남편들을 이길 수 있습니다. 남편들이 그리스도를 영접하고 성령으로 거듭나면 아내를 위해 희생할 줄 알게 됩니다.

이 모든 것은 일부일처제가 바탕이어야 합니다. 독신 여성에게도 보호자가 필요합니다. 일반적으로 아버지가 보호자가 됩니다. 아버지가 죽었을 경우 교회가 보호해 주어야 합니다. 내가 아는 한 성경에는 이에 관한 언급은 없지만 불신과 이교도의 세상을 여자 혼자 힘겹게 헤쳐 나가는 일이 없도록 교회가 가족의 역할을 해 주어야 합니다.

성서적 원리들이 투영된 자연 법칙들을 살펴봅시다. 어머니의 역할이 매우 가치 있고 존경스러우며 멋진 일이라는 것은 누구나 인정합니다. 그러한 역할을 수행하려면 여자는 머리보다는 가슴이어야 합니다. 아버지는 자녀에게 사회인으로서 갖추어야 할 객관적인 교훈을 가르치지만 어머니는 자녀의 감정적 필요를 채워 주고 편안하게 감싸 주며 자녀들의 기쁨과 슬픔을 함께 나누어야 합니다.

'어머니 마음'이라는 말이 있습니다. 그리스도의 몸인 교회에서 세상의 사탄과 투쟁하기 위해 가슴보다는 머리를 사용하는 사람이 필요합니다. 이것이 일반적으로 남성의 역할입니다. 그러나 그것은 일반적일 뿐 매우 지적이면서 객관적인 입장을 취하는 여성도 있습니다. 그들은 훌륭한 교사가 되어 많은 일들을 할 수 있습니다. 남성이 지적이고 객관적인 반면 여성은 온유하고 주관적이라는 견해가 일반적입니다.

그러나 성경에는 이러한 견해들 뒷받침하는 뚜렷한 근기기 없습니다. 남자냐, 여자냐가 중요한 것이 아니라 남편과 아내, 아버지와 어머니가 중요한 것입니다. 성경은 남녀의 역할의 내용과 가치가 무엇인지와 성경의 인도가 없이는 정상적인 역할수행이 이루어질 수 없다는 것을 강조합니다. 창세기나 복음서 모두 하나님의 형상이 여자냐, 남자냐를 따진 것이 아니라 남녀의 상호 작용을 말하고 있습니다.

동양이나 서양 모두 이 교훈의 본질을 제대로 이해하지 못했습니다. 그러나 하나님께서는 성령께서 우리를 진리 가운데로 인도한다고 약속하셨습니다. 하나님께 무조건 순종할 때 지혜를 주신다고 약속하셨습니다. 성령을 모르는 사회는 자연 법칙에 투영된 하나님의 법칙들을 이해할 수도 없거니와 지킬 수도 없다는 것을 알 수 있습니다. 그러나 성령께서 오시면 인간을 향한 하나님의 의도와 사랑의 하나님의 본성이 잘 반영된 정상적인 남녀를 향한 계획을 이해하고 수행할 수 있기에 우리는 기뻐할 수가 있습니다.

당면한 농촌의 제 문제, 어떻게 대처해야 하나

존경하는 대천덕 신부님께.

언제나 영혼의 안식과 육신의 피곤함을 씻어 주는 제 영적인 고향 예수원을 오늘도 꿈꾸어 봅니다. 신부님, 저는 윤 포티우스 형제입니다. 제가 그곳에 머물렀을 때 여러 가지 도움을 주시고 말씀으로 교훈해 주셔서 많은 은혜를 받았습니다. 제가 이곳 경남 진양군 이반성면 가산교회에서 주님의 교회와 성도들을 섬기게 된 지 3년이 되었습니다. 그 동안 여러 가지 주님이 주시는 지혜로 교회를 부흥시켜 보려고 애썼지만 저의 부족함이 여실하게 드러났습니다. 시골 젊은 층의 도시 이동과 중·고등학생들의 도시 학교 진학, 노인 계층의 감소로 인하여 형편이 점점 어려워지는 추세입니다. 그래서 자신의 역량 부족(기도와 말씀연구)으로 인해 목회에 대한 깊은 회의감이 찾아올 때면 포기하고 싶은 마음이 간절하고 이러한 생각이 저의 마음을 상당히 괴롭힙니다.

하나님께서 제게 주신 소명에 대해 다시 고려해 보려는 마음이 죄가 아닌지 신부님의 애정 어린 충고를 듣고 싶습니다. 시간이 허락하면 예수원을 방문하고 직접 면담을 받고 싶습니다만 그럴 형편이 못됩니다. 그러나 빠른 시일 내에 신부님과 예수원 식구들을 찾아뵙고 인사드리고 싶습니다. 그리고 부탁드릴 말씀은 <더불어 함께> 지(誌)가 나온다는데, 발행되었을 때부터 받아보았으면 합니다(적은 헌금이지만 온라인 번호를 알려 주시면 헌금하고 싶습니다). 지금 저는 아내인 김연희와 가영(3살), 서영(2살)을 두고 주님의 은혜로 살며 교회 성도는 25~30명 정도입니다.

　　－ 주 안에서 가산교회 윤석호, 김연희, 가영, 서영 올림

사랑하는 윤 포티우스 형제님에게.

보내 주신 편지 잘 받았습니다. 목회 문제에 대해서 말씀하셨는데 충분히 이해할 수 있습니다. 저도 목회를 하고 싶지 않았습니다. 다만 하나님께 순종하는 마음으로 미국에서 한 작은 도시의 노동자교회 목회를 7년간 하였는데 하나님께서 큰 복을 주셔서 지금까지도 그 교회가 알차게 성장하고 있습니다. 우리가 주님께 항복하는 때가 오면 주님께서 다른 일을 시키실 수도 있습니다. 주님께서 다른 일을 시키시기까지 충성하는 마음으로 지혜를 주셔서 하고 있는 일을 올바르게 할 수 있게 해달라고 기도하면 모든 것이 합력하여 선을 이루게 하시고 적합한 때에 아름답게 인도해 주실 줄 압니다.

신학교에서도 농촌 문제 연구해야

사실 한국의 농촌교회가 어려움이 많은 줄 압니다. 이에는 몇 가지 이유가 있다고 생각합니다. 그 하나는 신학교에서 농촌생활, 특별히 현대 한국 농촌생활 실정에 대해서 알리지도 않고 어떻게 취급해야 하는지 말해 주는 일이 없다는 것입니다. 사실 젊은 사람들이 모두 농촌을 떠나서 도시 생활을 하는 것은 하나님의 뜻이 아닙니다(그렇지만 한국 사람들이 이러한 과정을 겪을 수밖에 없다고 생각합니다). 미국에서는 많은 사람들이 공해 문제뿐만 아니라 공장에서 일하는 것이나 가게 일이나 조그만 사업 하는 것이 너무나 비창조적이라는 것을 깨닫고 도시생활을 하는 것에 대한 회의적인 영향으로 인해 농촌으로 돌아가자는 운동이 일어나고 있습니다. "Back Home!", 즉 고향으로 돌아가자는 운동입니다. 농사를 짓기 위해서는 지혜와 지식이 많이 필요하고 하나님의 도우심도 필요합니다. 그런데 농촌 사람들은 대부분 귀신의 도움을 받으려 하며 여러 가지 미신습관을 유지하고 있습니다만 사실 농사짓는 데 도움이 되지 않습니다.

제가 보기에는 목회자가 개인 문제를 취급할 뿐만 아니라 농촌사회를 이해하기 위하여 좀더 연구하고 농촌 사회를 위하여 좋은 지도를 해 주어야 합니다.

농촌사회 문제 중 토지문제가 한 가지 있고 그것에 관한 책을 이미 출판한 적이 있습니다. 그리고 농사를 지을 때 현대화된 농법을 사용하면 토질을 나빠지게 하고 기계화와 농약문제로 인한 폐단이 많습니다. 대신 가나안 농민학교나 가나안 복민학교 등에 가서 유기 농법을 배우면 좋겠습니다. 많은 농민들이 유기 농법을 하면 좋지만 수익이 부족하다고 하는데 그것도 문제입니다. 농촌생활을 하는 이유는 수익을 얻고자 함이 아닙니다. 예수님께서 말씀하시고 또 성경에서 바울이 말하는 바와 같이 자급할 만큼 먹을 것과 입을 것이 있으면 더 이상 염려할 필요도 없고 자신의 땅이 있으면 길이길이 살 수 있습니다. 갈수록 유기 농법으로 기른 채소가 비싸게 팔릴 것입니다. 왜냐하면 도시생활을 하는 사람들이 농약과 화학비료로 새배한 것을 길수록 더 싫이 할 것이기 때문입니다.

농촌 사회구조 다양화시켜야

또 다른 문제는 시장이 변화하기 때문에 옛날에 기르던 것을 지금 팔기 어렵게 되고 또 좋은 값을 얻지 못하게 되므로 여러 종류의 채소와 특용작물과 과일, 토끼, 닭, 칠면조 등 좀더 다양하게 품목을 개발해서 여러 가지 식물과 동물을 기를 필요가 있습니다. 또한 옛날의 방식을 고쳐서 시장에서 어떤 것을 원하든지 우리에게 있다고 하고 저것을 원해도 제때에 내 놓을 수 있어야 합니다. 어느 한 가지 작물에만 투자하는 것은 좋지 않습니다.

그리고 장기적인 문제 중 하나는 벼농사 문제입니다. 한국 쌀이 상당히 좋음에도 불구하고 다른 나라에서 들어온 나쁜 쌀과 경쟁하기가 너무 힘이 듭니다. 정부가 값을 인위적으로 높이지 않으면 한국 쌀을 팔기 어렵습니다. 그래서 벼농사를 짓지 말고 그 땅을 다른 데 쓰면 좋지 않겠나 생각합니다. 김용기 장로님이 이전에 그 이야기를 많이 하셨지만 귀를 기울이는 사람이 별로 없었고 나중에 문제가 복잡하게 될 줄 예상했습니다. 이 모든 것을 하나님의 법을 깨닫고 성령의 인도하심을 받기 위하려는 분위기에서 한다면 아주 뜻있게 할 수 있고 실제적인 문제들을 해결할 수 있습니다. 농촌 목회자들이 농촌이 당면한 문제에 대한 기도를 많이 하고 하나님께서 지혜를 주시도록 기도하는 것이 출발점이 되어야 합니다.

그리고 마을 사람들이 이해하지 못하는 노래나 알아듣기 어려운 종교 용어를 쓰는 습관은 고쳐야겠습니다. 그들이 함께 잘 부를 수 있는 찬양, 특별히 한국적인 음악으로 해 볼 수도 있습니다. 앞서 말한 바와 같이 교회 예배당 안에서 그런 분위기를 유지할 수 있으면 좋지만 예배당 분위기에 익숙한 사람들이 그런 걸 싫어한다면 마을 회당에서 모여도 됩니다. 다만 장기적인 목적은 모든 마을 사람들이 자기가 이해하기 쉬운 말로 대화하고 기도하고 노래하면서 하나님의 지도를 받을 수 있도록 하는 것이며 이를 위해 노력하면 좋겠습니다. 그리고 '축복'보다는 '지도'라는 말을 하면 좋지 않겠나 생각합니다. 우리 한국 교회에서는 '축복'이란 말을 너무 많이 사용하는데 그것은 샤머니즘에서 나온 말입니다. 하나님께서는 지혜를 주시고 지도하시면서 우리에게 의로운 생활과 뜻있고 효과 있는 생활을 할 수 있도록 보여 주십니다.

종교적 문제와 실질적인 문제 함께 다뤄야

미가서 6장 8절 말씀을 보면 하나님께서 요구하시는 것이 세 가지 있다는 사실을 알 수 있습니다. 공의와 자비(인자)와 겸손이 하나님과 동행하는 생활인데 공의가 먼저 나옵니다. 이 말씀을 기억함으로 우리 사회에서 남을 이용하는 일이 없도록 해야 합니다. 그 다음에 공의를 실행하도록 노력해도 문제를 해결할 수 없는 사람이 있다면 교회의 자비로 서로 도와 주면서 문제를 해결할 수 있도록 해야 합니다. 이와 같이 미가서에서 실제적인 문제와 종교적인 문제를 함께 다루고 있는 것을 알아야 합니다.

우리 교회의 습관은 종교 문제만 이야기할 뿐 사람들의 실제적인 문제에는 관심이 부족해서 무슨 뜻인지 깨닫기 어렵습니다. 하지만 실제적인 문제와 연결하게 되면 모두 이해할 수 있습니다. 교회가 실제적인 문제에 관심을 가져야 하지만 한편 하나님이 없으면 실제적인 문제를 해결할 수도 없습니다.

특별히 남자를 전도하도록 노력하기를 부탁합니다. 남자들이 믿으면 여자들은 자동적으로 따라올 것입니다. 그런데 여자를 전도하면 아무리 열심히 믿어도 남자들이 따라오기 어렵습니다. 물론 여자들의 기도의 능력을 사용해서 목사님께서 남자들을 효과 있게 전도하실 수 있습니다. 그런 방향으로 목회를 하면 다시 한번 목회가 재미있게 효과도 있게 되고 때가 오면 하나님께서 다른 일도 시키실 것입니다. 이 일이 실패해서 다른 일을 하는 것이 아니고 성공해서 다른 일을 할 수 있는 분위기가 있어야 한다고 생각합니다.

산골짜기에서 온 편지

'노동과 신앙', 어떻게 조화시켜야 하나

존경하는 대천덕 신부님께.

예수원의 모든 형제자매들과 신부님께 그리스도 안에서 문안을 드립니다. 저는 서울 장로회신학교 4학년에 재학 중인 학생입니다. 90년 예수원에서 수련 생활을 했던 같은 반 학우인 친구와 함께 그 후 가보고 싶었던 예수원을 얼마 전에 방문해서 공동체 생활, 기도 생활, 노동사역에 참여하면서 예수원의 모든 생활에 깊은 감명을 받았습니다.

제가 펜을 든 것은 다름이 아니라 이번 졸업 논문으로 '노동과 신앙'에 대해 쓰려고 하는데 신부님의 도움을 구하고자 합니다. 왜냐하면 신부님께서는 신앙 수련회에서 노동을 아주 중시하는 수도원의 정신을 깊이 깨닫고 실천하신 분으로 알고 있기 때문입니다. 사실 저도 어린 시절을 시골에서 보내면서 거칠고 험한 노동을 많이 해보았습니다. 하지만 그 노동이 하나님께서 인간에게 분부하신 명령이며 신앙인이 노동을 해야 하는 것은 당연한 것임을 몰랐습니다. 노동을 하지 않고 부유해지는 것이 죄악이라고 알고 있었으며 열심히 노동한 결과 부유해져서 노동을 하지 않게 되는 것은 하나님의 축복이라고 생각했습니다.

제가 늦은 나이인 30대 중반에 신학 공부를 하면서 교회사와 수도원 역사를 공부하게 되었고 수도원의 중요 신앙 수련표어 중에 '기도가 노동이요 노동이 기도다'(성 베네딕트)라는 말씀이 예수원에서 강조하는 말씀과 같다는 것을 알고 육체노동의 중요성을 다시 생각해 보았습니다. 신앙이 단순히 기도, 찬양, 말씀 등 예배의식을 통해 이루어지는 것이 아니라 종교의식이 삶으로써 의미를 갖기 위해서는 육체를 움직이는 노동이 필요하다는 것을 발견했습니다. 그래서 졸업 논문의 주제로 이 문제를 다루기로 했지만 국내에서 영성 훈련을 이야기하는 분들도 '노동'이 영성훈련에 중요한 요소가 된다는 사실을 별로 언급하지 않고 있으며 이 문제에 관해 쓴 책도 별로 발견할 수 없습니다.

신부님께서는 땀 흘리는 육체노동의 중요성을 아시고 노동하시면서 수도 생활, 중보기도 생활을 인도해 오셨기에 노동의 신앙적 의미에 대해 많은 조언을 해 주실 줄 믿습니다. 이에 다음과 같은 질문을 드리오니 대답해 주시면 감사하겠습니다.

▲ 첨단 과학 기술의 발달로 인해 정신노동은 점점 복잡하고 어려워지는 데 비해 육체의 움직임은 점점 더 단순해지는(눈과 귀와 입과 손만 주로 움직이는 노동) 상태가 되어가고 있는데 이와 같은 정신노동과 육체노동의 부조화가 인간성의 형성에 어떤 문제를 일으키며 그러한 인간성이 예수를 믿고 성령을 받아 복음의 열매를 맺는 데 어떤 영향을 주게 될까요?

▲ 신부님께서는 지난번에 안식년을 마치시고 귀국하시면서 국민일보와의 인터뷰에서 사람이 노동을 해야만 겸손해질 수 있다고 말씀하셨는데 거기에 대해 자세한 말씀을 해 주셨으면 합니다.

▲ 적절한 육체노동으로 단련된 인간성을 가진 사람은 성령을 받는 데 어떤 좋은 점이 있는지요?

▲ 육체노동으로 단련된 인간의 정신과 스포츠로 단련된 인간 정신과는 어떤 차이점이 있는지요? 즉 육체노동의 결핍을 메우기 위해 하는 스포츠를 통한 몸의 단련에서 오는 인간 심성이 육체노동을 통해 얻게 되는 인간 심성만큼 올바르고 건강할 수 있는지요?

　▲ 교회사에 큰 공헌을 한 대부분의 수도원 운동에서 반드시 노동을 기도만큼 중시하며 수행했는데 수도원에서 노동이 영성수련에 끼친 영향은 무엇인지요?

　예수원에 무한한 하나님의 사랑과 평화가 넘쳐나기를 기도드립니다.

－ 주 안에서 강영훈 올림

사랑하는 강 형제님에게.

　형제님이 이 문제에 깊은 관심을 갖고 있는 것에 대해 기쁘며 또한 형제님의 사상이 틀리지 않다고 생각합니다. 기계화 이야기를 하자면 한국에서 노동으로 생산한 물건이 중국이나 다른 나라와 경쟁하지 못하게 되었습니다. 현대세계경제 제도에서 한국과 같은 나라가 기계화 및 복잡한 컴퓨터 따위의 첨단 시설들을 도입하지 않으면 세계에서 경쟁할 수 없는 문제에 직면해 있습니다. 한국 농촌에서 나오는 식품 중 일부 품목들은 수입하는 식품보다 비싼데 그것은 우리나라에서는 노동자의 임금이 다른 나라보다 높아야 한다고 생각하기 때문입니다. 이것은 상당히 복잡한 문제라고 봅니다. 우리 생각의 출발점은 '하나님의 뜻은 온 세계가 하나로 되는 것일까요?' 또는 '서구와 같은 다른 나라를 무시하면서 자기 나라만 경제와 문화 문제를 해결하는 것일까요?'라는 문제입니다. 이와 관계 있는 문제의 하나는 옛날부터 지금까지 정신노동을 하는 사람들이 육체노동 하는 사람들을 멸시할 뿐만 아니라 이용하며 육체노동을 하는 사람들은 대게 어느 나라를 가든지 멸시, 이용을 당한다는 것입니다.

성경에서는 노동자들에게 적당한 보수를 안 주면 도둑질하는 것이라고 합니다. 세계 노동자들은 심지어 사회주의 나라에서도 소위 자본주의 나라에서와 마찬가지로 도둑질을 당하고 있습니다. 필요한 대가를 받기 위하여 지나치게 땀을 흘리고, 지나치게 노동하고, 지나치게 쉬지 못하는 상태입니다. 이것은 하나님의 뜻이 아닙니다. 사람이 6일 동안 노동하고 하루 완전히 쉬는 것은 하나님의 뜻입니다. 뿐만 아니라 농사 짓는 사람들이 6년 동안 농사를 하고 1년 동안 농사하지 않고 쉬면서 공부를 하든지 여행을 가든지 '여가를 즐기는 계급(leisure class)'으로 지내는 것은 하나님의 원래 계획이었습니다.

또 한 가지 문제는 농촌 사람들이 흔히 지나치게 노동하게 되는 것이 토지가 자기의 것이 아니라 지주의 소유이기 때문입니다. 자기 노동에서 나오는 생산을 2분의 1, 심지어는 3분의 2까지 지주에게 주어야 하니까 자신은 두 배 혹은 세 배 정도 일해야 되는 상태입니다. 하나님의 법을 지키려면 각 가족이 자기 땅이 있어야 하고 땅을 지킬 능력이 없어 잃어 버린다고 해도 희년이 되면 다시 거저 돌려받아야 합니다. 그러므로 자기 가족이 살 수 있을 만큼만 일하면 되는 것입니다.

따라서 첫째는 하나님께서 좋아하시는 노동과 노동자들이 이용을 당해서 지나치게 노동하는 것은 구별되어져야 합니다. 둘째는 일에 대한 노동자의 태도 문제입니다. 노동자가 자기의 생활이 하나님께서 주신 것인 줄 알고 기쁘게 받아들이며 자신이 하는 모든 일에 사명감을 가지고 하나님을 위하여 하고, 또 이웃을 위하여 하는 줄로 깨닫는다면 뜻있게 일할 수 있고 기도하는 사람이 될 수 있습니다.

하나님의 나라와 의를 구하는 것이 최우선

현재 예수원은 상주하는 형제자매들이 대부분 가정생활을 하는 사람들이니까 2시간만 노동하고는 충분할 수 없는 입장입니다. 그리고 하나님께서 예수원에 손님을 많이 보내 주시는데 하나님의 명령은 나그네 대접하기를 힘쓰라는 것입니다. 우리는 지주를 위하는 것은 아니지만 손님들을 위하여 일하는 것이 있습니다. 식사준비, 빨래, 시설보수 및 건축 등 여러 가지에 우리의 시간을 손님들을 위해 사용하는 것입니다. 이것도 우리의 기도라고 생각하고 감사드리는데 쉬운 일이 아닙니다.

이제 형제님이 제기한 질문에 대해 하나씩 답해 보도록 하겠습니다.

▲ 공장에 들어가서 육체노동을 하든지 지게꾼으로 혹은 광부로서 일하면 머리를 별로 쓸 필요가 없습니다. 비교적 단순 노동이라고 볼 수 있지요. 그런데 원래 노동은 농촌생활이고 여기에 수반되는 일들은 단순하지 않습니다. 농촌 사람들은 머리를 안 쓰면 못삽니다. 기후, 종자, 토양 따위의 여러 가지 문제를 취급해야 합니다.

또 여러 가지 할 수 있는 일 중 우선순위를 결정해야 합니다. 만일 이런 계획을 세우면 무엇을 할까? 어떤 일들은 가능성이 있긴 하지만 하지 말거나 보류해야 될 일은 무엇일까? 이런 것을 알기 위하여 지혜가 많이 필요합니다. 기술자들이 일반 노동자와 농촌 노동자 사이에 들어갑니다. 머리를 써야 하지만 농사 짓는 것에 비해서 간단합니다. 깊이 생각할 것은 사회에서 농사 짓는 사람과 기술자, 예를 들면 건축하는 사람 같은 이들이 몇 명이 필요하고 얼마만큼의 인원을 배치해야 하는지 연구할 만한 과제입니다. 그러나 제가 알기에는 그 문제에 관해 연구하는 사람이 없습니다. 오직 각 사람이 어떻게 돈을 많이 벌 수 있는지 여기에 주로 관심을 두고 있습니다.

농사를 짓는 사람들 중의 대부분이 유기 농사를 하면 장기적인 안목에서 볼 때 나라에 유익하고 땅을 좋게 하고 사람에게도 유익한 줄 알면서도 비교적 돈을 많이 벌지 못하니까 하기 싫어합니다. 노동자들은 성령의 지혜를 받아 자신이 하는 일에 대하여 평가할 수도 있습니다. 어떤 때는 하나님께서 중노동을 그만두고 다른 노동을 하도록 기회를 열어 주기도 하고, 어떤 때는 주인이 하는 일이 옳지 않기 때문에 신자로서 그에게 도움을 주는 것이 죄가 될 경우 앞날에 대한 보장이 안 보이더라도 그냥 사표를 내야 하는 일도 있습니다. 이런 경우 마태복음 6장 33절 말씀, 즉 "하나님의 나라와 그의 의를 구하는 것"을 최우선으로 생각해야 합니다. 성령의 도우심이 없으면 이와 같은 태도를 가질 수 없고 그런 영광을 얻을 수도 없습니다.

이때도 하나님께서 기적을 행하시는 하나님인 줄 알고 기적적으로 문제를 해결하실 줄 믿으며 담대히 복종하는 법이 있습니다. 현대인들은 신자라고 하고 성령을 받았다고 하면서도 먼저 먹을 것을 구하고 그 다음에 하나님의 나라를 구하는 것이 정상인 줄 알고 있습니다. 그러나 참으로 우리가 성령을 받았다면 반대로 먼저 하나님의 나라와 그의 공의를 찾으면 하나님께서 기적적으로 의식주 문제를 해결해 주실 것이라고 믿어야 합니다. 이것이 성령의 역사입니다.

▲ 일반 사회에서 노동을 하는 사람들을 부끄럽게 만드는 분위기가 있으며, 한편 노동을 안 하는 사람에게는 교만한 태도가 있습니다. 사실 우리가 노동을 해보면 자신이 얼마나 약한 줄 깨닫게 되며, 또한 노동자들을 보다 더 존경할 수 있게 되고, 겸손하게 될 가능성이 있습니

다. 물론 신학적인 관점에서 보면 '겸손'은 성령께서 주신 열매입니다. 성령이 없으면 사람이 겸손하게 되기 어렵습니다. 그렇지만 노동자의 경험이 있으면 큰 도움이 된다고 생각합니다.

성령의 지혜 받고 행동해야

▲ 성령과 관련하여 제일 중요한 것은 '코이노니아'입니다. 고린도후서 13장 13절을 보면 성령의 중심 역할이 그것입니다. 또 노동자들이 가난하지만 코이노니아에 참여하면 서로 경제 문제를 도와 줄 수도 있고 서로에게 영감을 줄 수도 있으며, 서로 자존심을 세워 줄 수도 있습니다. 초대 교회를 보면 성령을 받자마자 코이노니아를 실행해서 경제 문제를 해결했을 뿐만 아니라 서로 사랑하고 긴밀한 교제를 통하여 심리적인 문제도 해결했습니다.

성령의 둘째 역할은 개인에게 성령의 열매를 맺도록 해 주어 노동자로 하여금 필요한 기쁨, 오래 참음, 기타 다른 은혜를 받게 하는 것입니다. 성령의 셋째 역할은 능력 수시는 역할입니다. 노동자가 성령세례를 받으면 성령의 능력을 받아 병든 자를 고칠 수도 있고 대언의 말씀을 할 수도 있고 교회에서 중요한 역할을 감당할 수도 있습니다. 그리고 성령의 넷째 역할은 지혜를 주시는 것입니다. 형제님도 성령을 통하여 자신의 사역과 일에 대한 깊은 깨달음과 필요한 지혜를 받을 수 있고 교회 안에서 지도력과 함께 다른 적당한 역할을 감당할 수 있게 됩니다. 물론 가정생활을 아름답게 하기 위하여 성령의 지혜가 필요합니다(이것은 모든 신자들에게 적용되는 것입니다).

▲ 스포츠 정신을 두 가지로 나누어 볼 수 있습니다. 어떤 사람들은 경쟁하는 마음이 강해서 하는 경우가 있는데 사실 스포츠에서 제일 중요한 것은 경쟁하는 것입니다. 이기면 재미가 있고 이기지 못하면 재

미가 없습니다. 그리고 자기의 몸을 자랑하는 분위기가 생기게 됩니다. 또 다른 부류의 사람들이 스포츠를 하는 것은 다만 육체의 활동을 좋아해서입니다. 그들은 신체의 단련을 재미있어 합니다. 사실 노동생활에는 비교적 긴장이 별로 없고 이기는 재미도 없는 편이지요(때로는 노동을 통하여 건강이 회복되고 신체의 단련과 더불어 재미있게 일에 참여할 경우도 있긴 있습니다).

다만 스포츠는 상류층에서 인정을 잘 받고 노동은 인정을 받지 못하기 때문에 심리적인 차이가 있습니다. 그리고 스포츠는 대부분 자발적으로 하고 봉급을 받는 경우가 많지 않습니다. 물론 직업적인 스포츠(professional sports)가 있긴 하지만 프로선수들은 큰돈을 받게 되므로 일반 노동자와 많이 다릅니다. 일반 노동자는 자발적으로 하는 것이 아니고 생계 유지를 위하여 할 수밖에 없는 것입니다. 그리고 봉급이 적고 재량권이 많지 못합니다.

▲ 전체 질문에서 이미 답이 나온 줄 압니다. 수도생활에서 노동하는 것은 수도자들이 정신과 육체의 건강을 위하여 하는 것이고, 또한 농사 짓는 것은 자신들의 생계를 유지하며 항상 이론적인 생활에 치우치지 않고 실제 생활을 하는 분위기를 만듭니다. 위에서 말한 바와 같이 수도자들이 독신이라면 노동시간이 많이 필요 없고 남은 시간 중에 농사 짓기를 좋아하면 해도 좋고 다른 노동을 좋아하면 그것을 할 수도 있습니다. 다만 하나님의 영광을 위하여 할 것이며 또한 수도원 공동체의 승낙을 받아 다른 수사들과 서로 협력하는 분위기가 있어야 합니다.

그리고 형제가 가지고 있다는 책자 중에서 〈우리와 하나님〉 뒷부분에 나오는 '도적질하지 말라', '빈곤의 공부'를 참고하여 주시기 바랍니다. 좋은 논문을 기대하겠습니다.

늘 깨어 경계해야 할 이유

산골짜기에서 온 편지

주식 투자 어떻게 봐야 합니까?

언론에 매일 등장하고 있는 메뉴 중의 하나가 주식에 관한 기사입니다. 그리고 요즘처럼 주식에 대한 열기가 뜨거운 적도 없었을 것입니다.

현재 샐러리맨을 비롯해 수백만의 사람들이 직, 간접적으로 주식 투자를 하고 있습니다. 신부님, 성경은 이에 대해 어떻게 말하고 있는지 알고 싶습니다. 또한 기독교인들은 주식을 사고파는 문제에 어떤 자세를 취해야 하는지요? 저는 개인적으로 주식을 하는 것이 나쁘다고 생각지는 않습니다. 주식에 대한 올바른 기독교적 태도를 알고 싶습니다.

－주 안에서 남궁석 올림

사랑하는 남궁 형제에게.

내가 형제의 편지를 받았을 때 나는 형제가 나에게 이러한 질문을 하지 않았더라면 좋았을 것이라고 생각했습니다. 물론 예수원이 세워졌을 당시에는 가장 간단한 방법이 주식회사 형태였으며 '광천개발주식회사'라는 이름하에 세워졌습니다. 이것은 파트너십을 위한 조치였습니다(파트너십의 그리스 원어는 코이노니아로 누가복음 5장 10절에 나와 있습니다. 야고보와 요한과 안드레와 베드로는 야고보와 요한의 아버지인 세베대와 어업을 같이 하는 파트너였습니다).

그러나 우리들의 작은 코이노니아는 지속되지 않았습니다. 모든 주식회사는 그들의 주식을 판매를 위해서 내놓아야 한다는 법이 나왔습니다. 우리는 다른 사람이 예수원을 사서 지배해 우리가 전적으로 하나님의 뜻을 따라가기 힘든 상황이 올지도 모른다는 문제에 부딪치게 되었습니다. 우리는 하나님께서 예수원의 진정한 소유자가 되기를 원했기 때문에 회사를 청산하고 비영리회사로 등록을 했는데 시간이 많이 걸렸습니다. 정부 당국은 비영리회사를 등록하는 사람을 의심하기 때문에 시간이 많이 걸렸던 것입니다.

주식 시장은 오래 전에 존재했는데 근대의 형태는 17세기에 세워진 것으로 추정되고 있습니다.

부유한 무역 도시였던 두로와 시돈에 주식 시장이 있었을 것으로 추정됩니다만 정확히는 알 수 없습니다. 중요한 것은 주식 시장이 무엇이냐를 이해하는 일입니다.

이익 분배 권리 보증 수단인 '주식'

갈릴리 어부들이 합심해 사업을 시작했다고 가정해 봅시다. 손실과 이익을 함께 분배하기 때문에 그들에게는 유익할 것입니다. 일이 점점 번창해지자 그들은 장비를 구입하기 시작합니다. 인부들도 고용할 것입니다. 어쨌든 그들은 손익을 함께 공유하며 일하는 동업자인 까닭에 그들 자신이 주인이며 어느 누구한테도 명령을 받지 않습니다. 각자가 동일한 지분을 갖고 있습니다.

그러면 이제 동업자들이 사업을 확장시킬 기회를 잡았는데 자금이 부족한 경우를 생각해 봅시다. 그럴 경우 그들이 무엇을 할 수 있겠습니까? 은행에 가서 그들이 필요한 자금을 빌려오는 방법을 택할 것입니다.

그러나 은행이 어떠한 이유를 들어 자금을 융통해 주지 않을 경우에 동업자들은 어떻게 할 수 있을까요? 다른 사람을 그들의 사업에 끌어들이는 방법 외에는 달리 방도가 없을 것입니다. 새로 참여하는 사람들은 그들이 투자한 지분에 따라 이익을 분배받을 수 있는 권리를 갖게 되는데 이에 대한 확증을 그들은 요구할 것입니다. 그 확증이란 주식 보증을 의미합니다.

주식 시장의 본질은 기업 경영에 관여할 수 있고 이익을 분배받을 권한이 있는 이 보증서(주식)를 사고파는 행위입니다. 초창기의 동업자들은 더 이상 기업의 주인이 아닙니다. 그들은 기업의 의사결정 권한을 주주들에게 팔았습니다. 기업이 현대화되고 활성화되기 위해 그들의(초기 동업자) 당초 의도보다 더 많은 주식을 팔아야 할 경우에는 다른 기업이 그 기업을 장악하기 위해 충분히 주식을 살 수 있습니다.

기업을 하는 사람 입장에서 본다면 주식을 팔면 은행에서 돈을 빌리는 것보다 더 큰 유익이 있습니다. 만약 은행에서 돈을 빌렸을 때에는 기업이 잘되고 못되고에 상관없이 일정한 비율의 이자를 내야 합니다. 그러나 주식을 팔았을 경우에는 투자가들에게 반드시 일정량의 이율을 지급할 필요는 없습니다. 투자가들은 기업의 상황에 따라 배당금을 많이 받을 수도 있고 적게 받을 수도 있기 때문입니다.

주식 시장은 어느 기업이 가장 수익성이 좋을 것이라는 투자가들의 추측을 반영합니다. 예를 들어 어떤 기업이 높은 수익을 낼 것이라는 소문이 돌면 주식 매입이 급증할 것이며 따라서 가격이 폭등할 것입니다. 반면에 경기가 후퇴하면 주식이 실제보다 높게 평가되어 있어 팔려는 주문이 쇄도할 것입니다. 주식을 늦게 파는 사람은 결국에는 별로 가치가 없는 주식을 갖게 되며 만약에 그 기업이 파산됐을 때에는 주식은 휴지 조각이 되고 마는 것입니다.

소비자나 노동자 착취 통한 높은 배당금은 비성경적

그러면 주식을 파는 행위에 정당성이 있을까요? 아니면 그 어떤 정당성도 없는 것일까요? 그리고 다른 이슈는 개입되어 있지 않은 것일까요? 제가 전에 말씀드렸듯이 물건을 생산하기 위해서 기업은 토지와 노동자가 필요합니다. 기계에 투자된 돈은 다른 기업이 행한 노동의 대가를 지불하는 데 사용되고 이는 고용비의 일부가 됩니다. 즉 소위 '자금'이라는 것이지요. 흔히 자금을 '동결된 노동력'이라고 합니다. 어떤 사람의 노동력에서 나온 수입은 그 사람이 수익성이 좋은 사업에 투자할 때까지 얼어붙은 저장소에 보관되어 있는 것이라고 할 수 있지요. 그가 사는 모든 것은 토지를 제외하고는 인간의 노동력에 의해서 만들어지는 것입니다. 토지는 하나님이 만드신 것입니다.

땅값이 올라가면 자연 사업비도 상승하기 마련입니다. 토지세를 거둬들이는 지주와 봉급을 받는 여러 종류의 노동자들 외에 관련이 있는 그룹이 하나 더 있는데 바로 기업이 만든 물건을 사는 소비자들입니다. 물건값이 상승하면 사는 사람이 없을 것입니다. 국제 시장에서는 다른 나라에서 가장 적절한 가격으로 물건을 팔 수 있는지를 고려해야 할 것입니다.

물건값이 국내외에서 비싸다고 판명 났을 때에는 제작비를 줄일 수 있는 방법을 생각해 봐야 할 것입니다. 하지만 가격이 싼 지역으로 공장을 이전하는 문제는 쉽지 않습니다. 기업주들은 토지 소유자가 요구하는 가격대로 지불해야 합니다. 결국 유일한 방법은 임금을 줄이는 길입니다. 소비자들이 제품 가격에 만족하고 노동자들도 임금에 만족하고 지주도 땅값에 만족을 한다면 기업은 많은 이익을 남겨 좋은 배당금을 주주들에게 나눠 줄 수 있을 것입니다.

그러나 실제보다 비싼 값을 매겨 소비자를 속이거나 적정 임금보다 낮은 임금을 주어 노동자들을 속인다면 도덕적인 문제에 빠질 것입니다. 주식 시장에 있어서 도덕적인 문제는 높은 배당금을 지불하기 위해 사업에 압력을 넣어 저질의 물건을 팔거나 저임금을 지급하는 데 있습니다. 주주들은 실제 기업이 어떻게 돌아가고 있는지에 대해 잘 모르기 때문에 소비자나 노동자가 착취당하는지를 잘 모릅니다. 그들이 원하는 것은 단지 많은 배당액입니다. 이러한 태도를 성경은 '탐욕'이라고 하며 우상의 한 형태라고 밝히고 있습니다.

성경은 노동자를 핍박하는 사람을 비난하고 있습니다. "곤궁하고 빈한한 품꾼은 너의 형제든지 네 땅 성문 안에 우거하는 객이든지 그를 학대하지 말며"(신 24:14). "내가 심판하러 너희에게 임할 것이라 술수하는 자에게와 간음하는 자에게와 거짓 맹세하는 자에게와 품꾼의 삯에 대하여 억울케 하며 과부와 고아를 압제하며 나그네를 억울케 하며 나를 경외치 아니하는 자들에게 속히 증거하리라 만군의 여호와가 말하였느니라"(말 3:5). 노동자를 착취하는 행위는 하나님의 입장에서 봤을 때 술수하는 자나 간음하는 자, 거짓 맹세하는 자와 같은 범죄 부류에 속한다는 사실을 기억하십시오. 사도 야고보는 노동자에게 실제

임금보다 적게 주는 부유한 고용주에게 대해 다음과 같이 말하고 있습니다. "보라 너희 밭에 추수한 품꾼에게 주지 아니한 삯이 소리 지르며 추수한 자의 우는 소리가 만군의 주의 귀에 들렸느니라"(약 5:4).

또한 소비자의 권리에 대해 언급하고 있는 구절도 많이 있습니다. "악인의 집에 오히려 불의한 재물이 있느냐 축소시킨 가증한 에바가 있느냐 내가 만일 부정한 저울을 썼거나 주머니에 거짓 저울추를 두었으면 깨끗하겠느냐"(미 6:10~11).

그러면 주주들이 기업에 그 어떤 압력을 넣지 않고 깨끗하고 품위 있게 처신했다고 가정해 봅시다.

그렇게 했을 경우에도 다른 어떤 도덕적인 문제가 또 남아 있을까요? 예! 남아 있습니다. 우리는 일하지 않고 돈을 버는 문제에 직면하게 됩니다. 만약 배당금이 높아서 돈을 빌려 준 사람이나 주식을 산 사람이 일하지 않고 살아갈 수 있다면 그는 다른 사람의 땀과 노동으로 사는 것입니다.

성경은 이자를 취하는 것을 금하고 있을 뿐 아니라 일하지 않는 자는 먹지도 말라고 경고하고 있습니다. 그러면 적정 수준의 이자율은 어떤 것일까요? 원가(기초 비용)와 인플레를 합친 액수면 충분합니다. 저는 가난한 사람들이 집을 구입할 수 있도록 그들에게 자금을 줄 목적으로 세워진 미국 피츠버그의 한 은행을 알고 있습니다. 사장인 로버트 씨와 그의 아들, 그리고 임직원들은 이러한 목적을 달성하기 위해 다른 은행의 직원들보다 더 열심히 일했습니다. 그들은 간신히 은행을 꾸려나갈 수준의 이자율을 책정해 놓았으며 채무자들에게 저리의 융자를 해 주기 위해 은행 예금자에게도 낮은 이자율을 지급했습니다. 그리고 채무자들이 형편이 안 좋아져서 낙담하고는 은행이 자신들이 구입할 집을 갖도록 포기를 하려고 했을 때에도(은행이 집을 다른 사람에게 분양할 경우에 은행 측은 많은 돈을 벌 수 있음) 그들은 가난한 채무자들을 찾아다니며 포기하지 말도록 설득했습니다. 로버트 사장은 수많은 밤을 피츠버그의 가난한 사람들의 부엌에서 보내며 그들에게 포기하지 말 것을 권유하고 대출을 연장해 줄 수 있는 방법을 모색했습니다. 로버트 사장이야말로 참 목자의 정신으로 일하는 분이었습니다. 그는 자신이 성령으로부터 세례를 받았기 때문에 이와 같은 일을 할 수 있었다고 말하고 있습니다.

그러나 로버트 씨가 운영하는 은행은 큰 문제점을 안게 되었습니다. 어느 누구도 낮은 이자율로 예금을 하려고 하지 않았기 때문에 가난한 사람을 도와 주려는 사업을 계속 할 수 없게 되었습니다. 이 사업의 가장 큰 걸림돌은 고리를 원하는 기독교인과 일반 투자가들의 탐욕이었습니다.

저리의 대여는 정의 아닌 자비의 문제

주택 및 다른 사업을 추신하기 위한 사금 소성 방법은 여러 가지가 있습니다. '신용연합', '신용회사', '연합은행', '연합토지신용회사' 등이 가난한 사람들에게 자금을 공급하기 위해 애쓰고 있는 회사입니다. 미국에는 이와 같이 좋은 일을 하는 회사가 많이 있습니다. 그런 회사들은 앞서 언급했던 로버트 씨의 은행처럼 투자가들이 투자를 꺼리기 때문에 어려움을 당하고 있습니다. 오늘날 교회는 농촌의 가난한 사람들에게 관심이 많아 '해비타트'같이 그들을 위한 각종 프로그램을 제공하고 있습니다만 성경이 밝히고 있는 토지와 같은 정의의 근본적인 이슈에 대해선 언급을 자제하고 있습니다. 저리의 대여는 정의문제가 아니라 자비의 문제입니다.

그러면 기독인이 주식 시장을 이용하는 데 있어 어떤 합법적인 근거가 있을까요? 어떤 크리스천 그룹이 합법적이며 훌륭한 제품을 생산할 수 있는 사업을 발견했다고 가정해 봅시다. 그런데 자금을 확보하기 위해 주식 시장에 상장해야 할 처지에 있었습니다. 이 경우에 크리스천 그룹은 그 회사의 대부분의 주식을 구입해 노동자들에게 적정 수준의 임금을 주고 값싸고 품질 좋은 제품을 만들도록 회사에 압력을 넣을 수 있습니다. 그리고 주식을 팔 경우에는 자신이 투자한 금액에다 인플레로 인한 손실액만큼만 찾아가도록 하자는 것입니다. 그러면 그들은 결코 주식만 가지고 놀고먹을 수는 없는 것이고 잉여금을 그 회사에 투자하게 될 것이며 결국 자신의 밥벌이는 자신이 노력해서 벌어야 하는 상황이 오게 되는 것입니다.

한국에는 사업을 부진하게 만들어 노동자에게 저임금을 지급하게 만드는 원인이 하나 있습니다.

바로 높은 토지 가격입니다. 한국의 땅값은 너무 올라가 있어서 한국 전체의 땅값이 미국 전체의 땅값과 비슷합니다. 이는 토지 임대료가 제작비에 상당 부분을 차지하고 있다는 사실을 의미합니다. 한국 제품은 너무 가격이 비싸 국제 시장에서 다른 나라들과 힘겨운 경쟁을 하고 있는 실정입니다. 한국이 경제적으로 번영을 하기 위해서는 기독인들이 한 목소리로 토지에 실제 과세가 매겨지도록 요구해야 할 것입니다. 그렇게 되면 인플레가 잡히고 제품 가격도 낮아질 것이며 적정한 임금도 지급될 것입니다.

만약 기독인들이 고액의 이익을 요구하지 않고 청지기의 신분으로서 주식을 산다면 하나님의 아름다운 정의가 실현되는 모습을 보게 될 것입니다. 실업자와 불운한 사람들은 줄어들 것이며 그들은 '자비'라는 이름 아래 보호받게 될 것입니다. 미가서 6장 8절은 정의를 첫 번째로, 자비를 두 번째로, 종교("하나님과 겸손히 동행하는")를 세 번째로 놓고 있습니다. 우리가 겸손히 하나님과 동행한다면 그분의 말씀을 듣고 명령에 순종할 것이며 정의와 자비에 유의할 것입니다. 하나님을 모르는 사람에게 있어서 정의와 자비를 행하는 것은 불가능합니다. 자연의 사람은 탐욕스럽기에 기회가 주어진다면 이웃을 착취할 준비가 되어 있습니다. 오직 초자연적인 사람, 즉 성령으로 거듭난 사람만이 하나님께 순종하고 정의를 실천할 수 있는 능력을 가질 수 있습니다.

산골짜기에서 온 편지

성경이 말하는 희년과 '토지가치기준세제'

존경하는 대천덕 신부님께.

1995년 새로운 한 해가 시작됨과 동시에 예수원에 좋은 소식이 들리더군요. 최근 예수원 내 나사렛관의 건축허가를 받으셨다는 소식을 듣고 얼마나 기뻤는지 모릅니다. 이제 다가오는 봄이면 예정보다 2개월이나 앞당겨 건축을 시작할 수 있겠군요. 새로 건축되는 나사렛관이 완공되면 예수원에서의 생활이 이전보다 훨씬 나아지기는 하겠지만, 그것만으로는 기혼자들과 독신자들에게 충분한 숙소를 제공하지 못할 것이라는 것도 저는 알고 있습니다. 신부님께서 계획 중이신 또 다른 건축들을 위해 앞으로도 계속 기도하겠습니다. 여하튼 1995년 새해는 틀림없이 예수원에 있어 특별한 해가 될 것입니다.

사실은 희년에 대해 궁금한 점이 있어 사연을 띄우게 되었습니다. 많은 사람들이 올해가 한국 교회의 희년이라고 말하며 여러 가지 행사들을 준비하고 있습니다. 저는 과연 1995년이 한국 교회의 희년인지, 만약 그렇다면 성경이 말하고 있는 희년의 참된 의미는 무엇인지 알고 싶습니다. 그리고 그 말씀을 오늘 우리의 삶에 어떻게 적용해야 할 것인지에 대한 신부님의 말씀을 듣고 싶습니다.

— 주 안에서 한신국 올림

사랑하는 한 형제에게.

보내 주신 편지 잘 받았습니다. 형제님 말씀대로 우리 예수원은 하나님의 은혜와 여러 성도님들의 도움 덕분에 연말 즈음이면 그렇게도 기다리던 새 건물을 갖게 될 수 있을 것 같습니다.

나사렛관을 신축하기 위해서 그곳에 있는 모든 집기들을 당분간 다른 곳으로 옮겨야 하는 등 많은 일거리들이 올해 우리 앞에 남아 있습니다. 그러나 연말이면 더 넓은 공간을 가질 수 있다는 설레임으로 모든 수고도 기쁨으로 여길 수 있답니다.

이번 건축은 예수원 역사상 처음으로 건축 전문가들의 손에 의해 지어지는 것이며, 동시에 단 일 년 만에 지어지는 첫 번째 건물이 될 것입니다. 정말 감사한 일입니다. 본론으로 들어가서 우선 1995년은 한국 교회의 희년과는 거리가 좀 있다는 것을 밝혀 두고 싶습니다. 1995년을 한국의 희년으로 여기는 것은 1945년 한국이 일본으로부터 독립한 이후 50년이 되는 해이기 때문일 것입니다. 그러나 불행히도 해방 후 한국은 즉시 미국과 소련에 의해 분할되는 아픔을 겪게 됐고 이것이 해방과 자유의 참된 의미를 축소시키고 말았습니다.

정말 올해가 한국의 희년인지, 아니면 구체적으로 언제인지를 생각하기 이전에 우리는 먼저 성경이 희년에 대해 어떻게 말하는지를 살펴보아야 할 것입니다.

희년의 본래 의미는 모든 사람들에게 자유를 선포하는 것

희년에 관한 주요 성경 본문은 다음과 같습니다(그 본문들은 주로 레위기 25장과 27장에 나와 있고 형제는 스스로 찾아서 읽어 보십시오). "제 오십 년을 거룩하게 하여 전국 거민에게 자유를 공포하라 이 해는 너희에게 희년이니 너희는 각각 그 기업으로 돌아가며 각각 그

가족에게로 돌아갈지며"(레 25:10). "이 희년에는 너희가 각기 기업으로 돌아갈지라"(레 25:13). "희년 후의 연수를 따라서 너는 이웃에게 살 것이요 그도 그 열매를 얻을 연수를 따라서 네게 팔 것인즉"(레 25:15). "그러나 자기가 무를 힘이 없으면 그 판 것이 희년이 이르기까지 산 자의 손에 있다가 희년에 미쳐 돌아올지니 그가 곧 그 기업으로 돌아갈 것이니라"(레 25:28).

위의 본문이 말하는 희년의 본질은 모든 거민들에게 자유를 선포하라는 것이며, 이는 곧 모든 가족들이 자신들의 땅으로 돌아가는 것을 의미합니다. 그러나 이러한 일이 1945년 한국 해방에서는 일어나지 않습니다. 비록 미국과 소련의 영향력 안에서 정부는 일말의 자유를 누렸을지 몰라도 땅은 국민들에게 희년의 의미처럼 고르게 돌아가지 않았습니다.

그 후 1950년 4월의 토지 개혁을 통해서야 비로소 한국 사람들은 그동안 일본인이나 한국인 지주들에게 빼앗겼던 자신들의 땅을 부분적이나마 다시 살 수 있었습니다. 그러나 이것도 온전한 희년은 아니었습니다. 왜냐하면 땅을 다시 사기 위해 돈을 지불해야 한다는 점이 본래 희년의 의미와 다르기 때문입니다. 여하튼 성서적인 관점에서 한국의 희년을 해석한다면 45년 해방을 기준으로 1995년을 기념하기보다는 오히려 토지가 주민들의 손에 돌려지기 시작한 50년 토지개혁을 기준으로 1999년을 기념하는 것이 바람직합니다. 그것은 희년이란 본래 49번째 해의 중반에서부터 50번째 해까지를 말하는 것인데다가 이때 50번째 해는 희년이자 동시에 새롭게 시작되는 49년 주기의 또 다른 희년의 첫 번째 해로서 동시에 계산되었기 때문입니다.

한국의 진정한 희년은 1999년

만약 이러한 계산을 받아들인다면 우리는 1999년에 희년의 의미에 부합한 새로운 토지개혁을 하기 위해 근본적인 준비를 해야 합니다. 지난 1950년 4월의 토지개혁 이후 지금까지 한국의 거의 모든 땅들은 그 임자들에게 팔렸습니다. 듣기로는 국민의 2%에 불과한 극히 부유한 사람들의 손에 그 땅들이 팔렸다고 합니다. 만약 1999년에 토지를 다시 공평하게 나누자고 하면 이들 중 어느 누구도 동의하지 않을 것입니다.

그렇다면 우리에겐 아무런 해결책도 없다는 말입니까? 아닙니다. 손문의 지도로 성서의 원칙을 알게 된 대만 사람들이 1945년 이 일을 지혜롭게 해결했습니다. 대만의 토지 제도는 "희년 후의 연수를 따라서 너는 이웃에게 살 것이요 그도 그 열매를 얻을 연수를 따라서 네게 팔 것."이라는 레위기 25장 15절 말씀에 기초하고 있습니다. 성서에 따르면 만일 누군가가 어떤 땅을 사려면 다가오는 희년까지 몇 년이 남았으며 그 동안 그 땅에서 얼마나 소출을 낼 수 있는가를 따져 그 생산 가치만큼만 값을 지불하면 됩니다. 이렇게 하면 희년을 즈음하여 자신이 지불한 땅값만큼을 생산을 통해 다시 벌 수 있어 아무런 손해도 보지 않기 때문입니다.

이와 같은 방법으로 대만에서는 정부가 주민들로부터 매년마다 그 땅에서 예상되는 이익만큼의 임대료를 걷고 있습니다. 다시 말해 대만에서는 매 해가 땅값을 지불하는 희년의 바로 전 해인 셈이죠. 사람들은 이러한 제도를 종종 '토지가치기준세금'이라고 부르곤 하지만, 실제로는 세금이 아니라 임대료라고 볼 수 있습니다.

대만 정부는 만약 어떤 사람이 땅값을 생산 가치보다 낮게 정한다면 이를 즉시 구입하여 운영하고, 생산가치보다 높게 정하면 무거운 세금으로 추가분을 환수하는 방법으로 '토지가치기준세금'을 효과적으로 실시하고 있습니다.

실제로 많은 크리스천들이 이러한 '토지가치기준세제'가 1999년에 실시될 수 있도록 기도하고 있습니다. 한 가지 기쁜 소식은 정부가 이러한 제도를 1996년에 시행하기 위해 준비 중이라는 것입니다. 저는 이러한 내용을 담은 편지를 최근 재무장관으로부터 받았습니다.

분명 권력을 등에 업은 기존의 이기적인 지주들은 이를 막기 위해 온갖 노력을 다할 것입니다.

우리 크리스천들은 이러한 지주들의 인위적인 권력을 초자연적인 하나님의 권능으로 이겨낼 수 있도록 성심껏 기도해야 할 것입니다.

지금까지 제가 말한 '토지'에 대해 아마 많은 사람들이 농지를 떠올릴 것입니다. 그러나 세계 모든 나라들이 농지보다는 도시를 더 중요시하고 있습니다.

그러나 도시는 투기에 의해 땅값을 지나치게 올려 놓았을 뿐만 아니라, 도시의 빈민가를 만드는 등 여러 가지 병폐를 낳고 있습니다. 실제로 일본의 경우 1945년 교외 지역에만 토지개혁을 실시하자 나머지 도시 지역이 심한 투기와 지가 상승으로 몸살을 앓고 있으며, 이제는 한국도 이와 비슷한 실정에 놓여 있습니다.

'2000년 운동'과 '한 교회 한 종족 선교'

한편 희년 운동과 유사한 또 다른 운동이 교회와 크리스천들 사이에서 벌어지고 있습니다. 그것은 소위 '2000년 운동'이라는 것으로, 여러 교회와 성도들이 연합하여 오는 2천 년까지 전 세계 모든 민족들에게 복음을 전파하자는 운동입니다. 이들도 희년과 마찬가지로 '자유'를 선포하고 있지만, 그것은 영적인 자유를 의미하는 것입니다. 이 운동은 마태복음에서 베드로가 모든 민족들에게 복음이 전파된 이후에야 "종말이 찾아온다."라고 말한 것에 성서적 근거를 두고 있습니다. 현재 지구상에는 아직도 복음을 접하지 못한 1천100여 개의 종족들이 있다는데 우리가 과연 2000년까지 그들 모두에게 복음을 전할 수 있을까요? 충분히 할 수 있습니다.

전 세계에는 66만여 개 이상의 교회가 있습니다. 이 숫자는 아직까지도 복음을 접하지 못한 1천100여 민족들 하나하나마다에 600여 교회를 보내고도 남는 숫자입니다. 한 민족을 담당하는 600여 교회 중 '한 교회가 한 민족씩'만이라도 책임진다면 그것은 충분히 가능한 일입니다.

1995년은 예수께서 탄생하신 지 2천 년

성서적으로 본다면 1995년은 엄격히 말해 희년과는 거리가 있습니다. 그러나 1995년은 기독교 역사상 우리에게 아주 특별한 해입니다. 그것은 올해가 예수님이 태어나신 지 꼭 2천 년이 되는 해이기 때문입니다. 이미 알고 있었겠지만 예수님은 헤롯 왕이 죽기 전에 태어나셨습니다. 그리고 기록에 의하면 헤롯 왕은 B.C. 4년에 죽은 것으로 되어있습니다. 동방박사들은 헤롯 왕이 죽기 전에 별을 보았습니다. 그리고 오랜 시간이 걸려서야 비로소 예루살렘에 도착했습니다. 이들을 통해 이미 새로운 왕이 베들레헴에서 태어나셨다는 것을 알았을 때 헤롯이 한 일이 무엇입니까? '박사들의 이야기'를 근거로 군인들을 보내 두 살이 안 된 아이들을 모두 죽이라고 시켰습니다.

그것은 헤롯 왕이 예수님의 탄생을 자신이 그 소식을 들은 것보다 2년 전 즈음으로 추정하고 있었다는 것을 말합니다. 다시 말해 예수님은 헤롯이 죽기 2년 전인 B.C. 6년에 태어나신 것입니다.

최근에 발표된 천문학적 연구에 따르면 B.C. 6년 사이에 천체에 특별한 변동이 있었다고 합니다. 그것은 분명 세례 요한과 예수님의 탄생을 말하고 있는 것입니다. 이미 알고 있다시피 B.C. 1년과 A.D. 1년 사이에 기원 0년은 존재하지 않습니다. 따라서 1995년은 예수님께서 태어나신 B.C. 6년으로부터 꼭 2천 년이 되는 해입니다.

저는 예수님께서 탄생하신 지 2천 년이 되는 올해를 한국 교회의 여러분들과 함께 특별하게 기념하고 싶습니다. 우리 함께 1천100여 미전도종족의 복음화와 희년 정신에 입각한 1999년 토지개혁을 위해 기도합시다.

야고보는 "너희가 구하지 못하여 받지 못했다."라고 말했습니다. 우리의 힘으로는 할 수 없지만 전능하신 하나님의 힘으로는 할 수 있습니다.

또한 요한계시록 5장 1절에서부터 8장 5절까지에는 하나님의 말씀이 담긴 일곱 봉인에 대한 놀라운 비밀이 숨겨져 있습니다. 그중에서 일곱 번째 봉인은 오직 예수님만이 열 수 있으며 이는 아주 특별한 봉인이었습니다. 그 봉인을 열면 반 시간 동안 하늘이 고요해진다고 계시록 8장 1절은 말하고 있습니다. 왜 그랬을까요? 그것은 반 시간 동안 하나님께서 성도들이 기도하기를 기다리시기 때문입니다. 그러고 나서 불로 심판하시는 것입니다.

'세계 기도정보'의 패트릭 존스톤 목사의 유명한 말을 인용하는 것으로 이 편지를 마치겠습니다.

"기도는 하나님 나라의 기초다. 기도는 선택사항도 아니고, 모든 인간적인 수단이 실패했을 때 쓰이는 최후의 수단도 아니다. 기도하지 않는 것은 죄다(삼상 12:23). 기도는 일이다. 기도할 때에야 비로소 우리는 전능하신 하나님의 동역자가 될 수 있다. 사람들이 일을 할 때 우리도 일을 하지만 하나님께서는 우리가 기도할 때 역사하신다."

늘 깨어 경계해야 할 이유

대천덕 신부님께.

신부님께서는 헨리 조지가 가르쳤던 바와 같이 레위기 25장을 현대의 토지가치세 제도에 적용하는 것에 대하여 많은 글을 쓰시고 가르치셨습니다. 이와 함께 자유무역과 건강한 사회발전에 대해서도 관심을 가지고 계신 줄 압니다. 신부님께서는 저희들에게 성경에서 말하는 '정의(justice)'가 토지에 관한 율법과 가난하고 억압받는 사람들에 대한 우리의 책임을 포함하는 하나님의 율법을 지키는 것이라고 말씀하셨습니다. 또한 신부님께서는 하나님께서 스스로를 과부와 고아, 가난한 자와 나그네의 하나님으로서 나타내심을 지적하셨습니다.

저는 '조지주의', 즉 성경의 경제제도가 여러 나라에서 시도되었으나 실패했다는 느낌을 받습니다. 이는 그 제도가 제대로 실시되지 못했음을 의미하는 것인지요? 또한 우리가 성경을 올바로 해석하고 있는 것입니까? 아니면 이 시대에는 적용될 수 없는 것인지요?

　　　　　　　　　　－ 그리스도 안에서 형제 된 이동수 올림

이동수 형제에게.

"영원히 경계(주의, 조심)할 때에만 자유를 누릴 수 있다."는 속담이 있습니다. 이에 대한 가장 적합한 예는 아마도 조지주의와 성서적 경제관의 역사에서 찾을 수 있을 것입니다. 사람들은 질문합니다. "만약 그것이 그토록 훌륭한 제도라면, 왜 시도되지 않았을까요?"

이 제도는 그 동안 시도되어 왔습니다. 그러나 교육제도나 대중매체들이 우리로 하여금 그 제도가 시도되었다는 사실을 알지 못하게 하려고 온갖 노력을 해 왔습니다. 이 제도는 덴마크, 호주, 미국, 홍콩, 싱가포르, 대만 그리고 뉴질랜드 등의 나라에서 성공적으로 시도되었습니다. 이 제도는 제대로 실시되었고, 이로 인하여 그 나라 국민의 수준을 향상시켰습니다. 그러나 이 제도가 결국 지주들을 곤란하게 하였습니다. 그리하여 그들로 하여금 그 제도를 변경시키고, 사람들에게 그 제도의 존재 자체를 모르게 하기 위한 모든 노력을 기울이게 하였습니다. 이 같은 의미에서 이 제도는 제대로 실시된 것은 아니었습니다.

지주들 삶의 유일한 목적은 부와 권력

지주들의 삶의 유일한 목적은 부와 권력에 있습니다. 그 예로 미국의 유명한 사업가 중 한 사람인, 시카고의 마샬 필드 백화점의 창업자를 들 수 있습니다. 그는 사업에서 얻는 영리에 만족하지 않고, 그의 수입을 땅에 재투자하여 아무런 노동도 하지 않고 더욱 부유해지려 했습니다. 그는 이렇게 말했습니다. "토지는 돈을 벌기 위한 하나의 좋은 방법에 불과한 것이 아니며, 가장 최선의 방법에 불과한 것도 아니다. 토지는 돈을 벌기 위한 유일한 방법이다."(1995년 5월호 〈자극적 조세법〉(Incentive Taxation)에서 프랭크 페들(Frank Peddle)의 1994년의 저서 〈도시와 탐욕〉(Cities and Greed) 중 '집과 가정' 부분을 인용. p 136.)

이런 사람들은 성서적 경제적 제도를 받아들이지 않습니다. 성경은 일을 하지 않고 돈을 벌거나, 건강하게 일을 할 수 있는데도 남에게 기식해서 사는 것은 비도덕적인 일이라고 말합니다(엡 4:28; 살전 4:11; 살후 3:10~12). 또한 성경은 "토지는 하나님께 속한 것이며, 하나님의 뜻에 따라 사용되어야 한다."라고 말합니다. 성경에 의하면 돈 버는 일에만 관심을 갖는 사람은 우상숭배자이므로(골로새서 3장 5절에 의하면 욕심은 우상숭배입니다), 그들에게 속아서는 안 될 것이며, 그들에 의해 우리의 가르침이 왜곡되도록 허용해서도 안됩니다.

대만은 오늘날 조지 제도를 실행하는 유일한 나라이며, 지금까지도 토지법을 바꾸지 않았습니다. 그 결과 전 세계가 대만에 빚을 지고 있는 반면, 대만은 그 어느 나라에도 빚을 지고 있지 않습니다. 대만은 비록 가장 작은 나라 중의 하나이지만 매우 성공적으로 실행되고 있는 중입니다. 대만에는 실업자가 없습니다. 또한, '공의'보다는 '자비'를 행함으로써 쉽게 해결될 수 있는 소수의 경우를 제외하고는 가난의 문제가 없습니다.

성경 미가서 6장 8절에는 첫 번째 순서에 공의(하나님의 율법에 순종하는 것)를, 그리고 다음에 자비, 그리고 세 번째에 하나님과 함께 겸손히 동행하는 것을 보여 주고 있습니다. 대만은 세 번째의 의무에 대해서는 아무것도 모르고 있고, 조상숭배로부터 시작해서 여러 형태의 무속신앙(영의 숭배)에 이르기까지 모든 종류의 미신에 노예가 되어 있습니다. 그들은 또한 탐욕에 가득 차 있으며, 그들 사이에는 불법으로 규정된 토지투기 대신 도박이 크게 성행하고 있습니다. 또한 정부를 부패시키고 법을 공정하게 집행하지 못하도록 만들려는 시도가 계속되고 있습니다. 최근 두 명의 대만 역사학자가 저술한 어느 책에서 전적으로 장개석을 공격하는 데에만 대부분의 지면을 할애했고, 그가 이루어 놓은 토지개혁이나 건전한 경제제도에 대해서는 언급조차 하지 않았습니다. 하나님을 모르는 백성에게서 기대할 수 있는 일이란 이와 같습니다. 하나님의 율법은 전체가 하나의 패키지와 같아서, 우리가 한두 개만의 율법을 골라서 지킨다면 그에 따른 약간의 축복은 받겠지만, 지키지 않은 율법 때문에 결국은 저주 아래 놓이게 될 것입니다. 때문에 대만에 대한 하나님의 계획과 예수 그리스도를 소개해 줄 수 있는 선교사들을 보내는 것이 매우 필요합니다. 성서적 토지 제도인 토지가치조세법으로부터 이득을 얻지 못하는 유일한 계층인 대지주들은 밤잠을 못 이루며, 이와 같은 법률을 변경시키기 위한 책략을 세우고 있습니다.

이에 대한 가장 대표적인 예로 덴마크를 들 수 있습니다. 덴마크는 조지 제도의 원칙에 대해 매우 열광했고, 이 제도를 훌륭히 시행하였습니다. 그러고 나서 사람들은 그들이 원하던 것을 가졌다고 생각하여, 이에 대해 무관심해졌습니다. 그러나 지주들은 계속하여 관심을 가져왔던 것입니다. 그리하여 그들은 그 법의 내용들을 수정하기 시작했으며, 그 결과 조지 제도의 법률의 자취는 거의 찾을 수 없게 되었고, 오늘날 덴마크는 다른 이웃 나라들과 똑같은 경제 위기에 처하게 되었습니다.

홍콩도 또 하나의 좋은 예입니다. 정부가 토지세를 모두 걷었던 시절이 있었는데, 그때에는 가난이 없었으며 물가는 안정적이었습니다. 요즈음 부동산 임대료의 2/3가 부동산 업자의 수입이 되기 때문에, 정부는 일을 행할 자금이 부족하고, 일반인들은 집세를 내기 어려우며, 실업률이 높고, 빈부의 차는 극심한 실정입니다. 1997년에 홍콩이 중국에 귀속된 후 중국이 원래의 제도로 되돌아갈 것인지, 혹은 부자들의 뇌물을 받아 임대 투기를 계속 하도록 허용할 것인지는 두고 보아야 할 것입니다. 싱가포르는 이미 그러한 투기를 허용했습니다. 이는 합법적 사업을 하는 것보다 훨씬 쉽게 부자가 되는 방법입니다.

또 다른 경우는 호주의 예입니다. 1백 년 전 호주에는 빅토리아 주를 제외한 모든 주에서 헨리 조지의 가르침을 열정적으로 도입하여 실행했었습니다. 그때 호주는 토지가치세, 자유무역, 그리고 보호와 특권에 반대하는 등의 조지 원칙을 강력하게 준수했었습니다. 그러나 오늘날 호주는 조세 제도가 불공평하게 쇠퇴되고 있고, 부자와 가난한 사람의 격차로 인해 15개의 OECD국가 중 바닥에 내려가 있으며 일반 가정은 주로 상품과 용역 수입의 반 이상을 세금으로 내고 있다는 기사를 읽게 됩니다(〈진보〉(Progress), 1995년 2월호 제 1007호).

호주에 어떤 일이 일어났습니까? 유권자들이 이 제도를 파괴하려는 데 대한 경계를 계속하는 데 실패했고, 대지주들은 그들의 자유를 묶어놓았던 법률을 끈기 있게 제거했기에 지금은 지주들만이 유일한 자유인들이 되어 버렸습니다. 자유를 얻기 위해 영원히 경계해야만 합니다.

그들이 어떻게 하여 이렇게 할 수 있었습니까? 그들은 헨리 조지를 악평해 버릴 뿐만 아니라, 그를 무시하고 잊어 버리게 하려는 국제적 음모에 가담했습니다. 헨리 조지를 악평하는 것은 힘든 일일 뿐만 아니라 너무 부정적인 일입니다.

그들은 대학들을 매수하여 근본적으로 바알의 경제학인 '신고전주의(Neo-Classical Economics)'를 가르치게 했고, 또한 헨리 조지라는 사람은 존재조차 하지 않았던 것처럼 가르치게 했습니다. 그들은 성직자들을 매수하여 입을 다물게 했습니다. 그들은 홍콩, 대만, 싱가포르, 피츠버그 등이 성공한 실제 이유에 대해 대중매체가 언급하는 일이 없도록 했습니다.

〈내셔널 지오그래픽〉(National Geographic)지는 미국의 도시 피츠버그가 미국에서 가장 더러운 도시에서 가장 살기 좋은 도시로 탈바꿈한 놀라운 변신에 대해 보도하면서도, 실제로 피츠버그가 변신하게 된 근본 이유인 토지가치세에 대해서는 한마디 언급도 하지 않았습니다. 심리적 요인들도 뒤따라, 그 기사는 사실을 교묘히 숨기려고 노력했습니다. 나는 피츠버그 지역의 신학교 학장이었던 친구에게 편지를 썼는데, 그는 그에 대해 들어 본 적도 없었습니다. 그는 피츠버그가 성서적으로 살아가기 때문에 번영하고 있다는 사실에 대해 어떠한 힌트조차도 얻지 못하고 있었던 것입니다.

스티븐 코드(Stephen Cord)는 만약 이중 조세제도를 실시하고 있는 펜실베니아 주의 도시(헨리 조지의 고향인 필라델피아를 제외한 모든 도시)들을 항상 감시하지 않는다면, 유권자가 수면에 빠지는 것처럼 그 도시들이 쇠퇴하게 될 것이라고 말합니다. 실제로 한 도시가 그런 결과를 맞이하기도 했습니다. 이중 조세제도를 도입한 모든 도시들은 증대된 고용, 새로운 건설, 또한 빈곤 없는 진보의 다른 표적 등의 덕을 보았는데 선거 구민들은 지주들만큼 빈틈없이 경계하지 않고 있습니다. 그러나 지주들은 조세부담금을 빈곤층과 중산층 사람들에게 가중시킬 변화를 계속하여 모색하고 있습니다.

우리가 이러한 과정을 볼 수 있는 또 다른 북미의 지역들이 있습니다. 〈경제학의 부패〉(The Corruption of Economics)에서 메이슨 개프니(Mason Gaffney)는 다음과 같이 서술했습니다. "제1차 세계대전 시기에는 한 가지의 조세 제도만이 여러 개의 주에서 시행되었다. 몇 개의 도시(예를 들어 벨링햄, 푸에블로, 휴스턴 등)들은 재산세를 오직 토지에만 부과하도록 하였다. 클리블랜드는 단일 조세 제도를 옹호하는 시장을 두 번 선출했다. 그중 첫 번째는 탐 존슨 시장인데, 그는 헨리 조지의 주된 정치적 조력자이며 재정의 천사와 같았다. 두 번째는 뉴튼 베이커 시장인데 그는 후에 정치적 권력을 얻고 우드로우 윌슨 내각에서 전쟁부 장관이 되었다. 오하이오 주의 털리도도 단일조세를 옹호하는 시장을 두 번 선출했다. 펜실베니아 주의 입법부는 피츠버그의 '등급조세' 계획에 문을 열어 주었다. 캐나다의 서부 4개 주에서는 거의 압도적으로 이 제도가 실행되어, 벤쿠버와 빅토리아를 세계에서 가장 아름다운 도시로 만드는 데 기여했다. 시드니, 브리스베인, 웰링턴, 요하네스버그는 모두 재산세에서 현금을 제외하고 토지에서만 지역 수입을 올렸다. 캘리포니아 주에서 조지주의를 도입하는 지역은 캘리포니아 주와 전국가적 농업을 개혁시켰다. 그러나 토지세에 1% 상한선을 둔 1987년의 조세 개혁은 단 16년 만에 캘리포니아를 미국에서 가장 번영한 주에서 가장 부진한 주로 변화시켜 버리고 말았다."

성경은 이 문제에 대해 지적하고 있습니다. 성경은 사람들이 쉽게 잊어 버리는 성향이 있음을 알고 있습니다. 신명기 6장 6절에서부터 9절까지에는 다음과 같이 기록되어 있습니다. "오늘날 내가 네게 명하는 이 말씀을 너는 마음에 새기고 네 자녀에게 부지런히 가르치며 집에 앉았을 때에든지 길에 행할 때에든지 누웠을 때에든지 일어날 때에든지 이 말씀을 강론할 것이며 너는 또 그것을 네 손목에 매어 기호를 삼으며 네 미간에 붙여 표를 삼고 또 네 집 문설주와 바깥문에 기록할지니라." 이 말씀은 온 회중에게 주어진 말씀이었습니다. 정부 고위 인사들에게 주시는 말씀도 있습니다. "그가 왕위에 오르거든 레위 사람 제사장 앞에 보관한 이 율법서를 등사하여 평생에 자기 옆에 두고 읽어서 그 하나님 여호와 경외하기를 배우며 이 율법의 모든 말과 규례를 지켜 행할 것이라 그리하면 그의 마음이 그 형제 위에 교만

하지 아니하고 이 명령에서 떠나 좌로나 우로나 치우치지 아니하리니 이스라엘 중에서 그와 그의 자손의 왕위에 있는 날이 장구하리라"(신 17:18~20).

하나님의 말씀을 우리 자녀들에게 지겹도록 가르치고, 이야기하고, 집 문설주처럼 잘 보이는 곳에 기록해 두지 않는다면 지주들은 모든 사람들의 눈과 귀를 막아서 개혁시키기 전의 추한 제도로 우리를 되돌아가게 할 것입니다.

조지주의자들은 그들이 다수의 사람들을 납득시키는 데 실패했다고 가끔 불평합니다. 그것은 실제의 문제이기는 하나 그들은 형편없이 한 쪽으로 기울어진 불리한 싸움을 하고 있는 것입니다.

지주들은 막대한 부를 갖고 있고, 대중 매체와 대학, 거대한 종교 교단, 그리고 정부 관료들을 지배합니다. 지주들보다 강력한 힘이란 단 한 가지밖에 없는데, 조지주의자들은 그 힘에 대해 심각하게 생각해 본 적이 없습니다(헨리 조지는 심각하게 생각했는데도 말입니다). 그 힘이란 창조자 하나님, 즉 율법의 소유자입니다. 그러나 하나님께 우리를 위해 간섭해 주시기를 기대한다면, 우리는 하나님과 좋은 관계에 있어야 합니다. 하나님께서는 우리 편에서 그를 신용한다는 것을 보여 드리는 것을 기뻐하십니다(성경에는 '찬양' 또는 '감사'로 표현되어 있습니다). 만약 아무도 하나님을 신용하지 않는다면, 하나님께서는 뒤로 물러 앉아서 손을 떼실 것이며, 경제학의 만유인력의 법칙은 쇠퇴하고 무법자만이 살아남는다는 정글의 법칙이 대신하게 될 것입니다. 우리가 나아지기를 원한다면, 그의 도움이 필요합니다.

희년은 모든 사람들이 그들의 땅과 기업으로 돌아가는 해

우리 그리스도인들이 하나님의 뜻을 행하고 그의 뜻이 우리 날에 행해지는 것을 보기를 실로 원한다면, 우리는 기도함으로써 이 일을 시작하고 가능한 많은 그리스도인들을 납득시키며, 국회의원들이나 재무부 장관에게 압력을 넣도록 해야 합니다. 저는 개인적으로 조찬기도회 때 김영삼 대통령에게 편지를 전해 준 적이 있는데, 그 편지에서 제가 생각하는 한국에 대한 하나님의 뜻을 설명했습니다. 몇 개월 후 김 대통령의 경제보좌관 중의 한 분으로부터 답신을 받았습니다(제가 편지를 받은 며칠 후 그는 재무부 장관이 되었습니다). 그 편지에서 그는 정부가 그러한 계획을 갖고 있으며 1996년에 실행하기 시작할 것이라고 말했으나, 아직 아무런 징조가 없습니다.

한국의 토지 개혁은 한국동란이 발발하기 2개월 전 이승만 대통령이 선포한 것이 마지막입니다. 우리가 하나님의 율법을 지켰기 때문에 하나님은 많은 기적으로 우리에게 복을 주셨습니다. 예를 들어 UN이 우리 편에서 싸워 준 것인데, 그 후로 그런 일은 있은 적이 없습니다. 그리고 하나님께서는 우리가 황폐된 나라를 재건해서 호랑이 중의 하나로 만드는 것을 도와 주셨습니다.

성경에서 희년이란 모든 사람들이 그들의 땅과 기업으로 되돌아가는 해를 의미합니다. 토지개혁 후 49년이 되는 1999년까지 또 하나의 토지개혁이 있게 될지 궁금합니다. 큰 의미를 갖는 토지가치세를 도입하는 것이 실제의 토지개혁이라고 생각합니다만 그런 의견에 반대하는 권력자들이 많음을 알고 있습니다. 저는 오직 교회만이 이를 실현할 수 있다고 믿습니다. 그러나 우리는 나라의 탐욕뿐만 아니라, 우리 개인의 탐욕도 회개함으로써 시작해야 합니다. 국가 전체가 돈과 사치와 쾌락에 너무나 빠져 있어서 하나님의 율법은 무시되고 있고 우리가 드리는 예배의 많은 부분이 공허한 형태뿐입니다. 교회는 "하나님과 겸손히 동행하라."라고 촉구해야 합니다. 아모스 5장과 6장에서 아모스 선지자는 공의가 없기 때문에, 아름다운 찬송과 장엄한 예배를 하나님은 기뻐하지 않으신다고 말씀합니다.

동수 형제, 공의를 위한 기도가 향처럼 하나님께로 올라가게 하십시오. 가능한 많은 사람을 회개와 중보 기도에 동참하게 하십시오. 우리나라는 무력한 호랑이가 되어가는 위험한 징조를 보이고 있습니다. 오직 하나님만이 우리를 치료하실 수 있으며, 우리를 통해서만 그렇게 하실 것입니다.

성경의 '토지세'가 번영 가져와

대천덕 신부님께.

근래에 신부님의 건강은 어떠십니까? 미국에 계시는 동안 여러 번의 수술을 받으셨다고 들었습니다. 요즈음은 어떻게 지내고 계시는지요?

"토지가치세는 성경의 가르침을 오늘날의 상황에 실천하는 것이며, 번영을 가져올 것이다."라는 신부님의 말씀을 들은 적이 있고 이에 대해 저술하신 것을 읽기도 했습니다.

최근 우리 정부는 200평 이상의 택지를 소유한 사람들에게 새로운 조세를 부과했습니다. 이 조세 때문에 제 할아버지가 크게 타격을 받아 어려움을 겪고 계십니다. 이 제도로 인해 어떤 좋은 결과를 얻을 수 있는지 생각이 되지 않습니다. 이 제도는 단지 정부의 여러 사업의 재정을 충당하기 위해 사람들에게서 돈을 거두어들이는 또 하나의 책략에 불과한 것처럼 보입니다.

이러한 조세는 올바른 것입니까? 바로 이것이 성경이 말씀하시는 것인가요?

— 주 안에서 민경익 올림

민 형제에게.

편지해 주고 제 건강에 대해 염려해 주신 것에 감사드립니다. 미국에 있는 동안 네 차례의 외과수술을 받았는데 그 후 건강이 꾸준히 좋아졌습니다. 최근 수년 중 이렇게 좋은 때가 없었던 것 같습니다. 토지가치세에 대한 형제의 질문에 대해 답하겠습니다. 형제께서는 우리나라에서 새로 제정한 조세 제도가 성경이 말하는 조세냐고 물으셨는데, 그에 대한 저의 대답은 '아니다'라는 것입니다. 이제 설명을 드리겠습니다. 때로 제가 토지가치세에 대해 너무 많이 이야기하는 것이 아닌가 하는 생각이 들기도 합니다. 그러나 성경은 하나님의 율법에 대해 "오늘날 내가 네게 명하는 이 말씀을 너는 마음에 새기고 네 자녀에게 부지런히 가르치며 집에 앉았을 때에든지 길에 행할 때에든지 누웠을 때에든지 일어날 때에든지 이 말씀을 강론할 것이며 너는 또 그것을 네 손목에 매어 기호를 삼으며 네 미간에 붙여 표를 삼고 또 네 집 문설주와 바깥문에 기록할지니라"(신 6:6~9)라고 말씀하고 있습니다.

성경적 토지 원칙

하나님께서는 분명히 우리가 하나님의 율법에 대해 계속하여 이야기 하고, 그의 율법을 사람들이 보기 쉬운 장소에, 그리고 다음 세대가 배우기 쉬운 곳에 기록해 놓기를 원하십니다. 이곳 예수원에서는 최근에 '성경적 토지 학교'를 개최했고, 레위기 25장 23절의 말씀을 큰 깃발에 기록하여 모든 사람이 볼 수 있도록 안팎에 설치해 놓았습니다.

'성경적 토지 학교'의 문제점은 일단 그 원칙이 충분히 효과적으로 적용되면 상당한 부를 가져오기 때문에 그 이후 사람들이 그 제도에 대해 말하기를 그치며, 다음 세대는 그에 대해 전혀 알지 못하게 되어 '성경적 토지 원칙'이 도대체 무슨 소리인지도 모를 정도가 된다는 것입니다. 그러고는 어떤 사람이 나타나서 이 제도를 바꾸어 버리게 되며, 그 결과로 한때 번영했던 나라는 경제적으로 비참한 상태로 퇴락하게 되는 것입니다. 이는 미국의 캘리포니아 주에서 실제로 있었던 일입니다. 미국의 경제학자인 헨리 조지의 가르침을 따라 성경적 토지법을 실행했을 때, 캘리포니아는 미국에서 가장 번영한 주였습니다. 한 세대가 지난 후 아무도 그 번영의 근원에 대해 기억하지 못했고 토지가치세에 반대되는 법안을 통과시켰습니다. 그 결과 지금 캘리포니아는 미국의 50개 주 중에서 경제적으로 밑바닥에 있으며, 가장 비참한 상태에 처해 있습니다. 이제 우리가 성경적 원칙에 대해 이야기하면, 사람들은 "그것이 그렇게 좋은 방안이라면, 왜 시도된 적이 없는가?"라고 묻습니다.

이 제도는 그 동안 계속하여 시도되어 왔습니다. 그러나 교육제도나 대중 매체들은 우리로 하여금 그 제도가 시도되었다는 사실을 알지 못하게 온갖 노력을 해 왔습니다. 이 제도는 덴마크, 호주, 미국, 홍콩 싱가포르, 대만 그리고 뉴질랜드 등의 나라에서도 성공적으로 시도되었습니다. 이 제도는 제대로 실시되었고, 이로 인하여 그 나라의 국민의 수준을 향상시켰습니다. 그러나 이 제도가 결국 지주들을 곤란하게 하였습니다. 그리하여 그들로 하여금 그 제도를 변경시키고, 사람들에게 그 제도의 존재 자체를 모르게 하기 위한 모든 노력을 기울이게 하였습니다. 이 같은 의미에서 이 제도는 제대로 실시된 것은 아니었습니다. 성경은 "토지를 영영히 팔지 말 것은 토지는 다 내 것임이라 너희는 나그네요 우거하는 자로서 나와 함께 있느니라 너희 기업의 온 땅에서 그 토지 무르기를 허락할지니"(레 25:23~24)라고 기록하고 있습니다.

성경이 계속 정죄하는 제도는 지주 제도인 바알의 제도입니다. 제가 말하는 '지주 제도'란 무엇을 의미하는 것일까요? 민 형제의 할아버지를 정죄하는 것일까요? 바알 제도하에서는 지주가 엄청난 양의 토지를 축적합니다. 그리고 사람들에게 과도한 임대료를 부과함으로 지주들은 아무 노동을 하지 않고도 점점 부유해지며, 다른 사람들은 단지 일할 장소를 얻기 위해서 직·간접으로 무리한 대가를 지불해야 합니다. 그리하여 가난한 사람들은 더욱 가난해질 뿐입니다. 레위기 25장에 기록된 성경의 제도는 여러 분야로 나뉘어 있습니다. 이 제도는 대출에 이자를 부과하지 않는 것을 포함합니다. 신용조합이 대출에 대해 수수료를 부과하고 이익이 조합원에게로 되돌아간다면, 이는 성경적 원칙을 충족시키는 것입니다. 바로 그 원칙을 따르는 은행을 하나 알고 있는데, 그 은행은 많은 가난한 사람들에게 큰 도움이 되고 있습니다. 이 은행은 바로 '정의'라는 은행입니다. 성경이 '정의'라고 부르는 성경의 제도는 원래 하나님의 것인 토지 중 기업으로 주신 자기 땅을 소유해야 한다는 기본 원칙을 포함합니다. 하나님께서는 "토지는 다 내 것이므로 영원히 팔지 말 것이며 네가 소유하는 땅은 되무를 수가 있다."라고 말씀하십니다.

이 제도는 또한 토지는 '유산'임을, 또 기업을 되무를 수 있는 방법을 율법이 제공하고 있음을 보여 주고 있습니다. 예수께서 "'압제받는 자 (온유한 자)'는 복이 있나니 저희가 땅을 기업으로 받을 것임이요."라고 말씀하실 때 바로 이것을 의미하셨습니다. '토지가치세'는 이 원칙을 현대 사회에 맞게 적용시키는 방법입니다.

제가 '온유'라는 말 대신 '압제받는'이라는 말을 쓴 것에 대해 의아해 하셨을 것입니다. 하나의 히브리 단어에 대해 서로 교환해서 쓰일 수 있는 세 개의 헬라어가 있습니다(ptochos, penes, praus). 헬라어 번역자들이 가난한 자들에 대한 정의를 요구하는 성경의 의미를 약화시

컸다는 면에서 영어 번역자들과 동일한 문제가 있었던 것 같습니다. 그들을 너그러이 보아 줍시다. 아마 그들은 그 의미를 보다 분명히 하려고 했을지도 모르겠습니다. 히브리 단어는 '아나임(anawim)'입니다. Companion Bible사(社)의 벌링거 박사(Dr. Bullinger)는 "세 개의 헬라 단어는 모두 한 종류의 사람들(fellahin), 즉 압제받는 나라의 가난한 사람들을 가리키는데 그들은 전제 군주적이고 압제적인 통치자하에 조용한 삶을 영위해 가며, 세금 징수자와 불법한 이웃으로부터 착취를 당하는 사람들이다."라고 말합니다.

'토지가치세' 필요

그러나 토지가치세에 대한 또 다른 이름이 '단일 조세'(single tax)임을 기억해야 합니다. 이 조세제도는 많은 다른 종류의 세 위에 또 하나의 세를 부과하려는 것이 아니라, 다른 모든 조세를 대신하는 유일한 세로서 토지세를 부과하는 것입니다. 홍콩 정부가 그 모든 수익을 토지 임대로부터 얻었던 시절이 있었습니다. 그것이 단일 조세세도의 직접적인 예입니다. 그러나 그 후 홍콩은 이에 역행하여, 토지 임대 가치의 2/3가 이제는 개인의 주머니로 들어가고 있으며 정부는 중·하류층의 사람들에게 세금을 부과하기 시작했습니다. 당장 단일 조세제도로 바꾸기 어려운 조세제도를 가진 많은 곳에서 이는 순차적으로 시행될 수 있습니다. 가옥이나 개발로부터 조세 부담을 줄이고 용지에 보다 많은 세금을 부과하는 것입니다. 건물과 가옥, 그리고 개인 수입에 세금을 부과해서는 아무것도 달성하지 못합니다. 토지세는 다른 세금에 추가해서 부과되는 세금이 아니라 다른 세금을 대치하는 것이어야 합니다. 민 형제의 할아버지 가옥에 매겨진 세금은 토지세가 아닙니다. 그것은 할아버지께서 스스로의 노력으로 이룩하신 개발에 대한 세금입니다. 미국의 많은 도시에서는 토지와 개발에 동일한 세금을 물리던 것을 점점 토지에 세금을 많이 물리고 개발에 세금을 적게 물리는 방향으로 전환하고 있는데, 정부가 거둬들이는 세금의 액수는 동일합니다. 이는 가옥 소유자, 농부, 제조업자, 그리고 소매업자에게 매우 유쾌한 일입니다.

제조업이나 개인 소득, 또는 가옥에 세금을 부과한다면 그들의 노동에 벌을 가하는 것과도 같습니다. 그들이 열심히 일하면 할수록 더욱 많은 세금을 내게 되니까요! 한국이 경제적 어려움을 겪는 대표적인 이유는 생산 활동에 조세 부담이 무거운 반면 지주들에게는 그렇지 않다는 데 있습니다. 지주들은 그들이 짜낼 수 있는 최대의 임대료를 부과함으로써 모든 종류의 생산 활동에 세금을 부과하고 있는 것입니다. 그들 자신은 아무 일도 안 하고 돈을 벌어들이면서 말입니다. 만약 정부에서 지주가 소유하는 토지의 가치에 따라 그에게 세금을 부과한다면, 지주는 곧 그의 가격을 낮출 것입니다. 한국에서 토지가치세를 의미 있게 실시하면 토지의 가격을 하락시킬 것입니다. 제조업의 원가와 사업비용이 낮아지면 한국은 국제 시장에서 경쟁력을 얻게 될 것입니다. 한국의 토지 가격은 너무나 높아서 남한의 토지를 팔면 미국 전체 땅을 살 수도 있을 것입니다. 이토록 엄청난 토지 임대료와 노동 비용이 합쳐져 있기 때문에 한국 상품의 가격은 지나치게 높습니다. 노동자의 임금을 깎아서 비용을 절감하는 것은 부도덕한 일이며, 오직 긴장과 투쟁만을 야기할 것입니다. 노동자는 자신들이 착취되고 있다는 사실을 알지만 정확히 어떻게 착취받는지는 알지 못합니다. 노동조합 운동의 지도자들도 문제가 토지의 가격에 있다는 사실을 깨닫지 못합니다. 그들은 잘못된 교육을 받아 왔으며 그들 대부분은 성경을 읽지 않습니다. 생산의 두 가지 요소는 토지와 노동이라는 사실입니다. '자본'이라 불리는 것은 고정 노동이며, 어떤 종류의 생산으로 인해 얻어졌으며 저축된 돈입니다. 토지의 실제 가치에 부과되는 세금은 용지가치세(site value tax)를 의미 있게 사용하면 정부가 원하는 것을 제공해 줄 것이며 동시에 토지가격을 경쟁력 있게 해 줄 것입니다.

하나님께서는 "토지는 내 것이라."라고 말씀하셨습니다. 하나님께서는 인간관계에 정의를 요구하시면서 서로 착취하는 것, 특히 약하고 힘없는 사람을 악이용하는 것을 금하십니다. 만일 지주가 토지를 만든 것처럼, 또 그가 만들었으므로 그가 하고 싶은 대로 무슨 일이든지 토지에 할 수 있는 것으로 토지를 취급한다면, 정의의 기초가 손상됩니다. 그러한 정책은 지주들을 하나님의 위치에 놓는 것입니다. 토지를 만든 분도 하나님이요, 그것을 우리에게 주신 이도 하나님이고, 우리가 토지를 어떻게 취급해야 한다고 가르치시는 분도 하나님입니다. 하나님께서는 우리를 만드시고 서로 어떻게 취급해야 하는지를 말씀하셨습니다. 어찌하여 하나님의 가르침과 율법에서 이토록 멀리 떨어져 나온 것일까요?

단일 조세제도 추진

최근에 제 친구인 프레드 해리슨(Fred Harrison)이 편지를 보내왔습니다. "교회가 늦게야 성경의 정의와 올바른 토지법을 깨닫는 것은 놀라운 일이 아니다. 성경이 영어로 번역된 때는 고도의 인플레이션과 탐욕적인 지주제도의 시절, 즉 거대한 부가 비참한 빈곤과 극히 대조를 이루던 시절이었다. 이 빈곤은 토지 사유제의 결과인데 이에 대해 교회도 어느 정도 비난을 받아야 한다. 이 때문에 땅이 없어 방랑하는 유랑 인구들이 생겨났다. 아마도 이 때문에 산상수훈을 번역함에 있어 특정한 헬라어가 '교양 있게' 번역된 것이 아닌가 한다. 프토초스

(ptochos)는 헌데를 앓으며 부자의 대문에 누워 있던 나사로를 설명하실 때 예수님께서 쓰셨던 것과 같은 단어이다. '나사로라 이름한 한 거지가 헌데를 앓으며 그 부자의 대문에 누워'(눅 16:20). 그것은 의심의 여지없이 거지를 의미하는 것이다. 프라우스(praus)는 '온유한'으로 번역되었으나 '프토초스'와 같은 의미를 갖는다. 왜냐하면 동일한 히브리어 단어를 나타내며 '심령이 가난한 자'는 '낙심한, 즉 기가 죽고 맥없는 거지'로 번역될 수도 있기 때문이다. 산상수훈의 이 단어들은 오늘날 가난한 자의 절망을 잘 표현할 수도 있다. 오늘날의 가난한 자들은 정부의 구호품에 의존해서 사는 데 너무나 익숙해져 있어서 그것을 그들의 권리로 생각하고 있다. 그들의 참된 권리는 노동할 수 있는 자유이지만 그들은 이 권리를 여전히 박탈당한 채로 살고 있다."

16세기와 17세기에 사람들의 토지를 가혹하게 훔치는 것을 장려했던 정부는 또한 성경을 영어로 번역하는 것을 장려했습니다. 번역을 한 학자들은 정부나 지주들의 급료를 받았으므로 단어 선택에 매우 조심스러웠습니다. '정의(justice)'라는 단어는 다섯 구절 중 한 구절에서만 제대로 번역되었습니다. 다른 곳에서는 '의(righteousness)'로 번역되었는데 이는 명확한 의미가 없는 애매한 단어입니다. 그 번역이 오역이라고는 말할 수 없을지 모르지만, 가장 정확한 번역이라고 말할 수도 없습니다. 이 번역은 보통의 영어 구사자들에게 '정의'의 의미를 전달하지 않는 것은 분명합니다.

다른 단어를 번역하는 데 있어서도 같은 일들이 있었습니다. 선교사들이 중국과 한국에 와서 성경을 번역할 때에도 이 전통을 따랐고, 따라서 다섯 번 중 네 번은 '정의(justice)'가 '의'로 번역되었습니다. 유교 개념의 이 단어는 정의가 아닌 가족의 가치를 가장 존중하는 단어입니다. 그 결과로 성경을 읽는 수많은 사람들의 숫자에도 불구하고, 그 영향력이 우리 사회의 경제적, 사회적 정의에 대한 효과적인 관심을 창출해 내지 못했습니다. 우리 사회는 기독교가 들어오기 전의 유교사회로부터 오로지 표면적으로만 변했을 뿐입니다. 사회가 변했다면 이윤에 대한 서구적 탐욕에 영향을 받은 것입니다. 또한 성경을 버린 것과, '정직, 비이기적 사상, 그리고 정의에 대한 성경의 타협할 수 없는 요구'를 버리는 것을 정당화하려는 서구 사회의 다양한 사상 형태에 의해 변화된 것입니다.

한국 교회는 오늘날 도전에 처해 있습니다. 과연 교회가 학자들에게 정의와도 같은 기본의 성경개념을 올바르게 번역하라고 요구할 것입니까? 교회가 정의를 위해 투쟁하며, 토지를 올바르게 취급함으로 하나님의 뜻을 행하라고 요구할 것입니까? 여기에는 용기가 필요합니다. 만일 그렇지 못하면 하나님의 율법을 범함으로 인해 한국은 재난에 처하게 될 것입니다. 최근 어떤 해설가는 한국이 러시아의 전철을 밟을 수도 있다고 말했습니다. 그 위대한 나라는 하나님의 법을 비웃었습니다. 그래서 지금은 빈 바구니에 불과한 나라가 되어 버렸습니다. 형제, 자매들이여! 하나님께 순종합시다. 그의 정의를 구합시다. 단일조세제도를 위해 힘쓰고 우리나라를 구원합시다.

영적 성장 위한 필요 요소

산골짜기에서 온 편지

영적 성장 위한 필요 요소

존경하는 대천덕 신부님께.

 지난번 신부님께서 미국에 오셨을 때 저희 교회에서 설교하신 적이 있습니다. 그날 저녁 함께 식사하면서 제가 드렸던 질문을 기억해 주시기 바랍니다. 그날 '영적인 기복'에 관해 질문을 드렸습니다. 목사인 제가 보기에 우리 교회 성도들의 영적 성장에서 두 가지 문제점이 있습니다. 그것은 '잘못된 성장과 전혀 성장하지 않는다는 것'이었습니다. 저 역시 계속 성장하고는 있지만 그 기복이 매우 심합니다. 이에 대한 간단한 해결책이 있는지 아니면 사탄과의 전쟁에 있어서 불가피한 일인지 말씀해 주십시오. 사람이 태어나서 자연히 성장하듯 영적 성장도 천천히 지속되는 것이라고 생각합니다. 신부님의 생각은 어떻습니까?

-주 안에서 조나전 올림

사랑하는 조 형제에게.

형제가 시무하는 교회를 방문한 것은 매우 뜻 깊은 일이었으며 그곳 성도들의 반응에서 많은 용기도 얻었습니다. 그러나 식사나 대화 등의 대인관계에 있어서 체력의 한계를 느끼곤 하여 조금 아쉬웠습니다. 사람들이 모두 이해심 많고 정중히 대해 준 것에 대해 감사를 드립니다. 설교 여행은 매우 피곤했지만 하나님의 은혜로 나와 내 아내는 과로를 피하고 예수원에 무사히 돌아와서 다시 조용한 생활을 하면서 체력을 보강하고 있습니다.

그곳 한인 식당에서 가졌던 즐거운 저녁시간 이후부터 줄곧 형제의 질문에 관해 생각해 왔습니다.

나는 미국과 캐나다 전역을 다니면서 다양한 고급 식당에서 식사를 만끽하곤 했지만 사실 예수원에서의 평범한 식단으로 돌아가는 것이 더 즐겁더군요. 이것은 우리의 영적인 삶에 비유될 수 있습니다. 고급 음식점의 근사한 식사만으로 육체의 건강을 유지할 수 없듯이 일시적인 부흥회나 신학 강연만으로는 영적인 건강을 유지할 수는 없습니다. 우리에게 향하신 하나님의 영적인 계획은 육체적인 면에서의 계획과 밀접한 평형관계를 이루고 있습니다. 형제가 말한 '영적인 기복'은 건강한 삶의 상식이 아닌 듯합니다.

하나님께 맡기는 믿음

건강한 영적 생활의 필수 요건이 무엇인지 생각해 봅시다. 우선 성경읽기를 들고 싶습니다. 오랜 기간 동안 사람들은 성경을 개인적으로 소지할 수 없었습니다. 성경을 읽기 위해서는 특정 모임에 나가야 했습니다. 그러나 현재 우리는 헤아릴 수 없이 많은 성경을 손쉽게 구입할 수 있으며 성경을 구입하기 어려운 사람들에게 전달해 주기도 합니다.

영적 성장에 관한 문제를 성경적 시각으로 바로 보기 위해 야고보서 1장 5절을 살펴봅시다. "너희 중에 누구든지 지혜가 부족하거든 모든 사람에게 후히 주시고 꾸짖지 아니하시는 하나님께 구하라 그리하면 주시리라." 하나님께서는 우리에게 지혜를 주시기를 원하며 그분의 뜻을 바로 깨닫기를 원하십니다. 성경을 읽으면서 지혜의 은사를 받기 위한 조건은 '두 마음을 품는 것'과 전혀 상반되는 '믿음'임을 알게 됩니다. 이것은 한마음을 갖고 하나님의 뜻대로 행하겠다는 충성의 결단을 하기 위해 매일의 기도가 필요하다는 뜻입니다. 성령이 우리 안에서 열매 맺는 삶으로 인도하기를 구해야 합니다.

많은 사람들이 '믿음'이란 단지 마음속에 있는 것이라고 생각합니다. 그러나 야고보는 행함이 없는 믿음은 죽은 것이라고 했습니다(죽은 것은 악취를 풍긴다는 뜻입니다). 히브리서 11장 전체의 주제는 믿음입니다. 믿음은 충성이며 맡기는 것입니다. 예수님께서 말씀하셨습니다. "염려하여 이르기를 무엇을 먹을까 무엇을 마실까 무엇을 입을까 하지 말라 이는 다 이방인들이 구하는 것이라…너희는 먼저 그의 나라와 그의 의를 구하라 그리하면 이 모든 것을 너희에게 더하시리라"(마 6:31~33). 성경적인 믿음을 형성하는 두 가지 요소는 하나님께 맡기는 것과 충성하는 것입니다. 우리가 힘을 다하여 하나님께 헌신하며 '인생의 사소한 부분'까지도 그분께 맡기는 것이 충성입니다.

서로 나누는 코이노니아의 정신 실천해야

성령의 열매를 맺는 기본 바탕은 사랑입니다. '서로' 사랑하라는 의미와 관련된 많은 구절을 기억하고 성령과의 '코이노니아' 안에 그리스도 몸의 지체로서 거하는 것이 필요합니다(고후 13:13).

그리스도의 몸을 건강하게 유지하기 위해서는 크리스천끼리 서로 양분을 나누어 주며 서로의 짐을 나누어 주는 것이 중요합니다. 성경이 인쇄되기 전에는 극소수의 사람들만이 성경을 접할 수 있었습니다. 그러므로 모임을 통해 말씀을 읽고 나누었습니다. 성경 구입이 손쉬운 이 시대에는 오히려 이기적인 마음이 팽배하여 서로의 짐을 나누는 것에 대해 무관심합니다.

예수원에서는 매일 아침 한 시간 동안 가족처럼 모여 성경을 체계적으로 읽고 성령이 주시는 지혜를 통해 깨달은 바를 함께 나눕니다. 이것은 부흥회나 특별 강연회처럼 새롭게 느껴지는 것은 없지만 천천히 그러나 지속적으로 영적인 면에서 충분한 영양을 공급받고 주님 안에서 성장하게 됩니다. 기도와 찬양을 위한 시간도 가지면서 각자 성경 공부를 통해 얻은 영의 양식을 나누어 가지는 일은 공동체 생활에서 아주 중요한 일이라고 생각합니다.

기도와 찬양에 대해서 말씀드리겠습니다. 기도는 호흡 행위입니다. 우리는 항상 기도하는 자세를 가져야 합니다. 성령은 호흡입니다. 성경에는 '호흡', '바람', '영'이 같은 의미로 쓰여져 있습니다. 갈라디아서 5장의 말씀처럼 우리가 성령으로 살면(이것은 거듭나는 것을 의미합니다) 혹은 성령으로 새롭게 된 피조물이라면 성령 안에서 행하고 성령의 인도함을 받아야 합니다. 서울 거리를 다녀 보면(물론 뉴욕이나 필라델피아도 마찬가지이지만) 대기 오염으로 인해 주변 환경이 건강해 보이지는 않을 것입니다. 신선한 대기 안에서 호흡할 때 건강할 수 있듯이 새롭게 하는 성령을 호흡하는 것은 매우 중요한 것입니다.

기도는 호흡, 기도 없는 삶은 죽은 신앙

우리는 스스로 우리가 성령 안에서 사는지, 우리의 삶 자체가 기도와 찬양과 감사로 가득 찼는지 자문해 볼 필요가 있습니다. 가능하겠습니까? '끊임없는 기도'를 할 수 있을까요? 예수원을 방문하기 위해 산에 오르는 사람들은 경치를 구경하고 싶어 정상까지 올라갑니다. 함께 걸어 올라가는 동안 경치를 감상하기 위해 말을 적게 하거나 아니면 아무 말이 없습니다. 그러나 서로에 대한 의식은 하고 있습니다.

내 아내와 나는 한 집에 살면서 많은 이야기를 나눕니다. 집중력이 요구되는 일을 하더라고 함께 있으면 언제든지 대화가 가능합니다. 만일 내 아내가 건설 작업이나 방문객들의 숙소를 점검하기 위해 다른 곳에서 일을 한다면 떨어져 있기 때문에 대화할 수 없겠지요.

그러나 예수님께서는 매 순간마다 우리와 함께 하시므로 마음속으로 언제든지 그분과 대화할 수 있습니다. '쉬지 말고 기도하라'는 말은 예수님과 동행하며 그분과의 교제를 통해서 지혜를 얻고 마음을 나눌 수 있도록 우리의 모든 사고의 초점을 그분께 맞추고 늘 의식하고 있어야 한다는 뜻입니다.

기도에 관해 생각해 봅시다. 교회에서 예배를 드릴 때는 만유의 왕 앞에 서 있다는 것을 의식하기 위해 의례적인 언어를 씁니다. 그러나 일상생활에서의 예수님은 왕이시며 통치자이시기는 하지만 우리의 친한 친구가 되어 주십니다. 친한 친구와 이야기하듯 그분과 대화할 수가 있습니다.

정규 예배 때에도 이런 형태의 기도를 권장하는 교회도 있습니다. 주님과 친숙한 관계를 유지하기 위해 친구를 대하듯 하는 기도는 바람직한 일이기는 하지만 그렇다고 예수님께서 하나님의 뜻과는 상관없이 우리가 원하는 것은 무엇이든지 허락하는 만만한 존재라고 여겨서는 안 됩니다. 하나님께서는 모든 만물의 주인으로서 그분만의 계획을 갖고 사람의 생각과 행동을 심판하시는 분임을 잊어서는 안 됩니다.

우리는 그분의 뜻과 계획을 구해야지 우리 것을 추구해서는 안 됩니다. 예수님의 진정한 친구라면 내가 원하는 것을 졸라대기보다는 그분이 원하는 것이 무엇인지에 대해 관심을 가져야 할 것입니다.

순종하면 성령의 능력 주어져

건강한 육체를 유지하기 위해서는 양질의 음식과 신선한 공기와 물이 필요합니다. 우리는 생수를 마시도록 청함을 받았습니다. 하나님의 뜻에 순종하여 일할 때 성령의 능력이 주어집니다(고전 12장). 하나님께서 원하는 사람이 되기 위해서는 열매가 필요합니다(고전 13장; 갈 5:22~23). 일생 동안 매 순간 성령의 인도하심을 받아야 하며(요 16:13; 갈 5:18; 약 1:5~8) 우리를 하나로 묶는 성령과의 코이노니아가 있어야 합니다(고후 13:13; 행 2:42~47, 4:32~35; 요일 1:3). 이것은 혈연으로 구성된 가족보다도 강한 연대감을 가질 수 있습니다. 오직 성령에 의해서만이 이러한 관계가 창조됩니다. 서구의 기독교는 매우 개인주의적인 면이 강해서 성경도 혼자 읽는 경향이 있습니다. 그러나 성경에서 말하는 믿음은 그리스도의 몸인 하나님의 왕국(한 사람 만으로 이루어지는 왕국을 본 적이 있습니까)과 밀접한 관계가 있습니다. 이것은 혼자 입학해서 졸업해 버리면 그만인 학교가 아닙니다. 이것은 가족입니다. 이것이 생수로서의 성령과 어떤 관계가 있을까요? 왜 우리는 물을 마십니까? 우리 몸의 3분의 2는 물입니다. 생명 유지의 필수입니다. 성령과 올바른 관계가 이루어질 때 그리스도의 몸은 생수로 가득 차고 몸은 각 기능이 활력으로 넘칠 것입니다.

건강한 육체를 위해서는 운동이 필요합니다. 우리는 하나님의 뜻을 구하는 것으로 하루를 시작하고 하나님께 합당한 일을 해야 합니다. 인생의 대부분을 혼자 힘으로 살고 극히 적은 부분을 하나님께 드린다면 영혼이 강건할 수가 없습니다. 교회에서 봉사하는 것만 하나님의 일이라고 생각하는 사람들이 많습니다. 그러나 하나님께서는 세상을 지으셨고 이를 인간에게 맡기셨으며 인간사에 대해 큰 관심을 갖고 계십니다.

따라서 성도들은 자신의 전 생애를 하나님의 뜻과 말씀에 비추어 보면서 자신의 일이 하나님께 합당한지를 살펴야 합니다. 우리가 하는 모든 일은 하나님을 위한 것이어야 합니다. 내가 하고자 하는 일을 그분이 합당히 여기신다면 내가 그 일에 성공하기를 또한 원하신다는 것을 기억하십시오. 내가 하는 일이 하나님의 나라와 의를 구하는 것인지 아니면 정의와 질서를 해치는 것인지 분별이 되지 않을 경우 어떻게 해야 할지 하나님께 방법을 구하십시오.

그분은 약속을 지키시는 신실한 분이므로 우리의 일용할 양식이 떨어지는 경우는 없습니다.

우리가 하는 일은 운동입니다. 하루 8시간 일을 하더라도 가족이나 친구, 이웃에게 내어 줄 시간은 있습니다. 시간 활용에 대한 기도를 하는 것이 필요합니다. 우기가 매 순간을 그분께 의지해서 시간을 효율적으로 사용하면 이것도 우리의 삶이 강건해지는 데 필요한 운동이 됩니다.

지금까지 나의 이야기는 평신도들에게 하는 것이었습니다. 조 형제는 목사이므로 거의 모든 일이 하나님을 위한 것이리라 믿습니다. 하지만 평신도와 다른 입장은 아닙니다. 형제 역시 시간 활용의 방법을 구하고, 할 일과 포기해야 할 일을 분별할 수 있는 지혜를 구해야 합니다. 목사는 하나님의 일꾼이면서 또 동시에 수많은 성도들을 섬겨야 합니다. 목회를 하는 데 있어 형제 자신의 지혜와 본성에 의지하면 여러 가지 곤란한 문제에 빠지게 됩니다. 형제는 주어진 양 무리들을 사랑하고 돌보면서 양 무리의 진정한 주인은 형제의 주인이기도 하며(형제는 그 양들을 소유해서도 안 되고 그들에게 무관심해서도 안 됩니다) 목회 방법에 관한 지혜를 주시는 하나님이심을 기억해야 합니다.

현재 우리가 처한 사회 현상의 특징 중의 하나가 주변으로부터 오는 여러 가지 스트레스입니다.

이것은 사회 전체를 병들게 하고 우리 몸에서 아드레날린의 방출을 촉진하여 '위급한 상태'로까지 이르게 합니다. 이것은 평안과는 상관이 없는 것입니다. 솔직히 말해서, 나는 미국에 있는 조 형제보다 스트레스를 훨씬 덜 받습니다. 우리는 주님이 주시는 영혼의 안식을 위해 특별히 기도할 필요가 있습니다.

하나님께서도 견디기 힘들 만큼 광란의 절규로 휩싸인 이 세상에서 영육 간에 강건을 얻고 평안을 누리기 위해서는 오직 하나님만을 앙망해야 합니다. 하나님의 은혜로 혼돈 가운데서 평정을 갖고 성경적인 교제를 통해 매일의 양식을 먹으며 성령의 생수를 마시고 신선한 기도의 공기를 호흡하면서 세상이 아닌 하나님께서 주시는 일을 하면서 영혼의 운동을 해야 합니다. 하나님의 평안이 우리의 영·혼·육을 지켜 주십니다.

자존심 회복 방법은 무엇인가

존경하는 대천덕 신부님께.

신부님께서 말씀하신 '식민주의의 유산' 중의 하나에 자존심의 결여라는 것이 있었습니다. 우리 한국인의 자존심이 결여되어 있는지 없는지에 대해 어떻게 생각하십니까? 자존심이 결여되어 있다면 그것은 특정 계층이나 단체에 국한되어 있는 것인지 아니면 일반적인 현상인지 말씀해 주십시오. 제 개인적으로는 이것이 오늘날 사회의 전반적인 문제점이라고 봅니다. 우리가 어떻게 자존심을 회복할 수 있는지 기독교적인 시각에서의 답변을 듣고 싶습니다.

— 주 안에서 이대식 올림

사랑하는 이 형제에게.

주신 편지 잘 받았습니다. 나 역시 이 문제에 관해 오랫동안 생각해 보고 의견도 나누어 보았습니다. 자존심이 결여되는 원인은 일제 식민주의뿐만 아니라 미국의 자만심, 구제도와 구습의 모순, 결손 가정 등 여러 가지가 있습니다. 자존심의 결여는 은폐될 수는 있어도 누구나 다 갖는 문제입니다.

한일합방 이전의 한국 사회는 재산 정도와 토지소유, 거주지 등에 따른 차별이 있었습니다. 빈민들이나 교육의 혜택을 받지 못한 사람들, 노동자들은 지주들이나 정부관료 등 '양반'들에 의해 천대를 받았습니다. 기술을 가진 일부 장인들은 그런대로 대접을 받은 편이었지만 부유하고 현학적인 한량들에게는 여전히 천시의 대상이었습니다.

일제 식민지 시대에는 민족주의가 싹트게 되어 구계급의 나쁜 면들을 많이 해소할 수 있었습니다. 그러나 미국이 보호국인 것처럼 비쳐지면서 새로운 문제가 생겼습니다. 서구의 사상이나 사람들에 대한 열등의식이 그것입니다. 이것은 매우 어리석은 생각이었지만 한국사회 전반에 보편적으로 깔려 있는 것이라는 것도 부인할 수는 없습니다.

가정환경이 중요하다

그러나 정치 문화 경제요인보다 더 중요한 원인은 가정환경입니다. 가정환경은 사람의 인생에 매우 중요한 영향을 끼칩니다. 화목한 부모의 사랑과 관심 속에 인격을 인정받으면서 자란 자녀들은 정서적으로 안정이 되어 있습니다. 그들이 가정을 벗어나 생소한 사회의 가치관에 직면하게 될 때에도 이미 그들의 가치관이 올바르게 정립되어 있고 스스로를 존중할 줄 알기 때문에 잘못된 사고방식에 쉽게 물들지 않습니다. 올바른 가치관이 정립된 사람은 자신이 처한 외부적 조건과 상관없이 스스로를 존중할 줄 압니다.

반면 결손 가정은 결함 있는 사람들을 만들어 냅니다. 일제시대와 한국동란 등 사회적인 변동은 수많은 결손 가정을 만들어 냈으며 오늘날까지도 그 악영향은 계속되고 있습니다.

모든 결손 가정의 원인이 전쟁에만 있는 것은 아닙니다. 부모간의 사랑이 식어지고 재혼, 술주정, 부모의 갑작스러운 사망 등으로 인해 결손 가정이 생겨나고 자녀들은 무시되고 부당한 대우 속에서 사랑을 못 느끼며 성장하게 됩니다. 이것은 자존심의 결여를 가져옵니다. 사랑은 인간에게 가장 중요한 것입니다. 사랑을 받지 못하면 사회의 인정이라도 받으려고 노력합니다. 사회의 인정을 받기 위해 주변 환경의 세상적인 가치관을 여과 없이 받아들여 그 가치 기준에 자신의 삶을 맞추려고 합니다.

그러나 세상은 영원불멸한 것이 아니며, 올바른 방향제시를 해 주지 못하기에 갈수록 불안감만 가중될 뿐입니다. 자존심을 세우려고 여러 가지 방법을 시도해 보지만 가슴속 깊이 새겨진 상처가 아물기는 어렵습니다. 승진이나 전문 분야에서 두각을 나타냄으로써 스스로의 권위를 어느 정도 높일 수는 있겠지만 상처의 근본적인 치료가 없으면 스스로가 세운 자존심은 무의미하게 되고 더욱 불행해질 뿐입니다.

예수의 사랑과 능력으로 자존심 회복해야

우리가 할 수 있는 일은 무엇이겠습니까? 예수님께서는 가난하고 억눌리고 짓밟히고 슬픔에 잠긴 사람들에게 복음을 전하러 오셨습니다. 우리는 사랑이 결여되어 자존심에 상처를 입은 사람들에게 능력과 사랑이신 하나님 아버지가 계시다는 복된 소식을 전해야 합니다. 하나님은 능력이시며 왕이십니다. 그분은 만물을 주관하시는 분으로서 그분이 나를 귀하게 여기시면 나는 귀한 존재일 수밖에 없습니다. 그분은 나를 당신의 계획 가운데 지으셨고 섭리하시며 고유한 소명을 주시고 내 삶 속의 고난은 연단의 일부라고 말씀하십니다. 내가 받는 연단이 너무 혹독하다는 불만이 생기면 예수 그리스도의 고난을 생각하게 하십니다. 예수님께서는 가난과 노동 속에 나서 자랐습니다. 예수님과 가족들은 마을에서 천대를 받았고 그의 어머니가 품행이 나쁜 여인으로 몰려 사생아 취급도 당했습니다(요 8:41). 배운 것이 없다고 멸시당하며(요 7:15), 그의 형제들에게조차 오해를 받았습니다(눅 8:19~21; 요 7:5). 하나님 아버지께서 그 아들을 사용하시기 위해 불행한 삶을 계획하셨다면 나에게도 그렇게 하실 수 있습니다.

상처 입은 사람들은 너무나 많은 거짓과 배신의 경험을 했기 때문에 복음을 전해도 쉽게 마음의 문을 열지 못합니다. 그들의 신뢰를 얻기 위해서는 말보다는 행동이 앞서야 합니다. 그들에게 먼저 사랑과 존경과 관심을 보여 주어야 합니다.

교회는 이들에게 사랑이 넘치는 새로운 가정의 역할을 해야 합니다. 그들의 있는 그대로의 모습을 무조건 받아들이고 귀히 여겨야 합니다. 교회가 예수님의 사랑으로 그들을 포용하지 못하고 사랑이 넘치는 가정의 역할을 제대로 하지 못하면 그들에게 상처를 입혔던 이전 가정과 다를 바가 없습니다.

교회가 사랑의 안식처 역할을 한다는 것이 결코 쉬운 것은 아닙니다. 오직 성령만이 이것을 가능케 합니다. 고린도후서 13장 13절을 보면 성령의 중요한 사역 가운데 '코이노니아'가 있습니다. 코이노니아가 성경에 17가지의 다른 의미로 해석되어 있기 때문에 정확한 개념파악이 쉬운 것은 아니지만 이것은 그리스어로 가정의 기본적인 가족관계 즉, 부부 사이와 형제자매들의 사이를 나타내는 데 쓰이는 말입니다.

이것은 '교제', '상통', '사귐' 등으로 해석되는데 성령의 역사에 의해 이루어진, 혈연으로 맺어진 가족보다도 더 가까운 사이를 의미합니다. 우리는 성령께 의지하여 우리 마음속에 사랑이 넘치고 그 사랑이 타인에게로 흘러갈 수 있도록 기도해야 합니다. 각 사람에 대한 하나님의 관심이 느껴질 수 있도록 교회 안의 형제자매 사이에 먼저 사랑과 포용의 관계가 있도록 간구합시다. 이것이 하나님이 원하시고 응답하시는 기도입니다.

서로 신뢰와 사랑 나눠야

자존심이 상하는 원인에는 여러 가지가 있으나 기도를 통해 근본적인 치유가 가능하며, 상처는 오랜 세월 동안 고통과 불안을 안겨 주었지만 그 상처가 아물고 자존심이 회복되는 데 걸리는 시간은 길지 않습니다. 단지 치유받기를 원하고 구할 때 치유는 시작되며 주변 사람들의 상처를 치료해 달라고 기도할 때 평안이 오는 것입니다. 내 안에서 이루어진 성령의 역사는 나를 통해 다른 사람에게로 흘러갑니다. 교회를 찾는 사람들은 "수고하고 무거운 짐 진 자들아 다 내게로 오라 내가 너희를 쉬게 하리라."라고 말씀하신 분을 만나기 위해 옵니다. 우리는 우리 자신이 먼저 회개하며 한편 서로 신뢰와 사랑을 나눌 수 있는 사람들과 함께 교회의 치유를 통해 간구해야 합니다. 교회가 변하고 보다 적극적인 포용력을 지닐 수 있도록 기도합시다. 경쟁의식(경쟁 심리를 부추기는 악한 영이 한반도 전체를 지배하고 있는 것을 환상으로 본 사람도 있습니다)을 버리고 협동과 참여 의식을 갖도록 기도합시다. 각 사람은 하나님의 부름을 받은 귀한 존재이며 각 사람의 가치가 존중되어야 한다는 공동의식을 갖도록 기도합시다. 우리의 소명을 제대로 깨닫고 주님 안에서 우리의 존재 가치와 맡겨진 일을 분명히 알 수 있도록 간구합시다.

교회 안에는 우열이 없습니다. '우등'과 '열등'의 세상적인 기준은 상관없습니다. 우리가 서로에게 마음의 문을 열고 포용할 때 상처가 아물기 시작하고 그 사랑의 온기가 다른 사람에게 계속해서 전달되는 것입니다. 우리는 동등합니다. 단지 하나님께서 주신 소명과 사역이 다양할 뿐입니다.

각 사람은 주님의 지체입니다. 이전에는 인체에서 어떤 부위의 역할이 모호하거나 쓸모없다고 생각되었던 것도 매우 중요한 기능을 하고 있음이 오늘날 과학을 통해 속속 증명되고 있습니다. 이처럼 주님의 각 지체들은 그들의 이해와 상관없이 특별한 기능을 하도록 부름받은 존재입니다.

그러므로 우리는 우리를 향하신 하나님의 뜻이 무엇인지 깨닫고, 하나님께 우리의 역할을 잘 이해할 수 있도록 성령의 능력을 달라고 기도해야 합니다.

바울은 오순절 이후 약 30년이 지나 에베소 교인들에게 보내는 편지에 교회의 주요 직분에 관해 썼습니다. 사도, 선지자, 복음 전하는 자, 목사와 교사 등 다섯 가지 직분 중에서 특정한 교육이 필요한 사람은 교사밖에 없습니다. 하나님께서는 바울과 바나바를 크게 쓰셨지만 예수님의 형제인 야고보와 어부인 베드로와 요한, 정부 관리 중 가장 낮은 위치에 있던 마태도 사용하셨습니다. 교사 이외의 다른 직분들은 정규 교육을 요하지 않습니다. 성경에 다양한 자격 요건들이 제시되어 있기는 하지만 교육에 관한 언급은 없습니다. 다만 좋은 성격과 성숙한 신앙심, 풍부한 경험과 안정적인 가정생활을 갖추고 책임의식과 함께 신뢰도가 높아야 합니다. 성경에 보면 감독은 가르칠 수 있어야 한다는 기록이 있는데 이것은 잘못 번역된 것입니다. 그리스어 원문에는

'가르침을 받을 만한'이라고 나와 있습니다.

콘스탄틴 대제 이후 기독교가 공인되면서 교회 직분이 성령의 사역에 의해서라기보다는 세상적인 교육을 조건으로 주어지기 시작했습니다. 오늘날 모든 교회 지도자들은 세상적인 '교육기관'을 통해 부와 학식을 겸비하지 않으면 교회 직분을 가질 수 없다는 고정관념을 갖게 되었습니다.

세상적인 가치척도 버려야

바울 사도는 고린도전서에서 하나님께서 교회 안에 세상적인 지혜와 학식이 있는 사람을 원치 않으신 까닭은 십자가의 도가 상실될 수 있기 때문이라고 말했습니다. 그리고 그는 하나님께서는 세상의 천하고 멸시받는 것들을 택하시고 세상의 '지혜' 있는 자들을 부끄럽게 하신다는 것을 알고 교회는 하나님의 말씀을 '미련할 정도'로 지켜야 한다고 강조합니다.

하지만 오늘날 교회의 정반대의 태도는 성날 슬픈 일입니다. 세상적인 '지혜'를 칭찬하고 세상의 능력이 아닌 성령의 능력으로 '하찮은' 사람들을 택하시는 하나님의 방법을 멸시합니다. 이 때문에 평범한 크리스천은 물론 이미 많은 상처를 입고 방황하다가 교회를 찾은 사람들은 더 큰 상처를 안고 자존심이 무너지는 아픔을 겪어야 합니다.

오늘날의 교회에서 초대 교회만큼의 사랑과 포용과 회개의 역사가 일어나지 않는 이유로 성도들 사이에 교육수준이나 재산 정도에 따른 직분 분담으로 인한 마음의 상처도 한몫을 합니다.

가치관이나 태도의 근본적인 변화를 위해 주님의 뜻에 합당한 기도를 통해 해결해야 합니다. 우리는 세상적인 가치 기준을 무조건 받아들이도록 '세뇌'되어 왔으며 세상적인 기준에 의해 우리의 자존심이 밟

혀졌다는 것을 분명히 직시해야 합니다. 우리는 성령께 의지하여 우리의 세상적인 가치기준과 태도를 치유받고 하나님의 뜻을 분별하고 다른 사람들을 따뜻하게 포용할 수 있게 해달라고 간구해야 합니다. 우리의 작은 기도가 모여 보이지는 않지만 가치관과 태도의 근본적인 변화가 일어나면서(성경에는 '남은 백성'이라고 표현되어 있습니다) 동시에 교회 안에 신앙 성숙이 이루어져야 합니다. 그래서 많은 고통과 시련의 연속 가운데서 방황하는 주변의 사람들에게 그 변화가 전달되어 그들이 평안과 치유를 경험하고 자존심을 회복하여 스스로의 존재 가치를 깨닫고 하나님 왕국에서의 자신의 위치를 바로 볼 수 있게 해야 합니다. 교회 안에서는 소위 '거물급 인사'가 필요 없습니다. 하나님께서는 당신의 뜻을 이루기 위해 '남은 백성들'을 사용하십니다. 우리는 하나님이 택하신 남은 백성이며, 그분께 쓰임받을 수 있다는 것을 알게 될 때 크나큰 기쁨을 느낄 것입니다. 이것이 자존심을 회복할 수 있는 기독교적인 해결 방법입니다. 예수 그리스도의 은혜와 성령의 능력만이 신약 초기 시대에 있었던 회개와 사랑과 영광을 경험하게 해 줄 수 있습니다.

분노를 자제할 수 있는 방법

존경하는 대천덕 신부님께.

지금쯤 예수원에도 봄기운이 완연하겠군요. 지난번 제가 갔을 때만 해도 북쪽 비탈길에는 눈이 군데군데 보이고 검푸른 상록수 이외에는 잿빛의 삭막함뿐이었습니다. 나뭇잎들이 초록으로 물들고 모든 것이 싹트는 것처럼 제 인생에도 신록의 계절이 왔으면 좋겠다는 생각을 해 봅니다. 공원을 거닐어도 꽃병의 꽃을 보아도 이 봄의 싱그러움이 가슴속에 느껴지지 않습니다.

신부님, 저는 겨울의 삭막함이 성령의 도우심도 없고 생명강의 고요함도 없는 단지 얼어붙은 분노의 매운 바람만 불어대는 내 영혼과 흡사하다는 생각을 합니다. 내 분노를 자제할 수 있는 방법을 알고 싶습니다. 저는 지나치게 화를 내고 사랑하는 사람들에게 상처를 입힙니다. 처음 보는 사람에게도 화를 내고는 당황스레 사과를 하지만 결국 친구가 될 수도 있는 사람들을 잃어 버리고 맙니다. 제 마음이 이렇게 아픈데 주님의 마음은 오죽하시겠습니까?

이전에도 이 문제를 놓고 신부님과 상의드린 일이 있습니다. 불우했던 저의 어린 시절에 관해 말씀드렸고 신부님께서 기도도 해 주셨습니다. 제게는 다시 떠올리고 싶지 않은 슬픈 기억들이 있습니다. 내적인 치유를 위해 더 이상 기도할 필요를 못 느끼고 있습니다. 어떻게 해야 합니까?

— 주 안에서 박협성 올림

사랑하는 박 형제.

마음을 털어 놓는 편지를 잘 받았습니다. 형제 이외에도 분노와 싸우는 사람들이 많이 있습니다. 식민 정책이나 전쟁, 가난 등으로 인해 수많은 가정들이 기능마비에 빠졌으며 또 빠지고 있습니다(즉, 정상적인 가정의 역할이 불가능해진다는 뜻입니다).

그러한 가정의 자녀들은 소외감을 느끼고 버림받았다는 생각과 함께 수년 동안 쌓아온 상처에 대해 분노하게 됩니다. 그런 상처는 내적인 치유를 위한 기도에도 불구하고 여간해서 지워지지 않습니다.

원수들을 위해 기도하자

좌절감이 느껴질 때, 그것이 하나님의 약속을 기억하고 다시 한번 인내할 수 있는 좋은 기회라고 생각하십시오. 이에 관한 성경 몇 구절을 살펴보겠습니다.

"가라사대 너희가 너희 하나님 나 여호와의 말을 청종하고 나의 보기에 의를 행하며 내 계명에 귀를 기울이며 내 모든 규례를 지키면 내가 애굽 사람에게 내린 모든 질병의 하나도 너희에게 내리지 아니하리니 나는 너희를 치료하는 여호와임이니라"(출 15:26).

"그가 찔림은 우리의 허물을 인함이요 그가 상함은 우리의 죄악을 인함이라 그가 징계를 받음으로 우리가 평화를 누리고 그가 채찍에 맞음으로(불의와 무자비에 대한 예수님의 인내를 말합니다) 우리가 나음을 입었도다"(사 53:5).

"내 이름을 경외하는 너희에게는 의로운 해가 떠올라서 치료하는 광선을 발하리니"(말 4:2).

"손을 내밀어 병을 낫게 하옵시고 표적과 기사가 거룩한 종 예수의 이름으로 이루어지게 하옵소서 하더라"(행 4:30).

"너희 중에 병든 자가 있느냐 저는 교회의 장로들을 청할 것이요 그들은 주의 이름으로 기름을 바르며 위하여 기도할지니라 믿음의 기도는 병든 자를 구원하리니 주께서 저를 일으키시리라 혹시 죄를 범하였을지라도 사하심을 얻으리라 이러므로 너희 죄를 서로 고하며 병 낫기를 위하여 서로 기도하라 의인의 간구는 역사하는 힘이 많으니라"(약 5:14~16).

예수님께서는 우리에게 원수들을 용서하고 우리를 이용하려는 사람들을 위해 기도하라고 하셨습니다. 그분은 자신이 부당한 고난을 당하실 때에도 "아버지 저들을 사하여 주옵소서 자기의 하는 것을 알지 못함이니이다."라고 기도하심으로 우리에게 본을 보이셨습니다. 성령의 도우심으로 거듭난 크리스천이라면 이제 더 이상 자연인을 고집해서는 안 됩니다. "우리는 인간일 뿐이야."라고 할 수 없습니다. 우리는 새로운 피조물인 '영적' 존재입니다. 우리가 우리의 원수를 용서하지 않고 우리에게 상처를 입힌 사람을 위해 기도하지 않으면 우리는 죄 가운데 계속 머물러 있게 될 뿐만 아니라 자유를 기대할 수 없게 됩니다.

용서해야 치유가 완성된다

우리 용서에 관해 깊이 생각하기에 앞서 치유에 관한 구약 몇 구절을 더 살펴봅시다.

"여호와여 주는 나의 찬송이시오니 나를 고치소서 그리하시면 내가 낫겠나이다 나를 구원하소서 그리하면 내가 구원을 얻으리이다"(렘 17:14).

"여호와여 내가 수척하였사오니 긍휼히 여기소서 여호와여 나의 뼈가 떨리오니 나를 고치소서"(시 6:2).

"여호와 내 하나님이여 내가 주께 부르짖으매 나를 고치셨나이다"(시 30:2).

"여호와여 나를 긍휼히 여기소서 내가 주께 범죄하였사오니 내 영혼을 고치소서"(시 41:4). 우리는 죄를 고백하지 않으면 하나님의 뜻을 행할 수 없습니다. "저가 네 모든 죄악을 사하시며 네 모든 병을 고치시며"(시 103:3). 용서와 치유는 병행합니다.

"저가 그 말씀을 보내어 저희를 고치사 위경에서 건지시는도다"(시 107:20).

치유, 회개, 고백에 관한 성구들은 이 외에도 많이 있습니다. 사람이 치료를 받지 못하는 이유를 이사야서와 사도행전에서 살펴봅시다.

"이 백성의 마음으로 둔하게 하며 그 귀가 막히고 눈이 감기게 하라 염려컨대 그들이 눈으로 보고 귀로 듣고 마음으로 깨닫고 다시 돌아와서 고침을 받을까 하노라"(사 6:10). 다시 말해서 우리가 둔하고 게으르지 않으면, 눈이 멀지도, 귀가 막히지도 않으며 하나님의 뜻을 알고 회개하여 치유를 받을 수 있다는 뜻입니다.

"이 백성들의 마음이 완악하여져서 그 귀로는 둔하게 듣고 그 눈을 감았으니 이는 눈으로 보고 귀로 듣고 마음으로 깨달아 돌아와 나의 고침을 받을까 함이라 하였으니"(행 28:27). 이것은 단순한 종교인의 태도이며 치유를 받지 못하는 이유가 됩니다. 많은 사람들이 병들고 상처 입은 것을 치료받기 원하지만 하나님의 뜻을 수행하는 데는 관심이 없습니다. 그들에게 있어서 병이란 자신의 뜻을 이루는 데 방해물이기 때문에 치료를 받으려고 기도합니다. 예레미야는 이에 관해 간단히 말했습니다.

"배역한 자식들아 돌아오라 내가 너희의 배역함을 고치리라 보소서 우리가 주께 왔사오니 주는 우리 하나님 여호와이심이니이다"(렘

3:22).

호세아도 '회개'의 의미로 돌아오라고 말했습니다.

"오라 우리가 여호와께로 돌아가자 여호와께서 우리를 찢으셨으나 도로 낫게 하실 것이요 우리를 치셨으나 싸매어 주실 것임이라"(호 6:1). 호세아는 주님의 말씀을 인용합니다. "내가 이스라엘을 치료하려 할 때에 에브라임의 죄와 사마리아의 악이 드러나도다 저희는 궤사를 행하며 안으로 들어가 도적질하고 밖으로 떼 지어 노략질하며"(호 7:1).

주님이 말씀하시는 죄악들 중의 하나는 탐심, 즉 우상숭배입니다. 이것은 골로새서에도 나옵니다. "그러므로 땅에 있는 지체를 죽이라 곧 음란과 부정과 사욕과 악한 정욕과 탐심이니 탐심은 우상숭배니라"(골 3:5). 이런 것들을 회개하고 주께로 돌아와 그분의 뜻이 우리 인생의 일 순위가 될 때까지 치유는 불가능합니다.

"믿음의 기도는 병든 자를 구원하리니"(약 5:15)라는 말씀을 봅시다. 장로들을 청하고 기름을 바르라고 했습니다. 그러나 16절에 보면 '서로' 죄를 고백하라고 했습니다. 사제에게 죄를 고백하는 것은 오히려 형제자매들 앞에서 공개적으로 시인하고 용서받는 것을 피하기 위한 방편이 될 뿐 아무 의미가 없습니다.

절망에서 일어서자

죄를 고백하지 않고 입을 다문 채 침묵하면 하나님의 치유 권능을 체험할 수 없습니다. 교만하고 고집 센 사람에게는 능력이 임하지 않습니다. 특히 분노의 문제는 다루기 쉽지 않습니다. 그러나 우리는 하나님의 뜻을 적극적으로 행할 수 있는 능력을 얻도록 기도해야 합니다. 우리가 상처 입힌 사람들에게 사과하는 것도 하나님의 뜻입니다.

형제는 혼자가 아닙니다. 소외감을 버리십시오. "나 여호와가 말하노라 그들이 쫓겨난 자라 하며 찾는 자가 없는 시온이라 한즉 내가 너를 치료하여 네 상처를 낫게 하리라"(렘 30:17).

"상심한 자를 고치시며 저희 상처를 싸매시는도다"(시 147:3). 하나님께서는(일제 식민 통치나 공산정권 그 밖에 불의한 독재 정권 등에 의해 우리 부모들이 입은 상처들뿐만 아니라) 우리가 부모나 이웃으로부터 받은 상처들을 잘 알고 계십니다. 그분은 우리를 싸매실 준비를 하고 계십니다.

그렇습니다. 형제는 분노로 가득 차 있습니다. 우리는 그것을 잘 알고 이해합니다. 우리는 그 분노의 근원이 무엇인지도 잘 압니다. 우리는 형제의 인생에서 겪어야 했던 혹독한 시련에 대해서도 공감합니다. 그러나 형제 스스로를 과거의 절망 가운데 묶어두지 마십시오. 형제는 기운을 내어 자제하고 영적 건강을 회복하기 위해 결단해야 합니다. 신체적 결함이 있는 다른 사람들을 보십시오. 어떤 이는 전신마비이면서도 하나님의 일을 하며 그분의 은혜와 이름을 찬양하고 그분의 사랑을 증거하고 있습니다. 다른 이들은 약간의 결함에도 길에 앉아 사람들의 동정심에 호소하며 구걸합니다. 그들은 어쩔 수 없이 구걸로 연명하지만 그것이 칭찬받을 만한 일은 아닙니다. 구걸할 필요가 없습니다. 그보다 더 나쁜 상황에서도 존경받을 만한 행동을 하고 창조적인 일을 찾을 수 있습니다.

형제의 잠재의식 속에 있는 어린 시절의 충격에 의한 상처들은 심적인 불구와도 같은 것입니다. 그러나 그 상처들을 핑계 삼아 누워만 있을 수는 없습니다. 그런 상처들을 박차고 일어나 승리할 수 있는 원동력으로 만드십시오. 육신의 불구보다 훨씬 치료하기 쉽습니다. 형제의 말이 옳습니다. 치유를 위한 기도는 더 이상 하지 않아도 좋습니다. 크리스천으로서의 일을 찾으십시오.

'크리스천으로서의 일을 한다'는 의미를 교회 예배에 더 열심히 참석하고 성경공부와 기도에 더 많은 시간을 할애하라는 뜻으로 생각하는 사람들이 많습니다. 미가서 6장 8절을 보십시오. "사람아 주께서 선한 것이 무엇임을 네게 보이셨나니 여호와께서 네게 구하시는 것이 오직 공의를 행하며 인자를 사랑하며 겸손히 네 하나님과 함께 행하는 것이 아니냐."

이것은 교회에 더 열심히 다니며 종교적인 사람이 되라는 뜻이 아닙니다. 예수님께서는 당시 종교 지도자들이 공의와 인자를 베푸는 것보다 불필요한 종교의식과 종교법 등에 치우친 것을 나무라셨습니다. 예수님께서는 공의와 인자를 우선으로 생각하셨습니다.

진리 편에서 분노하자

혹시 형제가 부당하게 대하고 인자를 베풀지 않은 사람이 있는지 살펴보십시오.

부당행위와 아량의 결여 때문에 분노가 빈번히 발생합니다. 사회생활이나 사업 관계에서 사람들에게 공의를 행하고 인자의 손길을 내밀었습니까? 대한민국 국민으로서 법을 준수하고 납세의 의무를 다하고 불법 체류 외국인 노동자들처럼 힘없는 이방인들에게 사랑을 보이셨습니까? 모세 역시 분노의 사람이었습니다. 그러나(우리가 알기로) 자신을 위해 분노한 적은 120년 동안 단 한 번뿐이었습니다. 그는 주님의 거룩함과 진리, 공의, 인자의 편에서 분노하고 무력하고 억압받는 사람들 편에서 분노했습니다. 하나님께서 형제의 마음속에 임재하고 하나님의 영광을 위해 분노를 어떻게 처리해야 할지 주님께 구하십시오. "공의를 행하며 인자를 사랑하라."는 말이 크리스천 행동의 출발

점입니다.

하나님께서 형제의 분노를 어떻게 사용하시기 원하시는지 알기 위해 끊임없이 기도하십시오. 기도 응답을 바란다면 생활의 모든 면에서 하나님께 요구하기보다는 청종하십시오. 그분이 형제에게 어떤 말씀을 주시든지 무조건 순종하십시오. 매일 성경 말씀을 묵상하면서 주님의 인도함을 따르십시오. 하나님 뜻을 알기 위한 조건은 무조건적인 순종입니다(약 1:5~8; 요 7:17).

우리는 형제보다 더 분노를 잘 하는 사람들입니다. 그러나 하나님께서 분노하시는 것에 분노하고 하나님께서 인자를 베풀기 원하는 것에 인자를 베푸십시오.

모세처럼 분노하십시오. 그러나 온유해야 합니다(모세는 자신을 위해 분노하지 않았습니다). 바울은 말했습니다. "분을 내어도 죄를 짓지 말라"(엡 4:26).

형제의 삶이 한여름의 무화과 나무처럼 푸르고 무성하길 기도합니다.

목회자의 자격 조건

대천덕 신부님께.

지난 5월 가졌던 국가 조찬 기도회에서 짧은 시간이지만 신부님을 뵙고 말씀 나눈 것에 대해 기쁘게 생각합니다.

조용기 목사님께서 교회의 회개를 촉구하는 설교를 했을 때 깊은 감명을 받았습니다. 우리 크리스천이 먼저 회개하지 않으면 전국가적인 회개를 기대할 수 없다고 생각합니다. 우리 크리스천들은 여전히 교만하고 이기적이며 김영삼 대통령의 말처럼 사회문제에 대해 너무 무관심하다고 생각합니다.

저는 오랫동안 교회 안에서만큼은 이런 일이 흔한 것은 아니라고 생각해 왔습니다. 그런데 근래에 상당수의 신학생들이 시험을 목사 안수를 받기 위한 수단으로 보며 사전에 문제를 입수한다는 말을 듣고 다소 충격을 받았습니다.

교회에서는 이 문제를 묵인하고 오히려 문제화하려는 사람들을 협박하는 경우가 있다고 합니다. 신부님, 만일 목회자나 교회 행정을 담당하는 사람들이 이렇게 정직하지 못하다면 무슨 희망이 있겠습니까? 주변에 있는 이교도와 무엇이 다르며 빛과 소금의 역할을 어떻게 감당할 수 있겠습니까?

해결책을 말씀해 주시기 바랍니다.

– 주 안에서 문태식 올림

사랑하는 문 형제에게.

목회자에 대한 형제의 깊은 우려를 느낄 수 있습니다. 이런 문제의 심각성은 특정 교파에만 있는 것이 아닙니다. 마태복음 5장 13절의 말씀은 모든 교회에게 주신 것입니다.

"너희는 세상의 소금이니 소금이 만일 그 맛을 잃으면 무엇으로 짜게 하리요 후에는 아무 쓸데없어 다만 밖에 버리워 사람에게 밟힐 뿐이니라." 이 말씀은 예수님 당시의 사람들에게만 해당되는 말씀이 아닙니다. 성령은 이 말씀을 성경에 기록하여 오늘날 우리에게 주셨습니다.

김 대통령이 조찬 기도회에서 말한 것처럼 소금은 부패를 막는 역할을 합니다. 부패된 사회, 정부의 부패 등 얼마나 많은 부패가 있습니까? 교회가 우리 사회에서 소금의 역할을 감당하지 못하면 정말 희망이 없습니다. 도대체 누가 그 일을 하겠습니까?

은사가 아닌 열매로 평가해야

어떻게 교회가 이 상황에까지 오게 되었습니까? 어떻게 해서 목사 후보생들이 시험에서 아무 거리낌 없이 부정을 저지르고 있습니까? 선교에 대한 그들의 개념은 무엇입니까? 그들의 정신 상태가 왜 이렇습니까? 교회가 성경에 있는 영적 자격 조건을 무시하고 세상적인 학벌을 목사의 가장 큰 자격 조건으로 보는 데 그 원인이 있습니다.

성경은 교회의 직분을 장로, 선지자, 사도, 집사(성경에서 '집사'라는 말은 오늘날보다 훨씬 광범위한 의미로 사용되었습니다)로 구별해 놓았습니다. 바울은 자신의 일을 '헌신', 또는 '선교'라는 말을 할 때 집사라는 의미로 이 말을 썼습니다. 성경에서 집사는 시중을 드는 하인이나 다른 힘든 노동일을 하는 일꾼을 뜻합니다.

교회의 특정 직분 가운데 집사, 장로, 감독 등 어떤 경우에도 정규 교육을 받아야 한다는 조건은 없습니다. 성경에서 말하는 교회 직분에 관한 자격 요건을 살펴봅시다. "너희 가운데서 성령과 지혜가 충만하여 칭찬 듣는 사람 일곱을 택하라"(행 6:3). 여기서 말하는 성령 충만이란 능력을 뜻하는 것이 아니라 열매를 뜻합니다. 즉 사랑, 희락, 화평, 오래 참음, 자비, 양선, 충성, 온유, 절제를 가진 사람을 의미합니다. 갈라디아서 5장 말씀은 성령 충만한 사람의 모습이 어떠한 것인지 잘 나타내 주고 있습니다.

예수님 역시 학위증이 없었습니다. 그분은 당시 신학자들의 조소를 받았습니다. 요한복음 7장 17절에는 "사람이 하나님의 뜻을 행하려 하면 이 교훈이 하나님께로서 왔는지 내가 스스로 말함인지 알리라."라고 하셨습니다. 야고보서 1장 5절에서부터 8절까지에는 지혜를 얻는 조건-신학교에 가는 것이 아닌 하나님의 뜻대로 행하는 것-이 나옵니다. 초대 집사 임명이 있고 나서 한두 세대가 흐른 후 바울은 디모데에게 직분을 임명받을 만한 사람에 관해 썼습니다. 그는 이렇게 밀했습니다. "이와 같이 집사들도 단정하고 일구이언을 하지 아니하고 술에 인 박이지 아니하고 더러운 이(돈)를 탐하지 아니하고 깨끗한 양심에 믿음의 비밀을 가진 자라야 할지니 이에 이 사람들을 먼저 시험하여 보고 그 후에 책망할 것이 없으면(사도행전의 '칭찬 듣는'이라는 말과 비교해 보십시오)…집사들은 한 아내의 남편이 되어 자녀와 자기 집을 잘 다스리는 자일지니"(딤전 3:8~12).

여기서 '시험'이라는 말은 학교 시험을 의미하는 것이 아니라 실생활과 교회에서 '책망할 것이 없는' 사람을 의미합니다.

그들의 품성이 선한지 일정기간 동안 지켜보라는 뜻입니다. 그들은 결혼하여 자녀를 둔 40대 정도의 성숙한 사람이어야 합니다. 성경 어디에도 사람의 말을 믿으라고 하지 않습니다. 그 사람의 됨됨이는 그의 삶에서 맺어지는 열매와 행위가 나타내 줍니다.

"깨끗한 양심에 믿음의 비밀을 지킨다."라는 의미 역시 학벌하고는 상관이 없습니다. 체계적이고 조직적인 학습일지라도 '비밀' 이상의 것을 배울 수는 없습니다. 나는 이것이 하나님과의 개인적이고 긴밀한 관계를 의미한다고 봅니다.

목사에게 학벌 강요한 성경말씀 없어

장로의 자격도 디도서 1장 5절부터 11절까지 언급되어 있습니다. 장로 직분을 돈으로 사려는 사람들에 대한 강한 경고도 포함되어 있습니다. 자격조건은 집사의 그것과 같습니다.

지역 사회에서 평판이 좋은 자녀들을 가진 성숙한 사람이어야 합니다. "책망할 것이 없고 제 고집대로 하지 아니하며 급히 분내지 아니하며 술을 즐기지 아니하며 구타하지 아니하며 더러운 이를 탐하지 아니하며 오직 나그네를 대접하며 선을 좋아하며 근신하며 의로우며 거룩하며 절제하며"(딛 1:7~8).

목사의 학벌을 정당화시키기 위해 인용하는 구절이 있습니다(딤전 3:2; 딤후 2:24 참조).

형제는 아마 가톨릭이나 성공회, 감리교회에서 감독이라는 말이 교회의 고위행정 담당자들, 주교나 감독을 뜻하는 것으로 알겠지만 장로교에서는 장로는 물론 목사들도 감독으로 간주되고 있습니다. 가톨릭의 '신부'라는 말은 원래 '장로'에서 파생된 것입니다.

위의 두 구절을 보면 '가르치기 쉬운'이라는 뜻으로 번역된 그리스어 '디닥티코스'라는 말이 나옵니다. 이는 구약에서의 '너희 자녀를 가르치라'는 말과 가장 유사합니다. 성경 밖에서 찾아보면 이집트의 알렉

산드리아에서 바울과 동시대를 살았던 유대인 성경학자 빌도가 이 말을 사용했습니다.

그는 이 단어를 '가르칠 능력이 있는', '가르치고 싶어하는'의 뜻으로 사용했습니다.

이것은 이사야 54장 13절의 교훈과 유사합니다. 이것은 교회 지도자들에게 겸손을 가르쳤던 예수님의 말씀과 일치합니다. 나는 이 단어가 '가르치기 쉬운' 이라고 번역된 근거를 찾을 수가 없었습니다.

에베소서 4장 11절의 '목사와 교사'를 같은 것으로 간주하여 교회 목사들에게 학벌이라는 짐을 얹어 주고 대학이나 대학원의 복잡한 제도를 합리화시킵니다. 정말 심각한 상황입니다. 전통을 고수하는 로마 가톨릭이나 성공회라면 놀랄 것도 없지만 매사 성경을 기본으로 하는 개신교에서 이런 상황은 문제가 아닐 수 없습니다.

어떻게 된 일입니까? 성경에서 정한 교회 직분 중 교사에 관한 언급은 다음과 같습니다(대상 25:8; 대하 15:3; 사 30:20; 시 119:99; 행 13:1; 롬 12:7; 고전 12:28; 엡 4:11; 딤후 4:3; 딛 2:3; 히 5:12; 벧후 2:1). 특히 고린도전서 12장 28절에서는 교사를 사도와 선지자 다음에, 다른 직분들 앞에 두고 있습니다.

그러나 교사의 자격조건에 관한 언급은 없습니다. 에베소서 4장 11절 또한 교회 직분을 열거하면서 '목사와 교사'라는 표현을 사용했는데 현재 수많은 사람들이 이 두 가지 직분이 하나인 양 생각합니다. 교사가 될 자격이 없는 목사는 있을 수 없다는 생각을 갖게 했습니다.

어떻게 하여 성경의 도덕적, 실제적, 영적 자격을 학위가 대신하게 되었습니까? 솔직히 말해서 이러한 현상은 세상을 따라가는 것이라고 볼 수밖에 없습니다.

우리는 쉽게 비기독교적인 세상과 조화를 이루고 싶어 합니다. 세상은 대학 교육을 인정해 줍니다. 그 결과 신학은 수학이나 역사, 자연 과학 등과 같이 수업 과목들 중의 하나이면서 오히려 다른 과목보다는 쉬운 것으로 생각되고 있습니다.

하나님의 일보다는 직장을 얻기 위한 수단으로 학위증을 원합니다. 마치 직장을 가지듯 목사 안수를 받습니다. 이런 사람들은 하나님을 알리가 없고 따라서 존재조차 모른 채 살아갑니다.

지난 가을 미국의 어느 교회에서 제법 고위층에 있는 이런 부류의 사람들이 모여 '하나님의 형상 회복'이라는 주제하에 회의를 가진 바 있습니다. 그들은 하나님의 존재를 믿지 않습니다. 그들은 하나님이 단지 상상으로 꾸며진 허구에 불과하다고 생각합니다.

교회 갱신과 부흥은 기도로

시험에서의 부정행위 역시 지극히 당연한 일이겠지요. 결국 이런 부류의 사람들은 고위층을 차지합니다(영리한 사람들은 정치적 수완도 있어서 주교, 감독, 총리, 사회자, 행정 담당직 등 최고위까지 밀고 올라갑니다). 그들이 교리를 총체적으로 관활하게 되면 전면적인 개혁이나 부흥 없이는 상황변화를 기대할 수 없게 됩니다. 개인적으로 말하자면 나는 '개혁'이라는 말을 좋아하지는 않습니다. 개혁운동은 똑같은 야심과 부패(소금이 아닌)로 가득 찬 사람들로 구성된 두 집단 간의 이해 다툼일 경우가 대부분이기 때문입니다.

교회가 다시 한번 사회에서 소금의 역할을 하고 국가의 빛이 되기를 기대한다면 그 진정한 해결책은 '부흥'이나 '갱신'입니다. 이것은 기도를 통해서만이 응답을 받을 수가 있습니다. 나는 성령의 전반적이고도 심도 깊은 갱신 없이는 교회의 근원적 구조를 변화시킬 가망이 없다고 봅니다.

수많은 융통성 있는 교파 안에서는 성경에 묘사된 대로 신앙심 깊고 성령 충만한 사람들이 특정한 학벌 없이도 목사 안수를 받을 수 있었지만 시간이 지남에 따라 학위 소지자들이 특권에 야심을 품게 되어 학위를 갖지 못한 성결한 사람들에게 문을 닫아 버리도록 교회법을 변경시키게 되었습니다.

그들은 성경에 규정되어 있는 정당한 교훈을 주장하지 않습니다. 그들은 자신들이 조종하고 있는 집회나 회의, 교단 총회 등에서 이러한 것에 대한 성경적 근거가 제시되어 논의되는 것을 방해합니다.

문 형제, 놀라지 마십시오. 성경은 우리에게 거짓 교사에 대해 경계할 것을 권하고 있습니다.

교리가 본연의 자세와 의지를 잃어 버리고 있는 것은 불가피한 것입니다. 베드로가 말했듯이 그들의 양심이 찔려 부끄러움을 당하게 됩니다. 문 형제, 상황을 너무 절망적으로 보지는 마십시오. 이 문제의 심각성을 깨닫고 함께 고민할 수 있는 사람들과 모여 교리의 갱신과 변화를 위해 열심히 기도하십시오.

혼신을 쏟는 기도를 통해 한국 문을 마구 두드리십시오. 교리는 오랜 역사를 통해서 거듭 변화해 왔습니다. 우리는 지난 역사에 비추어 오늘날 우리 시대에도 교리의 새로운 변화가 있기를 기대해 봅시다. 하나님은 변화를 일으키고 계십니다. 그분은 우리의 기도에 응답하십니다.

산꼴짜기에서 온 편지

'복음'의 성서적 의미는 무엇인가

존경하는 대천덕 신부님께.

신부님께서 알고 계시듯이 5월 17일부터 27일까지 서울에서는 세계복음주의협의회 모임이 열립니다.

각국의 대표자들은 10년에 한 번 열리는 이 대회에 참석하기 위해 세계에서 몰려들 것입니다. 이번 대회에서는 좋은 결과가 나와야 하며 그것은 참석하는 각국의 대표자들이 얼마나 하나님 앞에서 진심으로 기도를 하느냐에 달려 있다고 생각합니다.

일부 성서학자들은 아비야의 계산법(눅 1:5)을 인용해 올해 5월 25일이 예수 탄생 2천 주기라고 주장합니다. 우리가 알고 있는 12월 25일은 로마 기독교인들이 산출한 날짜며 상식적으로 생각해 봤을 때 그날에 목자들이 들판에 나와 있기란 어려운 상황입니다.

헤롯은 B.C. 4년에 죽었으며 그가 죽기 전에 두 살난 아이들을 죽였다는 점으로 미루어 보아 예수 탄생 시기는 B.C. 6년으로 볼 수 있으며 그럴 경우 올해인 1995년이 2천 주기가 되는 것입니다.

세계복음주의협의회 모임 중에 예수 탄생 2천 주기를 맞이한다는 사실은 놀라운 일이라고 생각합니다.

우리가 이러한 사실을 망각한다면 큰 문제가 아닐 수 없습니다. 왜냐하면 이것은 '복음(evangelism)'과 밀접한 연관이 있기 때문입니다. 제가 지금까지 들어온 복음이라는 말과 예수께서 누가복음에서 밝힌 복음과는 상당한 거리가 있다고 생각합니다. "주의 성령이 내게 임하셨으니 이는 가난한 자에게 복음을 전하게 하시려고 내게 기름을 부으시고"(눅 4:18).

그렇지만 저는 가난한 자에게 복음이 전파되었다는 설교를 거의 들어본 적이 없습니다.

예수께서는 마태복음 28장 19절과 20절에서 위대한 명령을 내리고 있습니다. 그분은 "가서 세계를 복음화 하라."라고 말하지 않았고, "그러므로 너희는 가서 모든 족속으로 제자를 삼아 아버지와 아들과 성령의 이름으로 세례를 주고 내가 너희에게 분부한 모든 것을 가르쳐 지키게 하라."라고 하였습니다.

그러나 우리들은 예수께서 말씀하신 대로 순종하지 않고 있습니다. 오래되고 권위 있는 교회일수록 예수님의 명령을 무시하고 있는 것이 오늘의 현실입니다. 우리는 순종보다 신학이나 교리에 더 빠져 있습니다. 우리가 설파하고 있는 교훈이나 복음은 지적인 것이 대부분입니다.

우리는 '믿음'을 하나님께 순종하고 따르는 삶의 원리로 삼지 않고 사고의 한 수단으로 여기고 있다고 생각합니다. 세계 각지의 가난한 자들에게 진정으로 좋은 소식을 전해 주어 그들로 하여금 충성된 제자가 될 수 있는 길을 열어 줄 수 있는 방법은 무엇인지 신부님께서 설명해 주셨으면 합니다.

- 주 안에서 전호전 올림

사랑하는 전 형제에게.

형제가 제기한 질문은 세계복음주의협의회를 맞이해 아주 적절한 것이었다고 생각합니다. 우리는 '복음(전도)'이라는 정의를 한번 재고할 필요가 있습니다. 그리스도의 말씀을 단순하고 바른 방법으로 가난한 자에게 전할 방법을 찾을 필요가 있습니다.

오는 5월 25일(부활절로부터 40일이 되는 강림주일)에 가난한 저희들을 위해 오신 예수님의 탄생 2천 주기를 지켜야 한다는 형제님의 주장에 대해 저는 전적으로 공감을 하고 있습니다. 또한 이번 대회가 기도하는 대회가 되어야 한다는 것과 참석 대위원들이 너무 바쁜 나머지 기도를 못하는 일이 없도록 우리 모두가 힘써야 한다는 주장에도 전적으로 동의하고 있습니다.

가난한 자(UN 자료에 의하면 세계 인구의 5분의 1)에게 효과적으로 (간단한 방법으로) 복음을 전할 수 있는 방법을 모색해야 한다는 형제님의 제의는 제 마음을 뭉클하게 했습니다. 저는 지금까지 살아오는 동안 복음을 전하는 방법에 대해 많이 연구를 해 왔으나 가장 좋은 방법은 바로 성경에 나와 있다는 사실을 깨닫게 되었습니다. 하지만 이것은 안타깝게도 기독교인들에 의해 철저하게 무시당해 왔습니다. 요한일서 1장을 보시기 바랍니다.

저는 요한일서 1장에 나오는 말씀에 대해서 형제는 물론 이번 대회에 참석하는 대의원들과 함께 의견을 나누었으면 좋을 것 같다고 생각합니다. 우리는 종종 빌립이나 베드로나 바울이 제시한 방법에서 해결책을 찾으려고 하나 제 생각으로는 사도 요한이 제시한 방법이 가장 바른 방법이라고 판단하고 있습니다.

복된 소식이 있다

가난은 하나님의 뜻이 아닙니다. 하나님께서는 '정의'이십니다. 그분은 우리에게 어떻게 정의를 실천해야 할지 가르쳐 주셨습니다. 가난을 물리치는 방법을 보여 주셨습니다. 하나님께서는 가난한 자의 권리를 보호하시며(시 140:12) 우리 믿는 자들이 그의 뜻을 행할 것을 바라고 계십니다.

하나님께서는 또한 토지는 자신의 것이며 모든 가정이 각자의 땅을 소유하기를 원하신다고 말씀하셨습니다. 따라서 토지를 사용할 권리가 있는 자나 없는 자나 모두 자신들의 죄를 회개해야 합니다. 그렇지 않으면 하나님께서는 그들의 기도에 응답하지 않을 것입니다.

또한 우리들은 우리들의 화냄과 분노에 대해 회개하고 우리들의 원수와 우리들을 핍박하는 자를 위해 기도해야 합니다. 그렇지 않으면 하나님께서 우리들의 기도에 응답하지 않을 것입니다. 과연 그런 일이 가능할까요? 복음은 '그렇다'라고 말씀하고 있습니다.

정의 실현을 위해 우리들의 기도가 응답되기를 기다리는 동안 우리는 서로 교제를 나눌 수가 있습니다. 성경은 모든 사람이 교제, 즉 코이노니아를 나눈다면 교제를 나누는 사람 가운데 가난한 자는 없을 것이라고 말씀하고 있습니다. 성경에 나오는 '코이노니아'의 의미란 그리스도 안에서 형제자매들이 서로에 대해 피를 나눈 친형제처럼 책임을 지는 행위를 뜻합니다. 성경을 잘 음미해 보면 초기 교회 시대에는 성도들이 정부나 지주가 나서서 무엇을 해 주기를 기다리지 않았습니다.

가능하게 하시는 하나님

마음의 변화가 없다면 사람들은 서로에 대해 책임을 지지 않을 뿐더러 성경에서 말하는 코이노니아에 전적으로 헌신할 수 없을 것입니다. 우리는 모두 천성적으로 이기적이며 어떤 이는 살인적이고 음탕하기도 하고 도둑질하는 이도 있으며 자기 자랑에 빠지기도 합니다. 이처럼 사람들은 각종 어려움 속에 빠져 있습니다. 그러나 하나님께서는 이러한 것들을 고치실 수가 있습니다. 그분은 우리로 하여금 서로 사랑하게 하실 수가 있습니다.

그분은 이미 이것을 하셨습니다. 하나님께서는 철저하게 이기적인 우리를 취하셔서 새로운 피조물로 만들 수가 있습니다. 그렇습니다. 그분은 우리들을 재창조하셨습니다. 우리는 하나님의 능력으로써 새로 태어난 것입니다.

자, 우리는 새로운 가족, 즉 하나님의 가족의 일원이 되었습니다. 우리는 모든 사람들을 이 가족의 일원으로 초대하고 싶습니다. 우리는 하나님께서 우리의 삶 속에서 행하신 일들을 함께 나누기 원합니다. 이 가족 안에서는 서로에 대해 책임을 가지며 헌신합니다. 우리는 우리에게 헌신하신 하나님을 아버지로 모시고 있으며 '길'이요 '해결자'이신 예수 그리스도를 알고 있습니다.

예수님은 '문제 해결자'

예수님은 하나님의 아들이십니다. 그분은 태초에 하나님과 같이 계셨으며 인간으로 오시기 전에 '말씀'이라고 불려졌습니다. 2천 년 전에 그는 우리와 함께 하기 위하여, 또한 하나님 아버지를 우리에게 보여주기 위하여 인간이 되셨습니다. 그는 가난 속에서 태어나셨으며 하나님의 초자연적인 능력으로써 처녀의 몸으로 태어났다는 이유로 인해 사생아로 여겨졌습니다. 그는 멸시받고 천대받았으며 30세까지는 목수로서 일하면서 식구 많은 가정을 돌보았습니다.

그 후 그는 3년 동안 하나님의 성령의 능력으로 병든 자를 고쳤으며 귀신을 몰아냈고 죽은 자를 일으켜 세웠으며 하나님의 나라를 전파했습니다. 이 모든 일이 중동 지역인 이스라엘 땅에서 일어났습니다. 많은 이스라엘 사람들은 그를 가리켜 '메시아' 또는 '그리스도'라고 불렀습니다. 이 말은 하나님께 기름 부음을 받았다는 뜻으로 이스라엘 백성들의 문제를 해결한다는 의미를 담고 있습니다.

그러나 권력에 있는 사람들은 예수님의 존재가 그들에게 위협이 되자 예수님을 경원시했습니다. 결국 그들은 예수님을 십자가에 못 박아 죽게 했습니다. 한 병사가 창을 예수님의 옆구리에 찌르자 예수님의 몸에서 피와 물이 쏟아져 나왔습니다. 로마 병사들은 예수님을 십자가에서 끌어내려 바위 무덤에 매장하고 입구를 봉했습니다.

그러나 그로부터 3일째 되던 날 그분은 부활해 40일이 넘는 기간 동안 그분이 사랑했던 사람들(5백 명 이상)에게 나타나셨습니다(예수님을 사랑했던 대부분의 사람들은 처음에는 예수님에 대해 상당히 회의적이었던 사람들이었습니다). 그 후 그분은 하늘로 승천해 약속하신대로 그의 제자들에게 성령을 부어 주셔서 증인이 되게 했습니다. 예수께서는 또한 약속하신 대로 다시 오실 것입니다. 그 날과 그 시는 오직 아버지만 아시지만 그 날에 이르러 비로소 하나님의 왕국 건설이 완성될 것입니다.

예수님께서 승천하신 지 10일 후 그의 제자들이 성령의 충만함을 받고 복음을 전파하자 예수께서 행하셨던 능력이 나타났습니다. 그들은 하나님의 왕국 건립의 초기라 할 수 있는 코이노니아를 하기 시작했습니다. 우리는 2천 년 전에 우리 선배들이 했던 일들을 지금에 와서 전하고 있다는 사실에 대해 부끄러움을 느껴야 합니다.

이제 형제가 질문한 물음에 대해 대답을 하고 하나님과 예수님에 대해 더 자세히 말하고자 합니다. 우리는 하나님의 정의를 실현하지 못하고 코이노니아를 하지 못했던 점에 대해 회개하고 있습니다. 우리는 형제가 우리들의 모임에 가족의 일원으로 참여를 한다면 더 없이 좋을 것 같습니다. 우리 역시 가난합니다. 그러나 하나님께서는 과거에 그랬듯이 오늘날도 기적을 행하실 수가 있습니다.

그분은 지금도 우리들을 변화시킬 수가 있으며 지혜를 주시고 병을 치료하며 우리들의 문제를 해결할 수 있습니다.

예수께서는 "무엇을 먹을까 무엇을 마실까 무엇을 입을까 하지 말라 이는 다 이방인들이 구하는 것이라 너희 천부께서 이 모든 것이 너희에게 있어야 할 줄을 아시느니라 너희는 먼저 그의 나라와 그의 의를 구하라 그리하면 이 모든 것을 너희에게 더하시리라"(마 6:31~33)라고 말씀하셨습니다.

우리들은 이 말씀이 사실이라는 것을 수없이 실제적인 삶 속에서 증명해 왔습니다. 우리는 예수님을 '문제 해결자'라고 부릅니다. '구원자'라는 의미에는 바로 '문제 해결자'라는 뜻이 내포되어 있습니다.

코이노니아 없으면 복음화는 불가능

전 형제님, 문제의 해결은 이미 말씀드린 대로 요한일서 1장에 있습니다. 우리 기독교인들이 모슬렘과 힌두교도, 막스주의자들에 의해 미움을 받는 이유는 기독교인들이 동남아시아와 남아프리카와 아프리카를 기아와 질병 속에 빠뜨린 불의에 대해 침묵했기 때문이었습니다.

우리는 가난의 해결책이 성경의 말씀대로 토지 문제에 있다는 사실조차도 언급하기를 주저했습니다. 우리는 하나님께서 첫째, 정의를 행하기 원하시고 둘째, 자비를 행하기 원하시며 셋째, 하나님과 겸손히 동행하기를 원하신다는 미가 선지자의 외침에 귀를 기울이지 않았습니다.

우리는 오히려 세 번째 사항을 가장 중요시함으로 예수님 시대의 사두개인이나 바리새인이 행했던 것과 같은 오류를 반복하고 있습니다. "너희가…율법의 더 중한바 의와 인과 신은 버렸도다…"(마 23:23).

오늘날 예수님을 십자가에 못 박은 사람은 다름이 아닌 우리들입니다. 그의 이름이 우리들로 인해 만민 가운데서 조롱을 당하고 있습니다.

그러나 한 가지 문제가 더 남아 있습니다. 이러한 해결책은 성도들이 실제로 코이노니아를 행하려고 할 때 비로소 이루어진다는 것입니다. 지구상에는 여러 가지 박해를 당하고 있는 교회와 성도들이 많이 있습니다. 그러나 얼마나 많은 편안한 기독교인들이 이들과 함께 코이노니아를 나누려고 할까요?

이러한 사실은 아주 중요한 문제입니다. 그래도 제법 믿는다는 우리들이 우리의 이기심과 개인주의를 회개하고 성령의 감동이 충만했던 초대교회 시절처럼 철저한 코이노니아의 삶을 살아야 합니다.

하나님께서 이러한 부흥의 역사를 행하시기를 간절히 바랍니다. 코이노니아가 없다면 효과적인 전도는 불가능하다는 사실을 이번에 열리는 세계복음협의회가 깨달을 수 있도록 우리 함께 기도합시다.

"위에 것을 생각하고 땅에 것을 생각지 말라"는 무슨 의미인가

대천덕 신부님께.

제가 몇 주 전에 예수원에 갔을 때 그곳에 계신 모든 분들이 저를 친절하게 대해 주셔서 감사드립니다. 저는 정말 좋은 시간을 가졌으며, 예수원의 삶이 밖의 세상과 얼마나 다른지에 큰 감명을 받았습니다. 어느 누구도 그처럼 세상과 분리되어 살 수 있으리라고는 상상하기 힘들 것입니다. 우리 대부분은 세상 사람들과 똑같이 직장에서 일도 해야 하고 시장이나 백화점에서 매일 쇼핑도 해야 합니다. 우리의 자녀들도 다른 아이들과 마찬가지로 같은 학교를 다니고, 다른 아이들과 똑같이 전적으로 세속적인 교육을 받고 있습니다.

예수원에서는 그 누구도 텔레비전 앞에서 시간을 낭비하는 일이 없더군요. TV프로그램 중 때로 시청할 가치가 있는 프로그램도 있기는 하지만 대부분의 TV프로그램은 실제로 시간 낭비이며, 잘못된 기준을 받아들이도록 세뇌시키고 있는 것을 볼 수 있습니다. TV는 돈, 권력, 성으로 맞추어져 있어서 그리스도인 자녀들에게 매우 위험합니다.

그러나 만일 우리가 우리 자녀들에게 TV를 못 보게 한다면 우리 자녀들은 친구 집에 TV를 보러 갈 것이고, 그곳에서 무엇을 보는지 전혀 알 수가 없게 될 것입니다. 그러나 한국은 아직 미국처럼 TV환경이 나쁘지는 않은 것 같습니다. 제가 최근 미국에 여행을 다녀왔는데 TV에 나오는 내용을 보고 크게 충격을 받았습니다. 하지만 우리나라도 같은 방향으로 가고 있는 것 같아 걱정입니다.

제 질문은 이 모든 것과도 연관되며 또한 토지법 개혁 등등에 대한 신부님의 관심과도 연관됩니다. 만약 우리가 토지법을 바꾸려고 한다면 세상과 깊이 관련되어져야 할 것입니다. 제 질문은 다음과 같습니다. "위엣 것을 생각하고 땅엣 것을 생각지 말라"는 성경 말씀은 무엇을 의미합니까? 이는 우리 시간 전체를 종교에 대해서만 이야기하고 경제, 사업 또는 일상생활은 무시해야 함을 의미합니까?

성경이 의미하는 것이 무엇인지, 그리고 실제 우리 삶에 적용 가능한지를 이해하도록 도와 주십시오. 예수원에서도 그곳 식구들은 농사를 짓고, 가축을 기르고, 내어다 팔 물건을 만들고, 요리하고, 집안 관리 등등을 하느라 바쁜 것을 봅니다. 우리가 이 세상에 살면서 물론 기도와 성경 공부할 시간을 가져야 하겠지만 그 외의 시간은 어떻게 하는 것이 좋을까요? 이해하도록 도와 주십시오.

— 주 안에서 신도망 올림

신 형제에게.

아주 훌륭한 질문을 해 주셔서 감사합니다. 형제는 '이 세상'의 문제들을 정확하게 바라보고 있습니다. 이 세상에 살면서 세상의 일부분이 되지 않는 성서적 방법이 있을까요? 제가 "위엣 것을 생각하고 땅엣 것을 생각지 말라."를 어떻게 이해하고 있는지를 설명해 드리겠습니다. 우리가 우리 자녀로 하여금 어린 시절에 이 원리를 이해하도록 하는 것은 매우 중요합니다. 그래서 그들이 친구들에 의해 방황하지 않고 오히려 친구들을 바른 길로 인도하며, 학교에서 배우는 잘못된 가르침으로부터 스스로를 보호할 수 있도록 해야 합니다.

'위'는 세상 기준 아닌 하나님의 기준

먼저, 주기도문을 생각해 봅시다. 우리는 "뜻이 하늘에서 이룬 것같이 땅에서도 이루어지이다."라고 기도합니다. 이는 이 땅에서의 모든 일들이 하늘에서 이루어지는 것처럼 되기를 원한다는 뜻입니다. 이는 곧 우리의 주 관심사가 '위엣 것'에 있다는 말입니다. 그러나 우리는 하나님의 뜻이 이 땅에서 이루어지는 것을 보기 원합니다. 우리가 이 땅에서 멀리 도망가는 것이 아니라, 하나님의 뜻이 바로 여기서, 바로 이루어지기를 구한다는 것입니다.

둘째로, 성경은 "이 땅의 것에 대해 생각조차 하지 말라."거나 "이 땅의 것을 상관하지 말라."라고 이야기하지 않습니다. 성경은 우리의 '관심'이 어디에 있어야 할지에 대해 이야기하고 있습니다. 즉 우리 삶의 주된 동기가 무엇이 되어야 하며 우리가 좋아하는 것, 그리고 우리가 바라는 것이 무엇이 되어야 하는지에 대해 말하고 있습니다.

형제가 인용한 구절을 본문과 함께 읽어보기로 합시다. "위엣 것을 생각하고 땅엣 것을 생각지 말라"(골 3:2). 이는 자기 자신만의 '성공',

'안전' 또는 '성', '욕심', '어떤 중독' 등의 일시적인 것을 추구하지 말라는 뜻입니다. 물론 이 말씀은 다른 사람이 실제 당면하고 있는 문제를 무시하라는 것이 아닙니다.

골로새서 3장 5절은 "그러므로 땅에 있는 지체를 죽이라 곧 음란과 부정과 사욕과 악한 정욕과 탐심이니 탐심은 우상숭배니라."라고 말합니다('탐심은 우상숭배'라는 가르침은 에베소서 5장 5절의 가르침과 동일함을 주목하십시오).

TV와 기타 매체물 들은 광고에 의해 운영되고 있으며, 광고는 탐심에 호소하고 있기에 우리 문화 전체가 우상숭배화 되고 있습니다.

골로새서 3장 8절에는 "이제는 너희가 이 모든 것을 벗어 버리라 곧 분과 악의와 훼방과 너희 입의 부끄러운 말이라."라고 기록되어 있습니다. 이런 것들은 세상(땅)에 속한 것입니다. 하나님의 보좌가 있는 천국에 이런 것이 있으리라고 상상이나 할 수 있겠습니까? '위'라는 것은 세상의 기준이 아닌 하나님의 기준을 갖는 것을 의미합니다. 땅엣 것은 때가 오면 부서지고, 썩어지고, 쇠하며, 사라지지만 위엣 것은 영원할 것입니다.

또한 골로새서 3장 9절에는 "너희가 서로 거짓말을 말라 옛사람과 그 행위를 벗어 버리고."라고 기록되어 있습니다. '옛사람'이란 자기가 보고 듣는 것만, 즉 자기 바로 곁에 있는 것만 이해하는 사람을 말합니다. 우리는 이 옛사람을 새사람으로(하나님을 알고 세상보다는 하나님을 기쁘시게 하려는 거듭난 사람, 즉 새로운 피조물) 바꾸어야 합니다. 새사람은 코이노니아(성령 충만한 그리스도인들의 책임 있는 교제) 안에 사는 사람입니다. 요한일서는 이 코이노니아 안에서 우리가 깨어져야 하고, 또 열려 있어야 한다고 말합니다. 즉 우리는 이 코이노니아 안에서(회개하고 죄를 고백할 때) 서로를 용서해야 합니다. 이 세상 사람들은 화를 내고 의사소통을 단절해 버리고 맙니다. 그러나 그리스 도인들은 화해하려고 노력해야 합니다. 이는 비록 이 땅에서 일어나는 일이지만, 위엣 것의 일부가 이루어지고 있는 것입니다. 우리가 서로 화목하게 되면 우리는 천국을 이 땅에 가져오는 것입니다.

골로새서 3장 10절에는 "새사람을 입었으니 이는 자기를 창조하신 자의 형상을 좇아 지식에까지 새롭게 하심을 받는 자니라."라고 기록되어 있습니다. 바로 이것입니다. 우리는 우리 창조주의 형상을 좇아 새롭게 되었습니다. 그분은 어디에 계십니까? 그분은 천국에 계십니다. 그러므로 우리가 그의 형상을 좇아 새롭게 되면, 우리 심성은 위엣 것을 향하게 됩니다. 이것이 어떻게 나타납니까? 12절을 봅시다. "그러므로 너희는 하나님의 택하신(세상이 우리를 택한 것이 아니라 하나님이 우리를 택하셨습니다) 거룩하고 사랑하신 자처럼 긍휼과 자비와 겸손과 온유와 오래 참음을 옷 입고." 이것들이 코이노니아를 유지하기 위해 우리가 가져야 할 성품입니다. 여기에다가 사랑(14절)이 더해져야 하는데, 사랑은 일반적인 관심, 책임감입니다.

하나님의 사랑은 모든 사람들을 위한 것이기 때문에 사랑은 공동체 안의 사람만을 향한 사랑뿐 아니라 밖의 사람들을 향한 사랑도 포함하고 있습니다. '자비의 마음'은 긍휼함을 실천하고 동정을 가지는 것을 의미합니다. 그러나 긍휼을 잊지 않는다는 것은 공의를 행하는 것(미 6:8) 이후의 일입니다. 긍휼은 불의를 당한 피해자들을 돌보아 주는 것이므로 만약 우리가 공의를 행치 않으면 이런 피해자들은 계속 늘어날 것이기 때문입니다.

만약 우리가 오직 위엣 것에만 관심을 가지며 이런 일에 관심이 없다고 말한다면, 사람들은 하나님께서 자신들의 삶에 관심이 없으시다고 생각할 것이고 결코 그리스도를 영접하지 않을 것입니다. 그러나 성경에는 하나님께서는 공의의 하나님이며, 가난하고 불리하고 연약한 사람들의 하나님이라고 증거되어 있습니다. 위엣 것을 생각하는 것은 올바른 토지법 개정을 위해 노력하는 등 공의를 위해 싸우는 것을 의미합니다. 올바른 토지법이 없으면 굶주리는 사람의 수는 계속 늘어날 것입니다.

하나님께서는 그들에 대해 염려하시며, 우리에게 그들을 염려해 주라고 말씀하십니다. 그리고 우리들이 정확히 어떻게 행해야 할지도 말씀하셨습니다. 세상 것을 생각하는 사람들은 다른 사람들을 착취해서 그들을 가난하게 만드는 대가로 자신이 부유하게 되는 데 여념이 없는 사람들입니다. 그들은 기독교적 토지법에 결사적으로 반대하는 사람들입니다.

교회는 하늘나라의 한 부락

이 구절은 계속해서 교회가 어떠해야 할지를 가르쳐 줍니다. 교회가 이 땅에 존재하고 있는 동안은 하늘나라의 한 부락입니다. 이 땅이 교회를 하늘나라처럼 만들게 됩니다. 여기에 그 방법이 있습니다. 골로새서 3장 13절부터 14절까지에는 "누가 뉘게 혐의가 있거든 서로 용납하여 피차 용서하되 주께서 너희를 용서하신 것과 같이 너희도 그리하고 이 모든 것 위에 사랑을 더하라 이는 온전하게 매는 띠니라."라고 기록되어 있습니다. 사랑은 띠인데 우리를 성숙한('온전한'이란 '성숙'을 의미합니다) 코이노니아(책임 있는 교제)로 묶어 주는 띠입니다.

골로새서 3장 15절에서 "그리스도의 평강이 너희 마음을 주장하게 하라 평강을 위하여 너희가 한 몸으로 부르심을 받았나니 또한 너희는 감사하는 자가 되라."라고 했습니다. 여기서 우리는 코이노니아를 지속하게 하는 성품들로 되돌아갑니다. 부름받았고, 한 몸이 되었음을 깨달으면서 조화를 이루어 나가는 것입니다. 각자가 평강을 누리면 사람들 사이에 평화를 이루는 것이 가능합니다. 왜냐하면 이 모두는 평강(화해)의 하나님으로부터 오기 때문입니다.

골로새서 3장 16절에는 "그리스도의 말씀이 너희 속에 풍성히 거하여 모든 지혜로 피차 가르치며 권면하고 시와 찬미와 신령한 노래를 부르며 마음에 감사함으로 하나님을 찬양하고."라고 기록되어 있는데 "하나님의 말씀이 너희 안에 거하게 하라."는 말씀은 곧 성경을 계속해서 읽고, 말씀으로 충만하게 되라는 말씀입니다. 이는 또한 예배, 말씀 공부, 그리고 코이노니아의 삶에 있어 중심이 되는 상호 권면에 적극적으로 참여하는 것을 의미하기도 합니다. 또한 정의에 대해서도 올바로 이해하게 될 것입니다. 아모스는 정의 없이 예배드리는 것은 하나님께 가증스러운 일이라고 말했습니다.

또한 골로새서 3장 17절에서는 "또 무엇을 하든지 말에나 일에나 다 주 예수의 이름으로 하고 그를 힘입어 하나님 아버지께 감사하라."라고 가르치고 있습니다. 우리 스스로의 생각이나 선함 때문에 그런 일을 하는 것이 아니라, 예수께서 우리에게 그렇게 행하라고 명하셨고, 그가 보내신 성령께서 우리에게 그렇게 행할 수 있는 능력을 주셨음을 사람들에게 알려야 합니다.

이제 또 이에 대해 다른 각도로 조명해 주고 있는 데살로니가후서의 몇 구절을 상고해 보기로 합시다. 데살로니가 교인들은 예수께서 곧바로 재림하셔서 이 땅에 천국을 세우시리라는 생각에 사로잡혀서 일상 생활의 일들을 게을리 하고 있었습니다. 이에 바울과 그의 동역자들은 그들에게 "형제들아 우리가 너희에게 구하는 것은 우리 주 예수 그리스도의 강림하심과 우리가 그 앞에 모임에 관하여 혹 영으로나 혹 말로나 혹 우리에게서 받았다 하는 편지로나 주의 날이 이르렀다고 쉬

동심하거나 두려워하거나 하지 아니할 그것이라 누가 아무렇게 하여도 너희가 미혹하지 말라 먼저 배도하는 일이 있고 저 불법의 사람 곧 멸망의 아들이 나타나기 전에는 이르지 아니하리니"(살후 2:1~3)라고 말씀하고 있습니다.

우리는 서양에서 배도하는 일이 일어나고 있음을 봅니다. 그리고 이와 동시에 새로운 부흥과 성령 운동이 곳곳에서 일어나고 있음을 봅니다. 우리는 불법의 사람이 올 준비가 되어가고 있으며, 또한 살아 있는 교회가 그를 막고 있음을 봅니다. 예수님께서는 먼저 복음이 전 종족에게 선포되어야 한다고 말씀하셨습니다. 이는 우리가 앞으로 두 가지에 주목해야 할 것을 가르칩니다. 불법의 사람이 자기를 보여 성전에 앉아 하나님이라 할 것과 또한 복음이 모든 민족에게 전파되는 일이 완성되는 것이 바로 그것입니다.

데살로니가후서 2장 8절은 "그때에 불법한 자가 나타나리니 주 예수께서 그 입의 기운으로 저를 죽이시고 강림하여 나타나심으로 폐하시리라."라고 증거합니다. 주님께서는 이 불법한 자가 나타날 때 그를 죽이실 것이지만, 그가 악을 행할 시간을 갖고 하나님의 진리의 사랑을 거부한 사람들을 미혹한 후에야 그를 죽이실 것입니다.

데살로니가후서 2장 9절에는 "악한 자의 임함은 사단의 역사를 따라 모든 능력과 표적과 거짓 기적과."라고 기록되어 있습니다. 악한 자는 거짓 기적을 행할 것이지만, 이미 진리를 거부한 사람들 즉 땅엣 것을 생각하는 사람들만을 속일 수 있을 뿐입니다. 그들은 미혹되어서 거짓을 믿을 것입니다. 비기독교 국가나 전(前)기독교 국가(전에 기독교 국가였으나 지금은 아닌 나라)에서 사람들은 신비하고 때로는 공공연한 사탄주의에 미혹되어 있습니다. 그들은 실제로 거짓을 믿고 있습니다. 만약 그들이 하나님의 뜻을 실천하기로 헌신되었다면 이런 일은 일어날 수 없었을 것입니다.

'진화론'은 가장 큰 거짓말

현대 세계에서 가장 큰 거짓말 중의 하나는 '진화론'의 가르침입니다. 이는 물이 펌프를 사용하지 않고는 위로 흐를 수 없고, 모든 것은 자연적으로 쇠퇴하거나 썩거나 부숴진다는 자연의 법칙에 어긋나는 가르침입니다. 우리는 우리 자녀들에게 이를 보여 주어야 하고, 우연도 아니고 '과학'이라는 이름의 역행하는 과학법칙(진화론을 말함)도 아닌 바로 하나님께서 이 세상에서 역사하고 계시는 것을 바라볼 수 있도록 가르쳐야 합니다. 사람들은 자신의 행위에 책임을 물으시는 창조주로부터 벗어나기 위해 이런 것들을 가르칩니다. 그들은 모든 것이 우연히 생겨났다고 말하고 싶어 합니다. 또한 '적자생존'을 가르침으로써 그 어떤 사회에서나 가장 잔인한 사람들을 보호해 주고 있습니다 (적자생존이란 결국 가장 잔인한 자의 생존인 것으로 드러났습니다). 진화론은 사람들로부터 비전을 빼앗고, 보다 낫고, 경건하고, 공평한 사회를 만들려는 의욕을, 그리고 하나님의 뜻을 이 땅에서 행하려는 의욕을 짓밟아 버리고 있습니다.

데살로니가후서 2장 12절에서는 "진리를 믿지 않고(땅엣 것을 생각하는 사람들은 진리가 위로부터 온 것이므로 진리를 싫어합니다) 불의를 좋아하는 모든 자로 심판을 받게 하려 하심이니라."라고 가르치고 있습니다. 이런 사람들은 90년대 중반의 '정치적으로는 옳은' 사람들입니다. 그들은 불의와 추잡을 즐거워합니다. 그러나 옛날 제국주의 국가들은 모두 '기독교 국가'였고 불의가 그들을 부유하게 만들어 주었기 때문에 불의를 즐거워했습니다. 진리와 원칙에 책임과 의무감을 가지는 정부가 과연 있습니까? 한국에서는 우리가 얼마만큼이나 이같은 일에 책임감을 느끼며 살고 있습니까?

위엣 것을 생각하는 사람이란 어떤 종류의 사람입니까? 위엣 것을 생각하게 하는 것은 성령의 능력에 의한 것이며, 바로 이 성령의 능력으로 그들의 삶에 열매를 맺게 됩니다. 갈라디아서 5장 22절부터 25절까지에는 "오직 성령의 열매는 사랑과 희락과 화평과 오래 참음과 자비와 양선과 충성과 온유와 절제니 이 같은 것을 금지할 법이 없느니라 그리스도 예수의 사람들은 육체와 함께 그 정과 욕심을 십자가에 못 박았느니라 만일 우리가 성령으로 살면 또한 성령으로 행할지니."라고 말씀하고 있습니다.

성령으로 행하는 것은 성령의 인도를 받는 것과 같은 것입니다. 성령은 우리 매일의 삶에서 우리를 인도해 주실 것입니다. 갈라디아서 6장 8절은 "자기의 육체를 위하여 심는 자는 육체로부터 썩어진 것을 거두고 성령을 위하여 심는 자는 성령으로부터 영생을 거두리라."라고 말하는데 '육체를 위하여 심는 것'은 '아랫(땅) 것을 생각하는 것'과 같고, '성령을 위하여 심는 것'은 '위엣 것을 생각하는 것'과 같습니다. 예수님은 우리에게 생명을 주시되 풍성하게 주시러 이 땅에 오셨습니다. 성령을 통해서 우리는 이러한 삶을 발견하게 됩니다. 이런 삶은 모든 세대에 동일하게 적용됩니다.

알코올 음료에 대하여

대천덕 신부님께.

요즈음 예수원에서는 어떻게 지내고 계신지요? 휴가 기간에는 너무나 손님이 많이 찾아와서 무슨 일을 해야 할지 모를 정도로 바쁘시리라 생각합니다. 저도 예수원을 방문했으면 하는데, 지금은 저희가 태백에서 경영하는 작은 식당도 가장 바쁜 시간을 보내고 있습니다. 우리가 식당을 운영하는 데 있어 한 가지 문제가 있는데 신부님의 권면을 듣고 싶습니다. 저희 교회에서는 모든 종류의 알코올 음료와 담배 피우는 것을 전적으로 금해야 한다고 가르치고 있고, 저도 그것이 좋은 방침이라고 생각합니다. 그러나 큰 음식점 체인을 갖고 계신 저희 교회 장로님 중의 한 분이 그 음식점에서 술을 팔고 계신다는 소리를 최근에 들었습니다. 크리스천이 담배나 술을 파는 것이 옳은 일입니까? 제게는 매우 혼란스러운 문제로 느껴집니다. 신부님은 어떻게 생각하시는지요?

— 주 안에서 박순희 올림

박순희 자매에게.

알코올 음료와 담배를 파는 문제에 대해 편지를 해 주셔서 감사합니다. 자매의 입장이 교회와 식당 손님들 사이에서 매우 어려운 상태에 처해 있음을 알겠습니다. 자매의 편지를 받은 후 무엇보다도 먼저 이에 대해 성경이 어떻게 말씀하고 있는지를 찾아보았습니다. 성경에 포도주와 '독주'에 대한 언급이 너무나 많아서 그 구절을 모두 찾아보는 데는 상당한 시간이 걸렸습니다. 성경에는 포도주와 독주에 관한 구절이 모두 196개, 그리고 술 취함에 대한 구절은 모두 37개가 나타나 있습니다.

창세기에는 술 취함에 대한 두 가지의 추한 이야기가 있습니다. 하나는 노아가 술 취한 것에 대한 이야기이고, 또 하나는 롯의 딸들이 롯을 술 취하게 한 것에 대한 이야기입니다. 그러나 성경 전체에서 이 두 가지만이 극히 추한 이야기입니다.

포도주에 대한 대표적인 예로는 지극히 높으신 하나님의 제사장이며 살렘 왕인 멜기세덱이 아브라함에게 떡과 포도주를 가지고 나온 이야기가 있습니다. 이후 떡과 포도주가 삶의 중요한 두 부분으로 거듭하여 취급되고 있습니다. 떡은 삶을 유지하기 위해서, 그리고 포도주는 삶에 향기를 주는 유쾌한 부분으로써 말입니다. 물론 예수님께서도 떡과 포도주를 그의 몸과 피를 희생하신 상징으로 보셨고, 이 두 가지를 써서 주의 성찬이라는 성례전을 제정하셨습니다.

많은 교회들이 포도주 대신 포도주스를 성찬에 사용합니다만, 성경 시대에는 냉장고나 병의 밀봉 방법이 없었으므로 주스가 발효될 수밖에 없었다는 사실을 기억해야 합니다. 포도를 추수하는 기간에만 포도주스가 가능했지, 포도를 담근 후 단 며칠만 지나도 주스는 포도주로 변했던 것입니다.

모세의 율법에는 포도주의 제사, 즉 전제에 대한 많은 언급이 있습니다. 또한 곡식으로 드리는 소제나 동물의 제사에 각각 얼마만큼의 포도주가 드려져야 하는지에 대한 매우 엄격한 법칙도 있었습니다. 요담이 나무들의 왕을 뽑는 비유를 사람들에게 말할 때 그는 이것을 생각했던 것 같습니다. 그 비유에서 포도나무는 나무들의 왕이 되기를 거절했습니다. "포도나무가 그들에게 이르되 '하나님과 사람을 기쁘게 하는 나의 새 술을 내가 어찌 버리고 가서 나무들 위에 요동하리요' 한지라"(삿 9:13). 포도주가 하나님의 마음을 기쁘게 한다는 다른 구절은 찾아볼 수 없지만, 하나님께서 포도주의 제사를 기쁘게 받으셨다고 짐작할 수 있습니다.

사람들이 축복을 할 때에나 하나님의 복된 약속을 받을 때에는 다른 것과 함께 포도주에 대한 언급도 거듭하여 나옵니다. 예를 들어, 창세기 27장 28절에는 "하나님은 하늘의 이슬과 땅의 기름짐이며 풍성한 곡식과 포도주로 네게 주시기를 원하노라."라고 기록되어 있으며, 신명기 7장 13절에는 "곧 너를 사랑하시고 복을 주사 너로 번성케 하시되 네게 주리라고 네 열조에게 맹세하신 땅에서 네 소생에게 은혜를 베푸시며 네 토지 소산과 곡식과 포도주와 기름을 풍성케 하시고 네 소와 양을 번식케 하시리니."라고 기록되어 있습니다.

그리고 십일조의 일부가 포도주를 사는 데 사용되기도 했습니다. "무릇 네 마음에 좋아하는 것을 그 돈으로 사되 우양이나 포도주나 독주 등 무릇 네 마음에 원하는 것을 구하고 거기 네 하나님 여호와의 앞에서 너와 네 권속이 함께 먹고 즐거워할 것이며"(신 14:26).

또한 시편 104편 15절에는 "사람의 마음을 기쁘게 하는 포도주와 사람의 얼굴을 윤택케 하는 기름과 사람의 마음을 힘 있게 하는 양식을 주셨도다."라고 기록되어 있습니다.

아모스서에서는 하나님께서 옥수수와 포도주를 회복시키실 것을 약속하셨습니다. "내가 내 백성 이스라엘의 사로잡힌 것을 돌이키리니 저희가 황무한 성읍을 건축하고 거하며 포도원들을 심고 그 포도주를 마시며 과원들을 만들고 그 과실을 먹으리라"(암 9:14).

물론 우리는 예수님께서 행하신 첫 번째 기적, 즉 물을 포도주로 만드셨던 기적을 잘 알고 있습니다. 예수님께서는 120갤론에서 180갤론에 달하는 양의 물을 매우 질이 좋은 포도주로 만드셨습니다. "연회장은 물로 된 포도주를 맛보고 어디서 났는지 알지 못하되 물 떠온 하인들은 알더라 연회장이 신랑을 불러 말하되 사람마다 먼저 좋은 포도주를 내고 취한 후에 낮은 것을 내거늘 그대는 지금까지 좋은 포도주를 두었도다 하니라"(요 2:9~10). 저는 120갤론이나 되는 포도주를 마실 만큼 많은 손님이 연회에 있었으리라고는 생각지 않습니다. 예수님께서는 여분을 많이 만드셔서 신랑, 신부가 후에 이를 팔아 결혼 생활에 보탬이 될 수 있도록 하셨던 것 같습니다. 예수님과 그의 제자들은 모두 가난한 노동자였으므로 그 신랑, 신부 또한 가난한 사람이었을 것입니다. 실제로 아마 그들이 가난했기 때문에 손님 모두에게 대접할 충분한 포도주를 마련하지 못했을지도 모르겠습니다. 아마 그들이 가진 것을 모두 팔아 결혼식 준비를 했을 텐데, 예수님께서 포도주를 많이 만들어 주셨으므로 그들은 이것을 팔아서 그들의 소유물을 되찾을 수도 있었을 것입니다.

이 에피소드는 여러 가지 이유에서 물론 중요하지만, 사람들의 모든 필요가 채워지며 기쁨이 넘치는 하나님의 나라를 선포하기 위해 예수님이 오셨다는 것을 이 이야기가 말해 주기 때문에 특별히 중요합니다.

예수님께서는 그의 가르침 가운데 하나님의 나라에 대한 상징으로서 '새 술'이라는 말씀을 여러 번 사용하셨습니다. 그중 하나가 마태복음 9장 17절의 말씀입니다. "새 포도주를 낡은 가죽부대에 넣지 아니하나니 그렇게 하면 부대가 터져 포도주도 쏟아지고 부대도 버리게 됨이라 새 포도주는 새 부대에 넣어야 둘이 다 보전되느니라."

구약에는 일정 기간 동안 서원을 했던 나실인에 대한 특별한 법이 있었습니다. 그 서원의 기간 동안 그는 포도주나 포도주스를 마실 수 없었고, 건포도나 포도를 먹지도 못했으며, 식초를 사용할 수도, 그리고 머리를 자를 수도 없었습니다. 이에 대한 것은 민수기 6장 3절을 찾아보시기 바랍니다. 나실인의 서원의 기간이 지나면 그는 다시 포도주를 마실 수 있었습니다. 바울과 또 다른 서원한 4명의 사람들이 서원의 기간이 끝난 데 대한 예물을 드리기 위해 성전에 들어갔던 일이 사도행전 21장 23절과 24절에 기록되어 있습니다.

삼손과 세례 요한만이 평생 동안 나실인이었습니다. 예수님께서는 누가복음 7장 33절과 34절에서 이에 대해 말씀하셨습니다. "세례 요한이 와서 떡도 먹지 아니하며 포도주도 마시지 아니하매 너희 말이 귀신이 들렸다 하더니 인자는 와서 먹고 마시매 너희 말이 보라 먹기를 탐하고 포도주를 즐기는 사람이요 세리와 죄인의 친구로다 하니." 예수님께는 본인이 나실인이 아니며 포도주를 마셨고, 그로 인해 비난받으셨음을 지적하십니다. 그러나 예수님께서는 그 비난을 심각히 받아들이지 않으셨습니다.

율법에는 제사장들이 성소에 들어가기 전에 술을 마셔서는 안 된다는 규정이 있습니다. 이는 에스겔 44장 21절에서도 또다시 언급됩니다. "아무 제사장이든지 안뜰에 들어갈 때에는 포도주를 마시지 말 것이며." 물론 포도주를 과하게 마시는 데 대한 경고도 많이 있습니다. 예수님께서는 누가복음 21장 34절에서 "너희는 스스로 조심하라 그렇지 않으면 방탕함과 술 취함과 생활의 염려로 마음이 둔하여지고 뜻밖에 그날이 덫과 같이 너희에게 임하리라."라고 말씀하셨습니다. 우리는 이와 같은 '지혜의 문장'을 신약에서 뿐만 아니라 구약에서도 여러 군데 찾을 수 있습니다. 예를 들어 시편 31편 4절은 "저희가 나를 위하여 비밀히 친 그물에서 빼어 내소서 주는 나의 산성이시니이다."라고 기록하고 있습니다.

술에 대한 매우 부정적인 구절은 한두 군데가 있습니다. "포도주는 거만케 하는 것이요 독주는 떠들게 하는 것이라 무릇 이에 미혹되는 자에게는 지혜가 없느니라"(잠 20:1). 선지자 중에는 이사야만이 이 문제를 언급합니다. "아침에 일찍이 일어나 독주를 따라가며 밤이 깊도록 머물러 포도주에 취하는 그들은 화 있을진저"(사 5:11). 또한 이사야 5장 22절에서는 "포도주를 마시기에 용감하며 독주를 빚기에 유력한 그들은 화 있을진저."라고 말하며, 이사야 28장 7절에는 "이 유다사람들도 포도주로 인하여 옆걸음 치며 독주로 인하여 비틀거리며 제사장과 선지자도 독주로 인하여 옆걸음 치며 포도주에 빠지며 독주로 인하여 비틀거리며 이상을 그릇 풀며 재판할 때에 실수하나니."라고 기록되어 있습니다. 이사야는 그 시대 종교 지도자들이 무책임해지고 판단력을 잃어갔던 것에 대해 특히 우려하고 있습니다.

신약에는 포도주를 과하게 마시는 위험에 대해 몇 군데 언급하고 있지만, 그 어느 곳에서도 포도주를 금하지는 않습니다. 예를 들어 로마서 13장 13절에 "낮에와 같이 단정히 행하고 방탕과 술 취하지 말며 음란과 호색하지 말며 쟁투와 시기하지 말고."라고 가르치고 있습니다. 형제에게 거리낌이 된다면 포도주를 마시지 말라는 매우 중요한 구절이 있습니다. "고기도 먹지 아니하고 포도주도 마시지 아니하고 무엇이든지 네 형제로 거리끼게 하는 일을 아니함이 아름다우니라"(롬

14:21). 이 구절은 우상에게 드렸던 고기를 먹는 것에 대한 논의의 과정에서 나타나는데 포도주에 관한 언급은 단지 지나가는 것에 불과합니다. 예수원에서 알코올 음료를 금하는 규칙이 바로 이 구절에 근거합니다. 초기에 음주문제를 가진 사람이 너무나 많았기 때문에 음주를 금하기로 드디어 결정했습니다. 아시다시피 한국의 성공회나 로마 가톨릭 교회는 그런 규정이 여전히 없습니다.

사도 바울은 포도주를 적당히 마시는 것이 아니라 술 취하는 것에 반대합니다. 갈라디아서 5장 21절을 보십시오. "투기와 술 취함과 방탕함과 또 그와 같은 것들이라 전에 너희에게 경계한 것같이 경계하노니 이런 일을 하는 자들은 하나님의 나라를 유업으로 받지 못할 것이요." 또한 에베소서 5장 18절에서는 "술 취하지 말라 이는 방탕한 것이니 오직 성령의 충만을 받으라."라고 말씀하고 있습니다.

바울은 그의 목회 서신에서 교회 지도자들이 술을 즐기지 않아야 한다고 강조합니다. 예를 들어 디모데전서 3장 3절에서 "술을 즐기지 아니하며 구타하지 아니하며 오직 관용하며 다투지 아니하며 돈을 사랑치 아니하며."라고 가르치고 있습니다. 또한 바울이 교회의 직분에 대해 말하면서 언급했던 다른 구절들도 있습니다. 반면에 바울은 디모데가 전적으로 술을 금하는 것이 건강에 좋지 않다고 느꼈습니다. "이제부터는 물만 마시지 말고 네 비위와 자주 나는 병을 인하여 포도주를 조금씩 쓰라"(딤전 5:23).

따라서 우리는 성경이 포도주를 좋은 것으로 취급하고 있지만, 도를 지나치게 되면 위험하다는 것을 분명히 알 수 있습니다. 자매의 식당의 술을 파는 카운터 위에 이 같은 성경 구절을 써 붙여 놓으실 수도 있으리라 생각합니다.

물론 담배는 성경에 언급되어 있지 않습니다. 금을 찾아 아메리카에 왔던 초기 식민주의자들이 처음으로 담배를 서구 세계에 가져왔습니다. 아메리칸 인디언들은 담배에는 별 문제가 없었으나, 보이는 술에는 잘 대처하지 못했던 것 같습니다. 반면 영국 사람들은 포도주는 큰 문제가 되지 않았으나, 담배는 가장 중독성 있는 마약이 되어 버리고 말았습니다. 지금도 여전히 그러합니다. 어떤 경우이든 자매는 18세 또는 20세 미만의 사람들에게 결코 담배를 팔아서는 안 됩니다. 어려서부터 담배를 피우기 시작한 사람들은 곧 건강을 해치게 되며 끊을 수도 없게 됩니다. 어떤 사람의 글에 의하면 술이나 다른 마약에 중독되려면 10회 이상이 걸리는 데 비해 담배에 중독되는 데는 두 번이면 충분하다고 합니다.

한국의 많은 교회가 술과 담배에 반대하고 있지만, 이미 중독이 된 사람들을 돕기 위한 프로그램이 없습니다. 미국에서는 '익명의 알코올 중독자(alcoholic anonymous)'라는 기구가 있어서 사람들이 음주습관을 물리치는 것을 돕는 데 훌륭한 일을 하고 있습니다. 한국 교회들도 이 같은 프로그램을 후원했으면 합니다. 이는 매우 필요한 사역입니다. 그리스도인이 되고자 할 때 이 같은 것은 차차 줄여나가면 되는데, 당장 술과 담배를 끊어야 한다고 주장하면 교회에 오고 싶어하는 사람들을 교회 안으로 들어오지 못하게 하는 것입니다. 중독된 사람들을 교회가 도와 주어야지 비난해서는 안 됩니다. 적어도 그들 마음속에는 그들 자신이 가장 강한 비난자인 것입니다. 그들이 원하는 것은 비난이 아니라 그들 문제에 대한 해결입니다.

많은 사람들이 성령세례를 받으면 즉시로 자유함을 받는 것을 봅니다. 불행히도 성령세례를 가르치거나 행하지 않는 교회들이 너무나 많습니다. 그런 교회들은 또한 쉬운 해결책도 제공하지 못합니다.

자매가 사는 지역에서 알코올 또는 담배에 중독된 사람들을 도울 수 있는 프로그램을 만들어 실천해 가시기를, 또 술이나 담배를 팔 때 그들도 자유함을 얻을 수 있다는 표시판을 달고 연락할 전화번호를 알려주시기를 제안드립니다.

산골짜기에서 온 편지5

초판발행 | 1998년 6월 25일
초판3쇄 | 2003년 8월 16일
개정 1판 1쇄 | 2016년 9월 7일

지 은 이 | 대천덕
발 행 인 | 이영훈
발 행 처 | (주)신앙계
　　　　　서울시 영등포구 여의도동 11-17
　　　　　영업부 02)785-3814

　　　　　등록번호 제 13-46호

인 쇄 처 | 동양인쇄 02)838-3311
인 쇄 인 | 유일준
총 판 처 | 서울말씀사 02)846-9222~4

글 ©2016. 대천덕
이 책의 저작권은 저자에게 있습니다. 서면에 의한 저자와 출판사의
허락없이 내용의 일부를 인용하거나 발췌하는 것을 금합니다.

값 12,000원

ISBN 978-89-86622-41-6
ISBN 978-89-86622-36-2 (세트)

「이 도서의 국립중앙도서관 출판예정도서목록(CIP)은 서지정보유통지원시스템
홈페이지(http://seoji.nl.go.kr)와 국가자료공동목록시스템(http://www.nl.go.kr/
kolisnet)에서 이용하실 수 있습니다.(CIP제어번호: CIP2016016871)」